성경 한눈에 보기

구약

성경 한눈에 보기: 구약

전희준 지음

초판 1쇄 인쇄 2021년 12월 10일
초판 1쇄 발행 2021년 12월 25일

발행처 도서출판 이레서원
발행인 문영이
출판신고 2005년 9월 13일 제2015-000099호

기획, 마케팅 김정태
편집 송혜숙, 오수현
총무 곽현자

경기도 고양시 일산동구 백석로71번길 46, 1층 1호
Tel. 02)402-3238, 406-3273 / Fax. 02)401-3387
E-mail: jireh@changjisa.com
Website: jireh.kr / Facebook: facebook.com/jirehpub
책값은 표지에 있습니다.

ISBN 978-89-7435-588-3 04230 (세트)
ISBN 978-89-7435-589-0 04230

01

성경 한눈에 보기: 구약

OLD
TESTAMENT

이레서원

목 차

추천사

■ **고상섭** 그 사랑교회 담임 목사

신년이 되면 성도들이 성경 일독을 결단하지만 레위기의 강을 건너지 못할 때가 많고 선지서의 밀림에서 길을 잃어버리는 경우도 많습니다. 『성경 한눈에 보기: 구약』은 제목 그대로 한눈에 구약 성경 전체를 일목요연하게 정리해 줍니다. 그리고 각 책에서 가장 적절한 구절을 뽑아 이야기 형식으로 연결했기 때문에, 여러 저자가 썼지만 한 분의 저자이신 성령께서 쓰신 하나의 이야기임을 확신하게 해 주지요. 이렇게 쉽고 정확하게 구약을 한눈에 파악하도록 돕는 책이 또 있을까요! 이 책을 먼저 읽은 후 성경을 통독한다면 친절한 안내자와 함께 성경을 여행하는 기분이 들 것입니다. 창세기에서 출발해서 말라기까지 가는 가장 안전하고 빠른 길이 바로 이 책에 있습니다.

■ **김관성** 행신침례교회 담임 목사

이 책을 열기 전에, 이런 종류의 책은 성경을 읽지 않고도 성경의 내용과 흐름을 파악하고 싶어 하는 사람들을 겨냥해서 기획된, 다소 상업성 짙은 책이지 않을까 하는 생각이 있었습니다. 하지만 저의 예상은 완전히 빗나갔습니다. 이 책의 최고 강점은 구약 성경 각 권의 핵심과 흐름을 설명하면서 독자로 하여금 성경을 직접 읽고 싶도록 만든다는 것입니다. 사실인지 아닌지 직접 확인해 보십시오. 자칫하면, 읽다가 길을 잃어버리기 쉬운 구약 성경을 명료한 설명과 친절한 문체로 독자들의 의식에 각 권에 대한 핵심과 흐름을 확실하게 새겨 넣습니다. 무엇보다, 구약신학이나 개론서가 제공하지 못하는 틈새를 제대로 파고들어, 처음부터 끝까지 구약 성경 본문 그 자체에 집중하고 있는 책입니다. 성경 통독을 원하는 새신자는 물론 성경에 익숙한 목회자들에게도 마음을 다해 추천합니다.

■ **김상권** 평화교회 담임 목사

처음 이 책을 읽을 때, 눈 오는 크리스마스 날, 벽난로 앞에서 아빠가 사랑하는 자녀를 무릎에 앉혀 놓고 성경에 관해서 이야기해 주는 장면이 떠올랐습니다. 담백했습니다. 간결했습니다. 하지만 세상에서 가장 재미있는 이야기로 엮어 냈습니다. 무엇보다, 구약 성경의 뼈대를 추려 주는 실력은 생선가시를 정성껏 발라 밥 위에 얹어 주시는 할머니의 손길 같았습니다.

이 책은 하나님께서 사랑을 담아 전해 주신 옛날의 약속을 오늘날의 우리가 복음으로 받아들일 수 있도록 도와줍니다. 읽어 보세요. 우리의 차가운 삶에서 이토록 따뜻한 성경 개론은 접하기 어려울 것입니다.

■ **김정주** 『안녕, 기독교』 저자
성경만큼 '가까이하기엔 너무 먼 당신'이라는 표현이 잘 어울리는 책이 없습니다. 성경을 듣고 배울 때는 일용할 양식처럼 포만감을 주고, 꿀보다 단 은혜의 맛을 느끼게 해 주며 바로 옆에 있듯이 가깝게 느껴지지만, 혼자서 만나 보려고 하면 한없이 어렵고 멀게만 느껴집니다. 가르치는 자들은 성경을 왜 안 읽느냐고 묻지만 사실은 안 읽는 것이 아니라 못 읽는 것입니다. 이러한 현실에서, 성경의 문턱을 낮추어 주는 책이 출간되어 반갑습니다. 쉽지만 깊이가 있기에, 멀리 있는 당신이 성경을 가까이할 수 있도록 충분히 도와줄 것입니다. 성경과 가깝게 지내고 싶은 분들 모두에게 추천합니다.

■ **류호준** 백석대학교 신학대학원 은퇴 교수
말을 타고 달리며 산과 내를 구경한다는 뜻의 사자성어 "주마간산"(走馬看山)이 있습니다. 부정적 의미와 함께 긍정적 의미로도 이해할 수 있습니다. 39권으로 구성된 구약 성경의 장대한 영토를 세세하게 탐구하려면 상당한 시간이 걸립니다. 우선 빠르고 쉽게 전체를 조망할 수 있는 길을 알아야겠죠. 이 책이 바로 긍정적 의미의 주마간산 방식을 제공합니다. 따뜻한 이야기 형태로, 단순 명료하게 큰길만을 안내해 줍니다. 일단 이 책을 통해 구약 성경의 세계를 죽 훑어보시고 그다음에 각 권을 자세하게 살피면 성경이라는 영토 탐구에 크게 도움이 될 겁니다. 구약 성경이 마치 장대한 산맥 같아서 살펴볼 엄두를 내지 못하는 일반 교인들에게 유익하리라 생각합니다. 이 책과 함께 출발해 보십시오.

■ **손성찬** 이음숲교회 담임 목사
드디어 나와야 할 책이 나온 것 같습니다. 지금까지 한국에 소개된 '하나님 나라' 관련 책들은 성경 전체 중 일부 구절들만 선별하여 그 신학적 개념을 입증하고 설득하는 데 주력하거나, 혹은 특정 책에 나오는 이 주제만 다룬 강해서가 대부분이었습니다. 또한 통독 안내서들은 구약 각 권의 내용 요약에만 집중했었고요. 이 책은 각 권에서 하나님 나라를 설명하는 핵심 구절들을 뼈대 삼아 내용을 요약하며, 독자들이 이해하기 쉽도록 적절한 비유를 곁들입니다. 가르치기보다는 동행하며 하나씩 친절하게 알려 주고 이끌어 주는 믿음의 선배님 같은 책입니다. 구약만 다루는 게 안타까울 정도였는데, 곧 신약도 출간된다고 하니 기쁜 마음으로 기다리겠습니다.

임철성 시카고 헤브론교회 담임 목사

"성경을 어떻게 읽어야 할까요?" 누군가 질문한다면 1초의 주저함도 없이 적극적으로 본서를 추천할 것입니다. 성경 전체를 성경의 의도대로 통독하기를 원하는 분, 통독 횟수에 의의를 두지 않고 실제적인 통독의 유익을 누리고 싶은 분이라면 절대로 실망하지 않을 것입니다. 이 책은 하나님 나라의 관점에서 성경의 숲을 조망하고, 나무의 결을 따라 읽을 수 있도록 돕는 친절한 안내자입니다. 매우 쉽고 간단한 내용이지만 역사학자 및 신학자로서의 깊은 연구와 통찰에서 흘러나온 산물입니다. 무엇보다, 하나님에 대한 사랑과 성도를 올바로 목양하겠다는 배려와 열정이 가득 배어 있는 책입니다. 여러분은 본서를 통해 성경을 더욱 사랑하게 될 것입니다.

조재욱 『보통의 질문들』 저자

39권의 구약 성경은 그 권수만큼 내용도 다양합니다. 그래서 구약 성경을 읽다 보면 내가 지금 어느 지점에 와 있는지 길을 잃기도 합니다. 실제로, 중간에 읽기를 포기하거나 중요한 흐름을 놓친 채 일독을 위해 억지로 읽기도 하지요. 이 책은 이 반복되는 읽기의 난관들을 헤쳐 갈 수 있도록 탁월한 안내자 역할을 합니다. 특히 하나님 나라라는 주제로 성경을 어떻게 통일성 있게 보아야 하는지를 알려 줍니다. 다시 성경을 제대로 읽고자 마음먹었다면 이 책을 곁에 두고 함께 볼 것을 추천합니다.

차준희 한세대학교 구약학 교수

구약 성경은 천 년 이상의 역사가 기록된 방대한 책입니다. 전문가의 도움이 없이는 누구나 길을 잃고 헤맬 수밖에 없지요. 이 광활한 세계를 한눈에 꿸 수 있도록 이끌어 주는 책이 출간되었습니다. 구약 각 권의 큰 흐름을 잡아 주고, 세부적으로 핵심 내용을 짚어 주며, 친절한 문체로 하나님 나라를 해설하고 있습니다. 마치 구약 성경 한 권을 다 읽은 것처럼 요점을 잘 정리해 준 것이 이 책의 큰 강점입니다.

저자 서문

제 지인의 이야기입니다. 어려서부터 교회에 다녔기에 성경에 나오는 사건들은 어느 정도 알지만 그 사건들이 성경 전체에서 어떤 의미를 가지는지는 잘 모른다고 합니다. 예를 들어, 다윗과 골리앗의 싸움은 자주 들었습니다. 다윗처럼 잘 준비되고 하나님을 의지하면 골리앗 같은 어려움도 이길 수 있다는 교훈은 익숙합니다. 하지만 다윗의 생애가 성경 전체의 주제인 '하나님 나라'와 어떻게 연결되는지에 대해서는 생각도 해 본 적이 없답니다. 성경을 천천히 읽어 보며 묵상해 보라고 권했지만 읽어도 무슨 말인지 잘 모르겠다고 합니다. 몇 십 년을 교회에 출석했어도 성경의 반 이상은 읽어 본 적이 없답니다. 성경 읽기에 도움이 되는 길잡이 책을 선물해 주기도 했지만, 쉽다고 알려진 책들도 어렵다고 하네요.

이런 분을 어떻게 도울 수 있을까요? 목회를 하면서 이런 분들이 생각보다 많음을 알게 되었습니다. 또한 이런 분들에게 실제로 도움을 주는 책도 그리 많지 않았습니다. 어떤 책은 너무 어렵고 딱딱합니다. 어떤 책은 내용이 너무 방대합니다. 어떤 책은 이미 성경을 어느 정도 알고 있는 사람들을 대상으로 쓰였습니다. 정말 쉬운 책은, 안타깝게도 내용이 부실했습니다.

성경에 대한 지식이 없는 초신자들에게도 쉽고 재미있고 간단하면서도 핵심을 놓치지 않고 성경을 읽는 데 도움을 주는 책을 찾기 어려웠습니다. 초신자나 성경을 잘 모르는 교인들에게, 그리고 두껍고 어려운 책은 읽기 힘들어하는 교인들에게 딱 맞는 책을 찾을 수가 없었습니다. 그런 분들께 도움을 드리고 싶어서 저는 먼저 유튜브 채널 '재미있는 성경'을 개설했습니다. 그 안에서 '성경 한눈에 보기' 시리즈로 성경 각 권을 최대한 간단하게 설명했습니다. 많은 분이 영상의 내용을 책으로 볼 수 있게 해 달라고 요청하셨습니다. 그래서 영상의 내용을 수정 보완하여 이렇게 책으로 묶었습니다.

이 책의 출간을 권해 주시고 격려해 주신 헤브론교회 임철성 담임 목사님과 책의 초고를 읽고 도움말을 주신 정윤숙 집사님, 그리고 이 책의 일부 내용들로 함께 성경 공부를 하면서 책의 내용을 발전시켜 주신 헤브론교회 성도님들께 진심으로 감사드립니다. 유튜브 채널에 영상을 올릴 때마다 격려의 댓글로 응원해 주시는 구독자분들과 이메일로 질문하고 상담을 청하며 소통해 주신 분들께도 감사 인사를 드립니다. 무엇보다, 한국 교회에 도움이 되는 좋은 책 만들기에 진심인 이레서원 분들께도 감사드립니다.

이 책은 사실상 유튜브 채널의 편집자인 아내 고은주 자매와의 공저라고 할 수 있습니다. 이 책이 초신자들에게 조금이라도 도움이 된다면, 초신자의 관점에서 끊임없이 질문하고 더 쉽게 설명해 주기를 요청한 아내 덕분입니다. 저희의 소망대로, 이 책이 성경을 더 읽고 싶어지게 만드는 책이 되기를 기도합니다.

역사서와 지혜서(시가서)

OLD
TESTAMENT

역사서와 지혜서(시가서) 개요

구약 성경은 열일곱 권의 역사서, 다섯 권의 지혜서(시가서), 그리고 열일곱 권의 선지서로 구성되어 있습니다. 역사서는 하나님 나라인 이스라엘이 어떻게 시작되었고 어떻게 멸망했으며, 멸망 후에 어떤 일이 일어났는지를 설명해 줍니다. 지혜서는 하나님 나라 백성이 어떻게 이 땅에서 살아가야 하는지를 알려 줍니다. 선지서는 특별한 시기에 특별한 사명을 부여받아 하나님의 말씀을 전한 선지자들의 선포를 모아 놓은 책입니다.

(역사서 중 처음 다섯 권을 '모세오경'이라고 부릅니다. 모세가 기록한 다섯 권의 책이라는 뜻인데요. 역사 이야기가 아닌 율법과 설교를 모아 놓은 책들도 있어서 따로 구분하는 것입니다.)

역사서는 말 그대로 우리에게 하나님 나라의 역사 이야기를 소개해 주는 책으로, 창세기부터 에스더까지입니다. 크게 나누면, 창세기 1-11장, 그리고 창세기 12장부터 에스더까지이지요. 첫 번째 부분에서는 하나님께서 왜 하나님 나라를 세우셨는지 그 이유를 설명해 줍니다. 두 번째 부분은 아브라함으로부터 시작되는 하나님 나라 이야기를 들려줍니다.

하나님께서는 천지를 창조하셨습니다. 온 세상이 모두 하나님의 것이지요. 그런데 왜 굳이 한 민족을 선택하셔서 '하나님 나라'라는 이름을 주셨을까요? 왜 그 나라를 특별한 나라로 만들어서 그 나라의 흥망성쇠를 기록하게 하셨을까요? "예수를 믿음으로써 구원받는다"라는 명제가 기독교 신앙의 핵심이라면 이스라엘의 역사를 자세하게 알 필요는 없지 않을까요? 구약 역사서를 여행하면서 이러한 질문들에 대한 답을 발견할 수 있을 것입니다. 그리고 하나님 나라 백성의 정체성이 무엇인지, 예수님이 이 땅에 오셔서 이루신 일의 본질이 무엇인지, 그래서 새로운 하나님 나라의 백성이 된 우리의 정체성이 무엇인지를 이해하게 될 것입니다.

이어지는 지혜서는 욥기부터 아가까지 다섯 권입니다. 대부분이 시(詩) 형식이라서 시가서라고도 하고, 하나님 나라 백성의 삶의 지혜를 다루기 때문에 지혜서라고도 합니다. 역사서가 백성의 정체성을 알려 준다면, 지혜서는 그 정체성에 합당하게 살기 위한 지혜를 알려 줍니다. 역사서가 예수님이 이 땅에 꼭 오셔야만 했던 이유를 알려 준다면, 지혜서는 지혜의 근본이신 예수님이 어떻게 하나님 백성의 지혜로운 삶을 완성하셨는지를 기대하게 해 줍니다.

/ 창세기 /

창세기는 크게 1-11장, 12-50장으로 나눌 수 있습니다. 12장부터는 아브라함으로부터 하나님 나라가 시작되는 내용이에요. 11장까지는 하나님께서 왜 아브라함으로부터 시작되는 나라를 세울 수밖에 없었는지를 설명해 줍니다.

창세기는 태초에 하나님께서 천지를 창조하셨다는 선언으로 시작합니다. 그리고 그 창조의 중심에는 우리 인간이 있다는 사실을 강조해요. 마치 아기가 태어날 것을 기다리며 아기 옷을 준비하고 아기 침대를 마련해 두듯이 엿새 동안 인간이 살 공간을 마련하신 후에야 인간을 창조하십니다. 그렇게 처음으로 창조된 인간이 바로 아담과 하와였어요.

하나님께서는 온 세상과 온 인류를 창조하시고 복을 주셨어요. 그리고 생육하고 번성하여 땅에 충만하라는 명령도 주십니다. (이 복과 명령을 잘 기억하세요. 앞으로 계속 나옵니다.)

창 1:28 하나님이 그들에게 복을 주시며 하나님이 그들에게 이르시되 생육하고 번성하여 땅에 충만하라, 땅을 정복하라, 바다의 물고기와 하늘의 새와 땅에 움직이는 모든 생물을 다스리라 하시니라

하나님께서 인간에게 "모든 생물을 다스리라"고 하시지요? 무엇을 다스리는 일은 일반적으로 누가 하나요? 왕이지요. 이 세상을 창조하고 다스리시는 왕이신 하나님께서 그 역할을 아담과 하와에게 맡겨 주신 거예요. 그런데 하나님께서는 아담과 하와에게 단 한 가지 조건을 말씀하십니다. 진짜 왕이신 하나님이 있음을 기억하라는 것입니다. 그 표시로 선악을 알게 하는 나무의 열매를 먹지 못하게 하십니다.

창 2:16-17 여호와 하나님이 그 사람에게 명하여 이르시되 동산 각종 나무의 열매는 네가 임의로 먹되 / 선악을 알게 하는 나무의 열매는 먹지 말라 네가 먹는 날에는 반드시 죽으리라 하시니라

그런데 아담과 하와는 자신들이 신하라는 사실을 잊고, 마치 진짜 왕인 것처럼 행동했어요. 하나님의 명령을 어기고 뱀(마귀)의 유혹에 빠져 자신들이 보기에 좋은 대로 행동한 거예요.
(성경에서는 이렇게 진짜 왕이신 하나님의 명령을 어기고 자기 뜻대로 결정하여 행동하는 것을 죄라고 부릅니다.)

창 3:6 여자가 그 나무를 본즉 먹음직도 하고 보암직도 하고 지혜롭게 할 만큼 탐스럽기도 한 나무인지라 여자가 그 열매를 따먹고 자기와 함께 있는 남편에게도 주매 그도 먹은지라

하나님께서 "선악을 알게 하는 나무의 열매는 먹지 말라 네가 먹는 날에는 반드시 죽으리라"라고 말씀하셨어요. 그런데 아담과 하와는 바로 죽지 않았어요. 그 이유는 첫째로, 하나님께서 말씀하신 죽음은 영적인 죽음, 그러니까 하나님과 인간이 분리되는 죽음을 의미한 것이라고 이해할 수 있습니다. 둘째로, 하나님과 영적으로 분리된 인간은 육체적으로도 죽을 수밖에 없는데요. "네가 먹는 날에는 반드시 죽으리라"라는 말은 먹은 그날 당장 죽는다는 뜻이 아니라, 먹으면 반드시 죽게 될 것이라는 뜻을 나타내는 관용구로 이해할 수 있습니다.

하나님께서는 아담과 하와가 죽도록 내버려두지 않고 또다시 은혜를 베풀어 주셨어요. 첫 인간인 아담과 하와가 하나님의 원수인 뱀(마귀)의 편에 섰기 때문에 하나님과 인간은 원수가 된 셈인데요. 놀랍게도 하나님께서는 인간을 하나님의 편으로 만들어 주십니다.

창 3:15 내가 너로 여자와 원수가 되게 하고 네 후손도 여자의 후손과 원수가 되게 하리니 여자의 후손은 네 머리를 상하게 할 것이요 너는 그의 발꿈치를 상하게 할 것이니라 하시고

하나님께서 뱀(마귀)에게 "너로 여자와 원수가 되게" 하겠다고 하시잖아요. 세상에는 하나님 편과 마귀 편밖에 없어요. 그런데 인간과 마귀가 원수가 되게 한다고 하셨으니 인간은 이제 마귀를 떠나 하나님 편이 될 수 있게 된 거죠. (참고로, 여자의 후손으로 오셔서 뱀을 무찌르고 우리를 하나님 편으로 회복시켜 주실 그 분을 우리는 메시아라고 부릅니다.)

또 하나님께서는 아담과 하와에게 직접 옷을 지어 입히셨어요. 사실 그 전에는 옷이 필요하지 않았어요. 왜냐하면 죄를 짓기 전에는 벌거벗고 다녀도 부끄러움을 느끼지 않았기 때문이에요. 그러나 죄를 짓자 부끄러움을 느끼게 되죠. 이제 옷이 필요하게 되었어요. 하지만 천이 없었기 때문에 그나마 잎이 조금 넓었던 무화과나무 잎을 엮어서 치마로 만들어 입었어요. 이 옷은 며칠이 지나면 말라 버려서 제대로 된 옷이라고 할 수는 없었는데요. 하나님께서 이들에게 튼튼한 가죽옷을 만들어서 입혀 주시는 은혜를 베푸십니다. (이렇게 부끄러움을 가려 주는 옷은 메시아가 오셔서 하실 사역을 상징해 줍니다. 나뭇잎은 우리의 수치심을 온전히 가릴 수 없는 인간의 방법을 상징해요. 바람 불면 날아가고 햇빛에 쬐이면 바스라지잖아요. 반면에 가죽은 우리의 수치심을 온전히 가릴 수 있지요. 하지만 가죽은 생명을 대가로 해야만 얻을 수 있다는 점에서 메시아가 어떤 사역을 하게 될지를 보여 줍니다.)

창 3:21 여호와 하나님이 아담과 그의 아내를 위하여 가죽옷을 지어

입히시니라

인간들이 이 은혜에 감격하여 하나님께 순종하며 살았으면 얼마나 좋았을까요? 그런데 안타깝게도 그 후손들은 계속해서 죄를 짓습니다. 그리고 죄는 갈수록 심각해집니다. 그래서 하나님께서 결국 홍수로 인간들을 심판하실 수밖에 없는 상황까지 이르렀죠.

창 6:5-7 여호와께서 사람의 죄악이 세상에 가득함과 그의 마음으로 생각하는 모든 계획이 항상 악할 뿐임을 보시고 / 땅 위에 사람 지으셨음을 한탄하사 마음에 근심하시고 / 이르시되 내가 창조한 사람을 내가 지면에서 쓸어버리되 사람으로부터 가축과 기는 것과 공중의 새까지 그리하리니 이는 내가 그것들을 지었음을 한탄함이니라 하시니라

홍수로 모든 것을 멸하시는 심판 속에서도 하나님께서는 노아와 그의 가족들에게 은혜를 베푸셔서 이들을 구원해 주십니다. (노아의 가족들은 지붕도 있는 '방주'라고 불리는 큰 배 안에서 홍수가 끝날 때까지 지냅니다.) 심판하신 후에는 다시 인류에게 새로운 기회를 주셨어요. 그리고 처음 인간을 창조하셨을 때처럼 이들에게 다시 복을 주시고 생육과 번성의 명령을 주십니다.

창 9:1 하나님이 노아와 그 아들들에게 복을 주시며 그들에게 이르시되 생육하고 번성하여 땅에 충만하라

이번에는 인간들이 순종하며 살았을까요? 정말 안타깝게도 그 후손들도 또 범죄해요. 하나님께서 노아와 그의 후손들에게 생육하고 번성하여 땅에 충만하라고 하셨잖아요. 그런데 사람들은 '바벨'이라는 곳에 모여서 이렇게 말해요.

창 11:4 자, 성읍과 탑을 건설하여 그 탑 꼭대기를 하늘에 닿게 하여 우리 이름을 내고 온 지면에 흩어짐을 면하자

땅에 충만하라는 말씀에 정면으로 대항하여 흩어지지 않겠다고 다짐하고 있어요. 하나님께서 다시 하늘을 열고 홍수를 내려도 끄떡없을 정도로 탑을 높이 쌓아서 하늘에 닿게 하려는 거예요. 하나님과 맞짱을 떠보겠다고 하는 것입니다.

이제 하나님께서 왜 아브라함을 불러 하나님 나라를 세우려고 하셨는지 아시겠지요? 사람들이 하도 범죄를 반복하니까, 하나님 나라를 보고 비교를 해 보라는 겁니다. 인간들이 자신의 이름을 내려고 탑을 건설하는 나라와 하나님의 통치를 받는 나라를 한번 비교해 보라는 것이지요. (우리도 어느 단체에서 살기 좋은 나라 순위를 발표하면 1위인 곳에 가 보고 싶잖아요. "우와! 저 하나님 나라 너무 좋아 보인다. 나도 가고 싶다." 이렇게 되기를

기대하셨지요.)

그래서 하나님께서 아브람이라는 사람을 선택해서, 그의 후손들을 통해 하나님 나라를 세우시는데요. 창세기 12장부터는 이제 이 하나님 나라가 어떻게 시작되는지를 보여 줍니다. (하나님께서 나중에 아브람의 이름을 아브라함으로 바꿔 주시는데요. 헷갈리니까 앞으로는 아브라함으로 통일해서 부를게요.)

먼저 하나님께서는 바벨탑이 세워졌던 장소인 갈대아 지역의 '우르'라는 곳에서 아브라함을 부르십니다. 아브라함을 새로운 땅으로 불러내어 새로운 가치관을 심어 주기 위해서 아브라함이 고향과 친척, 아버지의 집을 떠나게 하십니다.

> **창 12:1-2** 여호와께서 아브람에게 이르시되 너는 너의 고향과 친척과 아버지의 집을 떠나 내가 네게 보여 줄 땅으로 가라 / 내가 너로 큰 민족을 이루고 네게 복을 주어 네 이름을 창대하게 하리니 너는 복이 될지라

하나님께서 아브라함이 큰 민족을 이루게 하시고, 아브라함에게 복을 주겠다고 하시지요. 그렇게 하시는 이유는, 아브라함만을 위해서가 아니라 온 인류를 위해서라고도 하세요. (아담에게도, 노아에게도, 아브라함에게도, 새로운 인류가 시작될 때마다 자꾸 복을 주시는 하나님, 보이시나요?)

이 약속을 이루기 위해서는 우선 아브라함이 큰 민족을 이

루어야 하잖아요. 그런데 이 약속을 받을 때 아브라함은 나이가 많았지만 자녀가 없었어요. 하지만 창세기의 마지막 부분에 가면 아브라함의 후손 70여 명이 이집트에 도착합니다. (우리 성경에서는 이집트를 '애굽'으로 기록합니다. 애굽은 이집트의 그리스어인 '아이귑토스'를 한자어로 음역한 말입니다.) 이렇게 한 쌍의 부부에서 시작해서 그의 후손이 70명에 이르게 되는 이야기가 창세기의 나머지 부분의 내용입니다.

창 46:27 야곱의 집 사람으로 애굽에 이른 자가 모두 칠십 명이었더라

후손이 불어나는 이야기에서 아브라함과 아브라함의 아들 이삭, 그리고 이삭의 아들 야곱이 주인공인데요. '가족'을 중심으로 하나님 나라가 시작되기 때문에 이 시기를 족장 시대라고 합니다. (가족의 머리가 되는 아버지가 가족을 이끌어 간다는 의미예요.) 이들의 이야기에는 몇 가지 공통점이 있어요.

먼저 이들은 모두 불임으로 고생을 하다가 아기를 갖는 경험을 합니다. 아마도 하나님께서는 하나님 나라를 세우는 것은 하나님의 기적적인 은혜라는 것을 알려 주고 싶으셨던 것 같아요.

아브라함 | 창 11:30 (아브라함의 아내) 사래는 임신하지 못하므로 자

식이 없었더라

이삭 | **창 25:21** 이삭이 그의 아내가 임신하지 못하므로 그를 위하여 여호와께 간구하매 여호와께서 그의 간구를 들으셨으므로 그의 아내 리브가가 임신하였더니

야곱 | **창 30:1** (야곱의 아내) 라헬이 자기가 야곱에게서 아들을 낳지 못함을 보고 그의 언니를 시기하여 야곱에게 이르되 내게 자식을 낳게 하라 그렇지 아니하면 내가 죽겠노라

아브라함도, 이삭도, 야곱도 처음에는 믿음이 그리 좋지 않았어요. 아브라함은 고향을 떠나 하나님께서 지시하신 가나안이라는 곳으로 옮겨 왔는데요. 그 땅에 기근이 들자 이집트 지역으로 갑니다. 그런데 남의 나라이고 아는 사람도 없어서 겁이 났어요. 예쁜 자기 아내 사라를 보고 사람들이 남편인 자기를 죽이고 아내를 차지할까 봐 두렵기도 했고요. 그래서 아브라함이 아내를 자기 누이라고 속여요.

문제는 이집트 왕이 진짜로 사라를 아내로 삼으려고 했다는 것입니다. 아브라함은 나중에 똑같은 잘못을 또 저질러요. 하나님의 은혜로 아내가 무사했지만 사실은 큰일 날 뻔한 거예요. 그리고 놀랍게도, 이삭도 아버지 아브라함과 동일한 행동을 해요.

아브라함 첫 번째 | **창 12:12-13** 애굽 사람이 그대를 볼 때에 이르기를 이는 그의 아내라 하여 나는 죽이고 그대는 살리리니 / 원하건대 그대는 나의 누이라 하라 그러면 내가 그대로 말미암아 안전하고 내 목숨이 그대로 말미암아 보존되리라 하니라

아브라함 두 번째 | **창 20:1-2** 아브라함이 거기서 네게브 땅으로 옮겨 가 가데스와 술 사이 그랄에 거류하며 / 그의 아내 사라를 자기 누이라 하였으므로 그랄 왕 아비멜렉이 사람을 보내어 사라를 데려갔더니

이삭 | **창 26:7** 그곳 사람들이 그의 아내에 대하여 물으매 그가 말하기를 그는 내 누이라 하였으니 리브가는 보기에 아리따우므로 그곳 백성이 리브가로 말미암아 자기를 죽일까 하여 그는 내 아내라 하기를 두려워함이었더라

한편, 이삭의 아들인 야곱은 아내를 누이라고 속이지는 않았지만, 아버지를 속여서 형이 받을 축복을 가로채고야 말지요. 이처럼 족장들은 믿음이 약했고, 성품도 부족함이 많았던 약점투성이의 사람들이었어요. 그런데 하나님께서는 이들을 선택하셔서 하나님 나라를 세워 가십니다. 때로는 이들을 훈련시키시고, 때로는 이들에게 넘치는 은혜를 베푸셔서 하나님을 믿고 따를 수 있도록 열심히 일하세요.

이러한 하나님의 일하심 중에서 특별히 눈에 띄는 것은 하나님께서 이 족장들에게 반복해서 약속해 주시는 장면이에요. 하나님께서는 이들에게 복을 주시겠다고, 그래서 큰 민족을 이루게 하겠다고 계속 약속하세요.

아브라함에게 | **창 12:2** 내가 너로 큰 민족을 이루고 네게 복을 주어 네 이름을 창대하게 하리니 너는 복이 될지라

이삭에게 | **창 26:24** 그 밤에 여호와께서 그에게 나타나 이르시되 나는 네 아버지 아브라함의 하나님이니 두려워하지 말라 내 종 아브라함을 위하여 내가 너와 함께 있어 네게 복을 주어 네 자손이 번성하게 하리라 하신지라

야곱에게 | **창 28:14** 네 자손이 땅의 티끌같이 되어 네가 서쪽과 동쪽과 북쪽과 남쪽으로 퍼져 나갈지며 땅의 모든 족속이 너와 네 자손으로 말미암아 복을 받으리라

하나님의 나라를 세우셔야 하니까 그 나라의 백성이 필요하겠지요. 그러니 '큰 민족을 이루게 하겠다', '자손이 번성하게 하겠다'라는 말씀은 이해가 됩니다. 그런데 왜 이렇게 족장들에게 복을 주려고 하시는 걸까요? 이 민족만 편애하셔서 그런 걸까요? 아니에요. 아까도 말씀드렸듯이, 이들을 통해 하나님 나

라를 세우시고, 그 하나님 나라를 통해서 온 세상에 복을 주시기 위함이에요. (아래의 구절에서 '의와 공도'는 성경의 다른 곳에서는 주로 '공의와 정의'라고 번역됩니다.)

> **창 18:17-19** 여호와께서 이르시되 내가 하려는 것을 아브라함에게 숨기겠느냐 / 아브라함은 강대한 나라가 되고 천하 만민은 그로 말미암아 복을 받게 될 것이 아니냐 / 내가 그로 그 자식과 권속에게 명하여 여호와의 도를 지켜 의와 공도를 행하게 하려고 그를 택하였나니 이는 나 여호와가 아브라함에게 대하여 말한 일을 이루려 함이니라

아브라함과 그의 자녀들이 하나님의 도를 지키고 정의롭게 행하면, 그것을 보고 천하 만민이 복을 받게 된대요. 여호와 하나님이 어떤 분인지 사람들이 궁금해하고, 하나님 나라에 들어오려는 사람들이 많아져서, 온 세계에 복이 되는 것이지요.

창세기는 아브라함, 이삭, 그리고 야곱에 이어서 야곱의 아들인 요셉의 이야기도 들려줍니다. 요셉의 이야기는 고난 중에 있는 우리에게, 혹은 용서하지 못하는 관계의 어려움으로 힘들어하는 우리에게, 큰 깨달음과 도전을 줍니다. 요셉은 자신을 시기해서 다른 사람에게 자신을 팔아 버린 형들을 용서해 주지요.

그런데 요셉의 이야기를 읽을 때 더 중요하게 생각해야 하

는 것은 요셉의 이야기가 야곱의 이야기 안에 들어 있다는 점입니다.

창 37:2 야곱의 족보는 이러하니라 요셉이 십칠 세의 소년으로서

야곱을 온 가족의 주인공으로 소개하고 있네요. 이렇게 요셉의 이야기가 야곱의 이야기 안에 들어 있는 이유는, 이제 하나님의 언약이 아브라함-이삭-야곱에 이르러서는 더 이상 한 사람이 아닌, 야곱의 아들들 전체에게 이어지기 때문입니다. (하나님께서 야곱의 이름을 '이스라엘'이라고 바꾸어 주시는데요. 그래서 그의 아들들을 통해 형성된 이 나라의 이름이 '이스라엘'이 됩니다.)

야곱의 열두 아들 전체를 통해 하나님 나라가 세워질 것입니다. 그러니까 이 요셉의 이야기는 단지 요셉이 훌륭했다는 내용을 알려 주려는 것이 아니에요. 하나님은 요셉을 형통하게 해 주셔서 요셉이 이집트의 총리가 되게 하십니다. 그리고 그 일을 통해서 이스라엘 민족을 이집트로 이주시키십니다. 사실 요셉 이야기는 하나님께서 어떻게 이스라엘을 이집트로 이사하게 해 주시는지를 설명하는 내용입니다.

왜 하나님께서는 이스라엘을 이주시키실까요? 당시 낯선 가나안 땅에 자리를 잡은 아브라함의 후손들은 위험한 환경에 노출되어 있었지요. 실제로 야곱은 세겜에서 큰 위기에 처하기도 했습니다. 야곱의 딸이 성폭행을 당하자 야곱의 아들들

이 그 일을 저지른 히위 족속 중 세겜 가문을 공격했어요. 이 일에 대해 야곱이 이렇게 말합니다. "나는 수가 적은즉 그들이 모여 나를 치고 나를 죽이리니 그러면 나와 내 집이 멸망하리라"(창 34:30). 물론 하나님께서 특별한 은혜를 베풀어 주셔서 이 위기를 잘 극복했지만, 그 땅에는 늘 이런 위험이 늘 도사리고 있었습니다.

그래서 하나님께서는 당대 최강국인 이집트로 이들을 옮겨서 이들이 안전하게 많은 후손들을 낳아 번성할 수 있게 해 주십니다. 야곱이 이집트 거주를 결심하고 약속의 땅의 경계선에서 이집트로 떠나기 직전에 하나님께 예배드릴 때 하나님께서 이 사실을 분명하게 약속해 주세요.

창 46:1–3 이스라엘이 모든 소유를 이끌고 떠나 브엘세바에 이르러 그의 아버지 이삭의 하나님께 희생제사를 드리니 / 그 밤에 하나님이 이상 중에 이스라엘에게 나타나 이르시되 야곱아 야곱아 하시는지라 야곱이 이르되 내가 여기 있나이다 하매 / 하나님이 이르시되 나는 하나님이라 네 아버지의 하나님이니 애굽으로 내려가기를 두려워하지 말라 내가 거기서 너로 큰 민족을 이루게 하리라

하나님께서는 요셉의 형제들을 변화시키십니다. 특히 훗날 메시아로 오시게 될 분의 조상으로 선택받은 넷째 아들 유다를 변화시켜 가시는 이야기가 인상적입니다. 창세기의 후반부에

서는 이집트의 총리가 되는 요셉을 통해, 아브라함의 자손으로 말미암아 천하 만민이 복을 받으리리라는 약속이 어떻게 성취되는지를 살짝 볼 수 있습니다. 요셉이 7년간의 흉년 동안 곡식을 비축해 놓은 덕분에 이후 7년간의 계속되는 기근 동안 많은 나라들이 도움을 받거든요.

자, 이제 본격적으로 하나님 나라가 설립될 준비가 되었습니다. 이 아브라함의 자손들은 어떤 하나님의 나라를 세워 가게 될까요?

/ 출애굽기 /

창세기가 하나님께서 아브라함을 통해 하나님 나라를 세우시는 이유를 설명하는 책이라면, 출애굽기는 하나님께서 이 나라를 세워 가시는 과정을 구체적으로 설명해 줍니다.

출애굽기는 크게 세 부분으로 나눌 수 있습니다. 이집트에서 탈출, 시내산에 도착해 율법을 받음, 그리고 성막을 짓는 이야기입니다. (이 내용들을 읽을 때마다 '하나님 나라'라는 주제를 기억하시면 좋습니다. 나라가 세워지기 위해서는 국가 구성의 3대 요소인 국민, 영토, 주권이 필요합니다. 출애굽기는 하나님께서 어떻게 이 세 요소를 통해 하나님 나라를 만들어 가시는지를 보여 줍니다.)

첫 번째 부분은 1-15장으로, 이스라엘 민족이 이집트에서 탈출하는 내용입니다. 요셉 덕분에 아브라함의 후손 70여 명이 이집트로 건너오는 것으로 창세기가 마무리되는데요. 이들은 이곳에서 400년간 인구수가 엄청나게 늘어납니다. (나중에 민수기에서는 이를 남자 장정만 603,550명이라고 밝힙니다. 4인 가구라고 계산하면 약 2,400,000명이고, 5인 가구라면 약 3,000,000명인데요. 이는 2020년 인천 인구 2,900,000명과 비슷합니다.)

> **출 1:7** 이스라엘 자손은 생육하고 불어나 번성하고 매우 강하여 온 땅에 가득하게 되었더라

'생육하고 불어나 번성하고'라는 구절을 읽으니 떠오르는 말씀이 있지요? 아담과 노아에게 주셨던 명령, 그리고 아브라함과 이삭과 야곱에게는 약속으로 이어졌던 말씀이 성취된 것입니다.

> **아담에게 | 창 1:28** 하나님이 그들에게 복을 주시며 하나님이 그들에게 이르시되 생육하고 번성하여 땅에 충만하라

> **노아에게 | 창 9:1** 하나님이 노아와 그 아들들에게 복을 주시며 그들에게 이르시되 생육하고 번성하여 땅에 충만하라

> **아브라함에게 | 창 12:2** 내가 너로 큰 민족을 이루고 네게 복을 주어

> **이삭에게 | 창 26:24** 네게 복을 주어 네 자손이 번성하게 하리라 하신지라

야곱에게 | 창 28:14 네 자손이 땅의 티끌같이 되어 네가 서쪽과 동쪽과 북쪽과 남쪽으로 퍼져 나갈지며

이렇게 이스라엘 백성의 숫자가 늘어나니까 이집트 사람들이 위협을 느껴요. 그래서 이들을 노예로 삼고 힘든 일을 시키면서 괴롭힙니다. 그러니까 이스라엘 사람들이 하나님께 부르짖고 호소합니다. (우리도 힘들고 어려울 때 하나님께 도와달라고 기도하잖아요.) 하나님께서는 그 기도에 응답해 주십니다.

출 2:23-25 여러 해 후에 애굽 왕은 죽었고 이스라엘 자손은 고된 노동으로 말미암아 탄식하며 부르짖으니 그 고된 노동으로 말미암아 부르짖는 소리가 하나님께 상달된지라 / 하나님이 그들의 고통 소리를 들으시고 하나님이 아브라함과 이삭과 야곱에게 세운 그의 언약을 기억하사 / 하나님이 이스라엘 자손을 돌보셨고 하나님이 그들을 기억하셨더라

하나님께서 '아브라함과 이삭과 야곱에게 세운 그의 언약을' 기억하셔서 이들을 구원해 주십니다. 여기서 기억하셨다는 표현은 이들을 잊고 계셨다가 갑자기 생각났다는 뜻이 아닙니다. 아브라함과 그의 자녀들과 함께 맺은 언약을 실현하실 수 있는 적절한 때가 왔음을 나타내는 표현입니다.

그런데요. 어떤 의미에서 이때가 적절한 때라고 할 수 있

는 것일까요? 한편으로는 이스라엘 백성이 한 나라를 세우기에 충분한 숫자로 증가한 때입니다. 또 한편으로는 이스라엘 백성이 하나님을 기억하고 하나님께 부르짖는 때이고요. 다른 한편으로는 가나안 땅에 있는 족속들의 죄악이 가득 차서 심판하시기에 충분한 때이기도 합니다. 하나님께서는 이 모든 일을 적절하게 준비하시고는 때가 되어 이스라엘의 구원을 실행하신 것입니다.

> **창 15:13-16** 여호와께서 아브람에게 이르시되 너는 반드시 알라 네 자손이 이방에서 객이 되어 그들을 섬기겠고 그들은 사백 년 동안 네 자손을 괴롭히리니 / 그들이 섬기는 나라를 내가 징벌할지며 그 후에 네 자손이 큰 재물을 이끌고 나오리라 / 너는 장수하다가 평안히 조상에게로 돌아가 장사될 것이요 / 네 자손은 사대 만에 이 땅으로 돌아오리니 이는 아모리 족속의 죄악이 아직 가득 차지 아니함이니라 하시더니

하나님께서 이스라엘을 구출하기 위해 먼저 모세를 선택해서 이집트 왕에게 보내십니다. 물론 모세를 준비시키는 것도 잊지 않으십니다. 모세는 40년 동안 이집트의 왕자로 자라면서 이집트를 충분히 경험합니다. 그러다가 동족을 구하고자 이집트 사람을 죽이고 미디안 땅으로 도망을 칩니다. 거기서 40년간 양 떼를 치다가 시내산(호렙산)에서 여호와 하나님을 만나

지요. 모세가 도망친 여정과 양 떼를 친 장소들은 나중에 이스라엘 백성이 출애굽한 후에 이동할 광야 지역들과 겹치는 곳이 많습니다. 모세가 광야 지형을 잘 알 수 있도록 철저하게 준비시켜 주신 것이지요.

자, 이제 하나님께 보냄을 받은 모세와 그의 형 아론이 이스라엘 백성을 보내 달라고 이집트 왕에게 요구합니다. (하나님이 "내 백성을 보내라"라고 말씀하시는 장면을 보세요. '하나님의 백성'을 통해 '하나님의 나라'를 세우시려고 백성을 이미 정하셨음을 알 수 있습니다.)

> **출 5:1** 그 후에 모세와 아론이 바로에게 가서 이르되 이스라엘의 하나님 여호와께서 이렇게 말씀하시기를 내 백성을 보내라 그러면 그들이 광야에서 내 앞에 절기를 지킬 것이니라 하셨나이다

이집트 왕 바로가 이 요구를 거부합니다. (바로는 사람 이름이 아니고 이집트의 왕을 가리키는 단어입니다. 영어로는 '파라오'라고 합니다.)

하나님께서 하나님의 말씀을 거역한 이집트에 열 가지 재앙을 내리십니다. 이 재앙은 이집트 사람들이 섬기던 신들을 심판하는 재앙이었습니다. 예를 들어 나일강은 이집트의 농사를 책임지는 중요한 강이어서 이집트 사람들은 나일강을 지켜 준다는 신을 숭배하고 있었습니다. 하나님께서 이 강을 피로 변

하게 하신 것은 하나님만이 참된 신임을 나타내신 사건이지요. 물론 이 신을 섬기는 사람들에 대한 심판도 포함합니다. 바로는 모세가 태어나던 시기에 갓 태어난 이스라엘 남자 아기들을 나일강에 던지라고 명령했었는데요. 나일강이 피로 변한 이 재앙은 그렇게 잔인했던 바로에 대한 심판이기도 합니다.

바로는 처음 난 모든 것을 다 치시는 마지막 열 번째 재앙을 겪은 후 결국 항복하고 맙니다. 이 마지막 재앙도 이집트 사람들이 생명을 담당한다고 믿는 신을 심판하심과 동시에 당시 신으로 추앙받았던 이집트 왕 바로를 심판하신 것으로도 볼 수 있습니다. 바로의 '장자'도 바로의 뒤를 이어 신으로 추앙받는 왕위에 오를 것이었습니다.

이 마지막 열 번째 재앙 전에 이스라엘 백성은 어린양의 피를 문 좌우에 뿌리라는 명령을 받는데요. 이렇게 피가 있는 집 안은 장자의 죽음을 피할 수 있었습니다.

> 출 12:12–13 내가 그 밤에 애굽 땅에 두루 다니며 사람이나 짐승을 막론하고 애굽 땅에 있는 모든 처음 난 것을 다 치고 애굽의 모든 신을 내가 심판하리라 나는 여호와라 / 내가 애굽 땅을 칠 때에 그 피가 너희가 사는 집에 있어서 너희를 위하여 표적이 될지라 내가 피를 볼 때에 너희를 넘어가리니 재앙이 너희에게 내려 멸하지 아니하리라

하나님께서는 이날을 절기로 삼아 대대로 지키라고 명령하십니다. 이날은 죽음의 사자가 문 앞의 피를 보면 그 집을 지나쳐 넘어갔기에, 한자로 넘을 '유'(逾), 넘을 '월'(越)을 써서 '유월절'이라고 부릅니다. 유월절의 영어 'Passover' 역시 넘어가는 것, 지나가는 것을 강조하는 단어입니다. 유월절은 예수님과도 관련이 있습니다. 메시아로 오신 예수님이 그분의 피로 우리의 죽음을 면하게 하셨기 때문에 성경은 예수님을 '유월절 양'이라고 부릅니다. "우리의 유월절 양 곧 그리스도께서 희생되셨느니라"(고전 5:7). 이 재앙까지 포함해 열 가지 재앙을 경험한 바로는 드디어 이스라엘 백성을 떠나보냅니다.

출애굽기의 두 번째 부분은 16-24장으로, 홍해를 건넌 이스라엘 백성이 광야를 지나 시내산에 도착해서 율법을 받는 이야기입니다. ('율법'의 한자는 두 글자 모두 '법'이라는 의미예요. 하나님께서 주신 명령을 통칭하는 단어입니다.)

출애굽기의 첫 번째 부분에서는 하나님께서 이스라엘 백성을 '내 백성'이라고 부르시면서 이집트로부터 구해 내셨어요. 하나님 나라의 첫 번째 구성 요소인 '백성'을 불러내신 거예요. 그런데 나라를 세우려면 백성뿐만 아니라 영토도 있어야 하잖아요. 그래서 두 번째 부분은 이집트를 떠난 이스라엘 백성이 하나님께서 약속해 주신 가나안 땅으로 향하는 내용으로 시작합니다.

지금 이스라엘 백성이 향하여 가는 가나안 땅은 하나님께서 아브라함을 불러서 머물게 하셨던 땅이에요. 아브라함의 후손들에게 주겠다고 약속하신 땅이지요. 처음부터 하나님께서는 아브라함에게 가나안 땅을 주려고 계획하셨어요. 창세기에서 아브라함은 하나님의 백성이 되고, 하나님은 아브라함의 하나님이 되는 언약을 세울 때 하나님께서 이렇게 약속하셨거든요.

> **창 17:8** 내가 너와 네 후손에게 네가 거류하는 이 땅 곧 가나안 온 땅을 주어 영원한 기업이 되게 하고 나는 그들의 하나님이 되리라

하나님께서 아브라함의 후손들이 많아지도록 이들을 이집트에서 보호하신 후에, 이제 때가 되어 이집트의 종살이에서 해방시켜 가나안 땅으로 이끌어 가시는 것입니다. 그런데 이들은 곧바로 가나안 땅으로 가지 않고 시내산에 들러서 약 11개월을 머물게 됩니다. 약속의 땅에 정착하기 전에 해야 할 일이 있었기 때문이죠. 국가가 형성되려면 국민, 영토, 그리고 주권도 필요하잖아요. 주권은 주인으로서의 권리를 말해요. 하나님 나라의 주인은 바로 하나님이시지요. 하나님께서는 이제 약속의 땅에 나라를 세우러 가는 이 민족을 시내산에 모으셔서 두 가지 중요한 일을 통해 그 나라의 주인이 바로 하나님임을 분명하게 알려 주세요.

첫 번째는 율법을 주시는 것입니다. 특별히 십계명을 주시

는 장면이 인상적인데요. 십계명은 율법의 요약, 그러니까 일종의 하나님 나라 헌법이라고 할 수 있어요. 하나님 나라 백성이 어떻게 살아야 하는지를 명시해 주지요. 그런데 이 십계명을 주시는 장면이 마치 결혼식과 비슷합니다. (결혼에 대입해 보면 하나님께서 이스라엘 민족과 맺으시는 언약이 어떤 의미인지 이해할 수 있습니다.) 예를 들면, 하나님께서 먼저 프로포즈를 하세요.

출 19:5-6 세계가 다 내게 속하였나니 너희가 내 말을 잘 듣고 내 언약을 지키면 너희는 모든 민족 중에서 내 소유가 되겠고 / 너희가 내게 대하여 제사장 나라가 되며 거룩한 백성이 되리라 너는 이 말을 이스라엘 자손에게 전할지니라

모세가 이 말을 이스라엘 자손에게 전하고, 그들의 대답을 다시 하나님께 전합니다. 바쁘게 산을 오르내리면서 중매쟁이의 역할을 수행합니다.

출 19:7-8 모세가 내려와서 백성의 장로들을 불러 여호와께서 자기에게 명령하신 그 모든 말씀을 그들 앞에 진술하니 / 백성이 일제히 응답하여 이르되 여호와께서 명령하신 대로 우리가 다 행하리이다 모세가 백성의 말을 여호와께 전하매

이렇게 보면 십계명은 바로 결혼 서약서라고 할 수 있어요. 그 안에는 하나님의 백성이 어떻게 살아가야 하는지가 적혀 있지요. 이스라엘 백성이 이 서약에 동의합니다. 모세가 십계명과 율법들을 백성에게 들려주자 백성이 "모든 말씀을 우리가 준행하리이다"라고 선언합니다. "하나님은 우리의 하나님입니다. 우리는 하나님의 백성입니다. 하나님만 섬기며 한눈팔지 않고 열심히 사랑하며 살겠습니다." 이렇게 약속하는 것입니다. 그리고 모세가 피를 백성에게 뿌리며 결혼이 성립되었음을 선포합니다. (언약을 세울 때 피를 뿌리는 이유는 언약을 어기면 생명으로 값을 치르겠다는 다짐을 상징하는 것입니다.)

> **출 24:6-8** 모세가 피를 가지고 반은 여러 양푼에 담고 반은 제단에 뿌리고 / 언약서를 가져다가 백성에게 낭독하여 듣게 하니 그들이 이르되 여호와의 모든 말씀을 우리가 준행하리이다 / 모세가 그 피를 가지고 백성에게 뿌리며 이르되 이는 여호와께서 이 모든 말씀에 대하여 너희와 세우신 언약의 피니라

결혼식 후에는 피로연이 펼쳐집니다.

> **출 24:11** 하나님이 이스라엘 자손들의 존귀한 자들에게 손을 대지 아니하셨고 그들은 하나님을 뵙고 먹고 마셨더라

이제 이스라엘은 명실상부한 하나님 나라 백성이 되었습니다. 이전에도 하나님이 이스라엘을 '내 백성'(출 5:1)이라고 부르셨지만, 이제는 이스라엘 백성도 동의한 언약 관계가 성립된 것입니다. 강요하지 않고 인격적으로 관계를 맺기 원하시는 하나님을 볼 수 있지요.

하나님께서는 여기서 그치지 않고 하나님 나라의 주인이 바로 자신임을 분명하게 드러내시고자 또 하나의 중요한 일을 하십니다. 바로 성막을 만들게 하시는 것입니다. 출애굽기 25-40장은 하나님께서 성막을 만들라고 지시하시고, 또 이스라엘 백성이 그 명령을 따라 성막을 만드는 내용입니다.

이 부분은 대칭 구조로 되어 있는데요. 25-31장은 하나님께서 모세에게 성막의 설계도를 지시해 주시는 내용이고, 35-40장은 하나님께서 지시해 주신 설계도대로 성막을 제작하는 내용입니다. 그런데 이 두 부분은 내용이 많이 비슷해요.

왜 '지시한 대로 제작했다'라고 간단하게 기록하지 않고 이렇게 많은 분량을 반복해서 기록하고 있을까요? 성경에서 내용이 반복되는 이유는 대부분 강조하기 위함인데요. 이 부분을 강조하는 이유는 그 중간에 있었던 금송아지 사건(출 32장) 때문입니다. 이는 하나님의 형상을 만들지 말라는 십계명을 어기고 백성이 금으로 송아지를 만들어서 하나님께 심판을 받은 사건입니다. 이러한 범죄를 저지르고 난 뒤에도 하나님께서 주신 설계도대로 성막이 제작되었다는 사실은 인간의 죄도 하나님의 계획을 바꿀 수 없다는 진리를 전해 줍니다. 그래서 반복되더라도 강조하여 기록한 것입니다.

도대체 성막이 무엇이기에 출애굽기에서 이렇게 중요하게 다루는 것일까요? 성막은 하나님께서 임재하신다는 것을 상징하는, 일종의 하나님의 집이라고 할 수 있어요. 오늘날의 교회와 비슷하지만 조금 달라요. 오늘날에는 하나님께서 우리들 한 사람 한 사람의 마음속에 계셔서 우리가 언제든지 하나님을 만날 수 있지만, 그때는 성막에서만 이스라엘 백성을 만나 주셨어요. 성막을 보면서 백성은 하나님께서 그들과 함께하신다는 것을 확신하고 하나님이 자신들의 주인임을 기억할 수 있었습니다.

> **출 29:45-46** 내가 이스라엘 자손 중에 거하여 그들의 하나님이 되리니 / 그들은 내가 그들의 하나님 여호와로서 그들 중에 거하려고 그들을 애굽 땅에서 인도하여 낸 줄을 알리라 나는 그들의 하나님 여호와니라

그런데 하나님께서는 왜 이렇게 하나님 나라의 주인이 바로 자신이라는 점을 열심히 알려 주시는 것일까요? 우리가 자꾸 까먹기 때문입니다. 창세기에서 아담과 하와가 죄를 지었던 장면을 기억하지요? 참된 왕이 있다는 것을 잊고 자신이 마치 왕인 것처럼 살아가는 것이 바로 죄라고 했잖아요. 그래서 하

나님께서는 하나님을 왕으로 섬기는 하나님 나라를 세워서, 그 나라가 얼마나 좋은 나라인지를 보여 주려고 하시는 거예요. 그런데 이 하나님 나라 백성이 또 자신들이 왕인 줄 알고 살면 안 되겠지요?

그래서 잊지 말라고 율법을 주셔서 하나님 나라 백성이 어떻게 살아야 하는지 알려 주시는 거랍니다. 또 성막을 만들어서 하나님께서 지켜보고 계신다는 것을 기억하라는 거예요. 그리고 성막에서 하나님을 만나기도 하고요.

이렇게 만들어진 성막에서는 구체적으로 무엇을 할까요? 그 이야기가 다음 레위기에 나옵니다.

043

/ 레위기 /

출애굽기의 마지막 부분은 하나님께서 성막을 만들라고 지시하시고, 또 이스라엘 백성이 그 명령을 따라 성막을 만드는 내용이었습니다. 출애굽기의 마지막 절은 이렇게 끝이 납니다.

> **출 40:38** 낮에는 여호와의 구름이 성막 위에 있고 밤에는 불이 그 구름 가운데에 있음을 이스라엘의 온 족속이 그 모든 행진하는 길에서 그들의 눈으로 보았더라

이스라엘 백성이 성막을 만든 시내산에서부터 약속의 땅인 가나안 땅에 들어갈 때까지, 이 성막 위에 낮에는 구름이, 밤에는 불이 그 가운데 떠올라서 백성을 인도해 줍니다. 평생 살던 이집트를 떠나 새로운 땅을 향해 가던 이들이 얼마나 불안했겠어요? 백성은 이 구름과 불을 보면서 '아, 저기에 하나님께서

계시는구나'라고 생각하며 든든함을 느꼈을 것입니다.

그런데요. 하나님께서는 이스라엘 백성을 성막(회막)에서만 만나 주십니다. "내가 거기서 이스라엘 자손을 만나리니 내 영광으로 말미암아 회막이 거룩하게 될지라"(출 29:43). 하나님께서 이스라엘 백성을 애굽 땅에서 인도하여 내신 목적이 '그들 중에 거하려고'(출 29:46)라고 하셨는데 왜 성막에서만 만나겠다고 하시는 것일까요?

그 이유를 알려면 '제사'가 무엇인지 먼저 알아야 합니다. 제사는 인간들이 죄를 지어 하나님과 함께 거할 수 없게 되자 하나님이 만드신 제도입니다. 어둠뿐이어서 빛을 찾을 수 없는 깜깜한 방이 있다고 생각해 보세요. 그 방에 들어가 불을 한번 켜 보세요. 밝아졌지요? 이번에는 어둠을 찾아볼 수 없어요. 이렇게 빛과 어둠이 공존할 수 없는 것처럼, 죄가 없어 빛과 같은 하나님께서는 죄를 지어 어둠과 같이 된 인간과 공존하실 수가 없어요.

그래도 인간과 함께 거하고 싶으셔서 하나님이 '제사 제도'를 제안해 주신 거예요. 이 제도의 핵심은, 동물을 잡아서 제사를 드림으로, 동물의 죽음을 통해 나의 죄의 대가를 치르게 하고, 하나님과의 관계를 회복하는 거예요. (그렇다고 해서 내 죄가 완전히 사라지는 것은 아닙니다. 이 시스템이 가능했던 이유는, 이 동물 제사가 앞으로 오실 메시아, 곧 예수 그리스도의 죽음을 상징하고 있었기 때문입니다.)

레 17:11 육체의 생명은 피에 있음이라 내가 이 피를 너희에게 주어 제단에 뿌려 너희의 생명을 위하여 속죄하게 하였나니 생명이 피에 있으므로 피가 죄를 속하느니라

레위기는 이스라엘 백성이 하나님과 어떻게 해야 교제할 수 있는지를 가르쳐 주는 책입니다. 출애굽기에서 하나님 나라 백성이 하나님께서 주권을 가지신 왕이라는 사실을 기억하기 위해 두 가지를 해야 한다고 했잖아요. 하나는 율법을 지키는 것이고, 다른 하나는 성막을 만드는 것이었어요.

성막의 중요성이 여기 있습니다. 레위기에서는 성막에서 제사를 드림으로써 하나님과 교제할 수 있다고 설명해 줍니다. 성막이 하나님의 임재를 상징하는 곳이었기에 이곳에서 제사를 드리면서 죄를 회개하고 하나님과 교제할 수 있었던 것이지요. 또한 그렇게 깨끗하게 된 하나님의 백성은 어떻게 살아야 하는지 좀 더 자세한 율법도 설명합니다.

그래서 레위기는 크게 두 부분으로 나누어 볼 수 있습니다. 16장의 속죄일 설명을 중심으로 앞부분은 어떻게 제사를 드리는지에 관한 내용이 주를 이루고 있고요. 뒷부분은 이제 제사를 드려 하나님과 화목하게 된 하나님의 백성이, 일상 생활에서 어떻게 정결하게 살아가야 하는지를 알려 주는 내용이 주를 이루고 있어요. (혹은 16장 속죄일 설명을 중심으로 그 앞뒤에서 비슷한 주제가 반복된다고 볼 수도 있습니다. 제사에 관한 내용 1-7장,

제사장에 관한 내용 8-10장, 정결에 관한 내용 11-15장, 속죄일 16장, 정결에 관한 내용 17-20장, 제사장에 관한 내용 21-22장, 그리고 다시 제사로 돌아오는 대신 절기에 관한 내용 23-25장입니다.)

레위기의 처음 부분에는 다섯 종류의 제사가 나옵니다(레 1-7장). '번제, 소제, 화목제, 속죄제, 속건제'입니다. 간단하게 정리해 볼게요. (기억하기 어려운 분들은 이런 다양한 제사를 통해서 우리가 하나님께 나아가는 다양한 방법을 마련해 주셨다는 점만 아시면 됩니다.)

'번제'는 동물의 가죽만 제사장에게 주고, 전체를 태워 바치는 제사로 헌신, 감사, 속죄 등을 위한 제사예요.

'소제'는 곡식을 바치는 제사예요. 주로 감사의 표시로 따로 드리기도 하고 동물 제사와 함께 드리기도 합니다. 최빈곤 계층을 위해 속죄 제물로도 허용해서 '모든 것으로 제사를, 모든 계층이 제사를'이라는 원칙을 보여 주지요.

'화목제'는 감사와 찬양을 위한 제사입니다. 제사장 몫으로 소나 양의 일부를 떼어낸 뒤, 나머지를 이웃과 함께 나누어 먹는 제사예요. 번제가 하나님과 제사드리는 사람의 친교를 위한 것이라면, 화목제의 주된 목적은 하나님 앞에서 감사와 찬양을 드린 뒤 식사하면서 사람들 간의 친교를 다지는 것이에요.

'속죄제'는 계명을 위반한 도덕적 죄를 씻고 정결하지 못한 신체의 문제를 해결하기 위한 제사입니다.

'속건제'는 모르고 지은 죄와 재산상의 피해 배상을 위한 제사

입니다.[1]

레위기의 다음 내용은 제사장에 관한 설명입니다(레 8-10장). 제사장은 선지자, 왕과 함께 하나님 나라를 이끌어 가는 핵심 지도층입니다. 왕뿐만 아니라 제사장과 선지자가 함께 나라를 이끌어 간다는 점에서 하나님 나라의 특징이 드러납니다. 선지자와 제사장 모두 하나님과 사람 사이를 연결하는 역할을 했지만 그중 제사장은 백성이 하나님께 드리는 제사를 주관했고, 선지자는 하나님의 말씀을 받아 백성에게 전해 주는 역할을 했습니다. 선지자는 하나님께서 필요할 때마다 특별한 소명을 주셔서 부르셨지만, 제사장은 레위의 후손 중에 아론의 후손들만 될 수 있었습니다. (레위는 야곱의 열두 아들 중 셋째 아들이에요. 레위의 다른 후손들은 제사와 성막에 관련된 일을 도맡아 봉사했습니다. 제사를 중점적으로 다루고 있는 이 책 이름이 그래서 '레위기'랍니다.)

민 3:6-10 레위 지파는 나아가 제사장 아론 앞에 서서 그에게 시종하게 하라 / 그들이 회막 앞에서 아론의 직무와 온 회중의 직무를 위하여 회막에서 시무하되 / 곧 회막의 모든 기구를 맡아 지키며 이스라엘 자손의 직무를 위하여 성막에서 시무할지니 / 너는 레위인을 아론과 그의 아들들에게 맡기라 그들은 이스라엘 자손 중에서 아론에게 온전히 맡겨진 자들이니라 / 너는 아론과 그의 아들들을 세워 제사장 직무를 행하게 하라 외인이 가까이 하면 죽임을 당할 것이니라 한 가지, 제사장과 관련하여 흔하게 하는 오해가 있어요. 제사를 드리는 사람은 제물로 사용할 짐승만 가져오고, 그 짐승을 잡고 제사를 드리는 것은 다 제사장이 한다고 생각하는 것인데요. 사실 제사는 제사드리는 사람과 제사장이 협업해서 드립니다. 예를 들어, 번제를 드릴 때 짐승을 죽이고 가죽을 벗기는 일은 제사장이 아닌 제사드리는 사람의 몫이었습니다. 아마도 그는 그 과정에서 울부짖는 짐승과 또 그 짐승에게서 솟구치는 피를 보면서 자신이 지은 죄 때문에 짐승이 이렇게 처참하고 혹독한 대가를 치르는구나 생각했을 것입니다.

> **레 1:4-9** 그는 번제물의 머리에 안수할지니 그를 위하여 기쁘게 받으심이 되어 그를 위하여 속죄가 될 것이라 / 그는 여호와 앞에서 그 수송아지를 잡을 것이요 아론의 자손 제사장들은 그 피를 가져다가 회막 문 앞 제단 사방에 뿌릴 것이며 / 그는 또 그 번제물의 가죽을 벗기고 각을 뜰 것이요 / 제사장 아론의 자손들은 제단 위에 불을 붙이고 불 위에 나무를 벌여 놓고 / 아론의 자손 제사장들은 그 뜬 각과 머리와 기름을 제단 위의 불 위에 있는 나무에 벌여 놓을 것이며 / 그 내장과 정강이를 물로 씻을 것이요 제사장은 그 전부를 제단 위에서 불살라 번제를 드릴지니 이는 화제라 여호와께 향기로운 냄새니라

이어서 정결에 관한 내용이 나옵니다(레 11-15장). 성막의 구

조(지성소-성소-성막)가 더 거룩한 장소를 구분하는 것과 마찬가지로 모든 영역에서 거룩함의 등급을 나눕니다. 예를 들어, 짐승들은 '희생 짐승-정결한 짐승-모든 짐승'으로 나뉩니다. 사람은 '제사장-이스라엘-온 인류'로 구분됩니다. 이러한 구분은 하나님께 가까이 갈수록 더 거룩해진다는 것을 보여 주기 위함입니다. '거룩함'이 제사장에서 이스라엘로, 이스라엘에서 인류로 퍼져 나가게 하시려는 하나님의 목적을 드러냅니다.[2]

그런 면에서, 하나님께 가까이 가서 더 거룩해지는 위치에 있는 이들에게는 더 커다란 책임이 주어진다는 것을 기억할 필요가 있습니다. 제사장은 일반 백성보다 더 거룩해야 할 책임을 지고 있었습니다. 그래서 똑같은 속죄제를 드려도 제사장과 일반 백성의 제사 방법이 같지 않았습니다. 일반 백성은 짐승의 피를 성막 뜰에 있는 제단 뿔에 발랐고, 제사장은 성소의 휘장 앞에 뿌렸습니다.

제사장의 죄를 위한 속죄제 | **레 4:6** 그 제사장이 손가락에 그 피를 찍어 여호와 앞 곧 성소의 휘장 앞에 일곱 번 뿌릴 것이며

일반 백성의 죄를 위한 속죄제 | **레 4:30** 제사장은 손가락으로 그 피를 찍어 번제단 뿔들에 바르고 그 피 전부를 제단 밑에 쏟고

앞에서 설명했듯이 성막은 거룩함의 단계에 따라 '지성소-성소-성막 뜰'로 구분되어 있었는데요. 제사장의 죄를 속할 때는 성소 안에 피를 뿌렸다는 것은 그만큼 이들의 죄가 일반 백성 개개인의 죄보다 크고 중했음을 의미합니다. (우리는 여기서, 신약 시대에 왕 같은 제사장으로 살아가는 우리의 신자로서의 책임이 얼마나 중요한지 생각해 볼 수 있습니다.)

이어서 레위기의 중심이 되는 16장에서는 대속죄일에 대해 설명합니다. 이날은 1년에 한 번 이스라엘의 대제사장과 백성의 죄를 용서받는 날이에요.

> **레 16:29-30** 너희는 영원히 이 규례를 지킬지니라 일곱째 달 곧 그 달 십일에 너희는 스스로 괴롭게 하고 아무 일도 하지 말되 본토인이든지 너희 중에 거류하는 거류민이든지 그리하라 / 이날에 너희를 위하여 속죄하여 너희를 정결하게 하리니 너희의 모든 죄에서 너희가 여호와 앞에 정결하리라

대제사장이 먼저 자신의 죄를 속죄받기 위해 수송아지를 잡아서 그 피를 들고 지성소로 들어가서 뿌립니다. 그다음에는 온 백성을 위해 염소를 잡아서 역시 지성소로 들어가 그 피를 뿌립니다. 이날이 대제사장이 지성소에 들어가는 유일한 날입니다.

대제사장을 위하여 | **레 16:11** 아론은 자기를 위한 속죄제의 수송아지를 드리되 자기와 집안을 위하여 속죄하고 자기를 위한 그 속죄제 수송아지를 잡고

온 백성을 위하여 | **레 16:15** 또 백성을 위한 속죄제 염소를 잡아 그 피를 가지고 휘장 안에 들어가서 그 수송아지 피로 행함같이 그 피로 행하여 속죄소 위와 속죄소 앞에 뿌릴지니

그런데 염소와 관련된 흥미로운 의식이 하나 더 있습니다. 염소는 두 마리를 준비합니다. 한 마리는 위에서 언급한 것처럼 온 백성의 죄를 위한 속죄제로 드려요. 그리고 다른 한 마리는 광야로 보냅니다. 이 염소를 '아사셀을 위한 염소'라고 부릅니다. ('아사셀'은 문자적으로는 '떠나는 염소'라고 번역할 수 있습니다. 광야의 어떤 지역을 가리키는 것으로 보기도 하고, 광야에 거하는 귀신을 가리키는 것으로 보기도 합니다.) 대제사장은 1년 동안의 모든 백성의 죄를 고백하고 이 염소의 머리에 안수합니다. 그 죄들이 이 염소에게 옮겨 가도록 하는 것입니다. 그러면 이 염소는 '그들의 모든 불의를 지고' 광야로 나아갑니다.

레 16:8-10, 21-22 두 염소를 위하여 제비 뽑되 한 제비는 여호와를 위하고 한 제비는 아사셀을 위하여 할지며 / 아론은 여호와를 위하여 제비 뽑은 염소를 속죄제로 드리고 / 아사셀을 위하여 제비 뽑은

> 염소는 산 채로 여호와 앞에 두었다가 그것으로 속죄하고 아사셀을 위하여 광야로 보낼지니라 … 아론은 그의 두 손으로 살아 있는 염소의 머리에 안수하여 이스라엘 자손의 모든 불의와 그 범한 모든 죄를 아뢰고 그 죄를 염소의 머리에 두어 미리 정한 사람에게 맡겨 광야로 보낼지니 / 염소가 그들의 모든 불의를 지고 접근하기 어려운 땅에 이르거든 그는 그 염소를 광야에 놓을지니라

이 아세셀을 위한 염소는 우리 죄를 짊어지고 가시는 메시아를 상징합니다. 그리고 대속죄일은 예수님의 사역을 상징합니다. 이 내용이 레위기의 중심에 있다는 것은 레위기의 모든 내용들이 예수님이 제사장, 제물, 성전이 되어 율법의 요구를 다 성취하셨음을 암시한다고 볼 수 있습니다.

17장부터는 제사와 속죄일을 통해 정결하게 된 하나님의 백성이 어떻게 살아가야 하는지를 다룹니다. 여기에도 제사장과 제사, 그리고 절기에 관한 내용 등이 나오지만, 전체적으로는 삶의 모든 영역에서의 정결과 거룩함에 대한 내용이라고 할 수 있습니다.

이 부분에서는 하나님 나라의 핵심 가치인 공의와 정의가 흐르고 있습니다. 창세기를 보면 하나님께서 공의와 정의를 지켜 행하게 하려고 아브라함을 선택하셨다고 나오잖아요. "내가 그로 그 자식과 권속에게 명하여 여호와의 도를 지켜 의와 공도를 행하게 하려고 그를 택하였나니"(창 18:19). 레위기

에서는 이 공의와 정의를 지키려면 어떻게 해야 하는지, 또 국가의 차원에서 어떻게 구체적으로 공의와 정의를 실현할 수 있는지를 설명해 줍니다.

약자 보호

레 19:9-10 너희가 너희의 땅에서 곡식을 거둘 때에 너는 밭 모퉁이까지 다 거두지 말고 네 떨어진 이삭도 줍지 말며 / 네 포도원의 열매를 다 따지 말며 네 포도원에 떨어진 열매도 줍지 말고 가난한 사람과 거류민을 위하여 버려두라 나는 너희의 하나님 여호와이니라

레 19:13 너는 네 이웃을 억압하지 말며 착취하지 말며 품꾼의 삯을 아침까지 밤새도록 네게 두지 말며

레 19:33-34 거류민이 너희의 땅에 거류하여 함께 있거든 너희는 그를 학대하지 말고 / 너희와 함께 있는 거류민을 너희 중에서 낳은 자 같이 여기며 자기 같이 사랑하라 너희도 애굽 땅에서 거류민이 되었었느니라 나는 너희의 하나님 여호와이니라

공평 추구

레 19:15 너희는 재판할 때에 불의를 행하지 말며 가난한 자의 편을 들지 말며 세력 있는 자라고 두둔하지 말고 공의로 사람을 재판할지며

레 19:35-36 너희는 재판할 때나 길이나 무게나 양을 잴 때 불의를 행하지 말고 / 공평한 저울과 공평한 추와 공평한 에바와 공평한 힌

을 사용하라 나는 너희를 인도하여 애굽 땅에서 나오게 한 너희의 하나님 여호와이니라

이웃 사랑 | 레 19:18 원수를 갚지 말며 동포를 원망하지 말며 네 이웃 사랑하기를 네 자신과 같이 사랑하라 나는 여호와이니라

희년3 | 레 25:10 너희는 오십 년째 해를 거룩하게 하여 그 땅에 있는 모든 주민을 위하여 자유를 공포하라 이 해는 너희에게 희년이니 너희는 각각 자기의 소유지로 돌아가며 각각 자기의 가족에게로 돌아갈지며

자, 지금까지 이스라엘 백성이 출애굽기와 레위기를 통해 율법을 받고, 성막을 만들고, 성막에서 제사하는 법을 배웠어요. 그리고 하나님 나라의 핵심 가치인 공정과 정의를 어떻게 실현할 수 있는지도 배웠어요. 하나님 나라의 법을 확실하게 알게 되었으니, 이제 다시 약속의 땅으로 출발해야겠지요?

/ 민수기 /

이스라엘 백성은 이집트를 탈출한 후에, 시내산에서 11개월간을 머물면서 많은 일들을 겪었습니다. 십계명을 받고, 성막을 만들고, 제사장을 세우고, 제사를 드리는 모든 방법과, 정의와 공의를 특징으로 하는 하나님의 백성다운 삶의 모든 법도를 들었습니다. 이제는 하나님께서 허락해 주시는 땅에 입성하여 이 가치를 실현하고 그래서 세상의 모든 나라들과는 다른 하나님 나라의 어떠함을 보여 주는 일만 남아 있습니다.

민수기는, 이스라엘 백성이 시내산에서 출발해서, 약속의 땅 가나안 바로 건너편 모압 평지라고 부르는 곳에 이르기까지 약 40년간 광야에서 있었던 일을 기록한 책입니다.

민수기 1장부터 출발 장면이 기록된 10장 중반까지는 출발을 위한 준비 과정을 기록합니다. 인구를 조사하고, 특히 성막에서 섬겨야 할 레위 지파의 인구 조사와 그들의 임무가 길게 나옵니다. 그리고 몇 가지 율법의 내용들이 덧붙여집니다. 죄, 여인의 간통 여부를 밝히는 일, 그리고 나실인의 서원에 관한 말씀들이 이어지고, '아론의 축도'라고 알려진 제사장의 축복 문구가 나옵니다. (고린도후서 13장의 축도 대신 아론의 축도로 예배를 마치는 교회도 있습니다.)

> **민 6:24-26** 여호와는 네게 복을 주시고 너를 지키시기를 원하며 / 여호와는 그의 얼굴을 네게 비추사 은혜 베푸시기를 원하며 / 여호와는 그 얼굴을 네게로 향하여 드사 평강 주시기를 원하노라 할지니라 하라

7장에서는 성막이 완성되었을 때 행했던 일종의 성막 봉헌식을 기록하고 있습니다. 각 지파 지휘관들이 헌물을 드리는 것을 통해 성막에서의 역할 수행에 각 지파의 헌신이 필수적이라는 사실을 상기시키고 있습니다.

> **민 7:1-2** 모세가 장막 세우기를 끝내고 그것에 기름을 발라 거룩히 구별하고 또 그 모든 기구와 제단과 그 모든 기물에 기름을 발라 거룩히 구별한 날에 / 이스라엘 지휘관들 곧 그들의 조상의 가문의 우두머리들이요 그 지파의 지휘관으로서 그 계수함을 받은 자의 감독된 자들이 헌물을 드렸으니

그 후에도 백성에게 필요한 것들에 대한 하나님의 말씀이 한참 이어진 후에 드디어 백성이 출발합니다. (여행을 떠나는 우리에게 "열쇠 챙겼니? 준비물은? 약 먹는 거 잊지 마. 안전 운전하렴!" 이렇게 묻고 당부하시며 노심초사 챙겨 주시는 부모님의 모습이 겹쳐집니다.)

백성이 출발 이전에 행했던 일 중 가장 중요한 일은 자신들의 숫자를 세는 것이었어요. '민수기'라는 제목도 백성의 수를 센다는 뜻입니다. 약속의 땅에 들어가려면 전쟁을 해야 하기에, 이 전쟁을 잘 준비하기 위해서 20세 이상 남자들의 수를 파악하는 것입니다.

> **민 1:2–3** 너희는 이스라엘 자손의 모든 회중 각 남자의 수를 그들의 종족과 조상의 가문에 따라 그 명수대로 계수할지니 / 이스라엘 중 이십 세 이상으로 싸움에 나갈 만한 모든 자를 너와 아론은 그 진영별로 계수하되

그런데요. 백성 수를 세는 이야기가 민수기의 후반부에도 등장합니다.

> **민 26:2** 이스라엘 자손의 온 회중의 총수를 그들의 조상의 가문을 따라 조사하되 이스라엘 중에 이십 세 이상으로 능히 전쟁에 나갈 만한 모든 자를 계수하라 하시니

왜 또다시 세는 걸까요? 백성이 40년간 광야에서 지내느라 약속의 땅에 들어가지 못하고 다 죽게 되었기 때문입니다. 그래서 이들의 자녀 세대가 약속의 땅 입성을 앞두고 다시 한 번 숫자를 세는 것입니다.

그런데 왜 이들은 40년이라는 시간을 광야에서 보내야 했을까요? 시내산부터 가나안까지는 보름이면 갈 수 있는 거리였는데 말이에요. (시내산에서 가데스 바네아까지는 약 220km 정도이고, 가는 데 11일이 걸렸다고 합니다. "호렙 산에서 세일 산을 지나 가데스 바네아까지 열 하룻길이었더라"[신 1:2]. 이는 대략 서울에서 땅끝이라고 불리는 해남까지의 거리보다 조금 더 멀어요. 그리고 이 가데스 바네아에서 모압 평지까지는 또 약 100km 정도 되는 거리예요. 같은 속도로 계산하면 5일이 걸렸을 것입니다.)

그 이유가 첫 번째 인구수를 세는 기록과 두 번째 기록 사이에 설명되어 있습니다. 시내산을 출발한 후의 이스라엘의 모습에서는 안타깝게도 하나님의 통치에 순종하는 모습을 찾아볼 수가 없습니다. 그렇게 율법, 성막을 비롯해 구름 기둥, 불기둥, 만나 등등 필요한 것은 다 있었던 이들이었건만, 그리고 그렇게 시내산에서 잘 준비시켜 주셨건만, 이스라엘 백성은 출발하자마자 불평, 원망, 불순종합니다. (하나님께서는 나중에 모세에게 이스라엘 백성이 열 번이나 반역을 했다고 말씀하십니다. "내 영광과 애굽과 광야에서 행한 내 이적을 보고서도 이같이 열 번이나 나를 시험하고 내 목소리를 청종하지 아니한 그 사람들은"[민 14:22].)

가장 결정적인 문제가 민수기 13-14장에 기록되어 있습니다. 바로 약속의 땅을 정탐하고 온 사건인데요. 이스라엘 백성이 그 땅을 정탐하고 와서는 우리는 그 땅을 차지하지 못할 것이라고 주장하면서, 하나님과 모세를 원망합니다.

> 민 13:31-33 그와 함께 올라갔던 사람들은 이르되 우리는 능히 올라가서 그 백성을 치지 못하리라 그들은 우리보다 강하니라 하고 / 이스라엘 자손 앞에서 그 정탐한 땅을 악평하여 이르되 우리가 두루 다니며 정탐한 땅은 그 거주민을 삼키는 땅이요 거기서 본 모든 백성은 신장이 장대한 자들이며 / 거기서 네피림 후손인 아낙 자손의 거인들을 보았나니 우리는 스스로 보기에도 메뚜기 같으니 그들이 보기에도 그와 같았을 것이니라

어쩌면 불평을 좀 했다고 약속의 땅에 들어가지 못하고 광야에서 죽게 하는 것은 너무 심한 벌이 아닌가 하고 생각할지 모르겠습니다. 하지만 문제는 단지 불평하고 원망한 것에 있지 않습니다. 약속의 땅으로 인도하시는 하나님의 통치와 주권을 인정하고 순종하기를 거부했다는 것이 문제였습니다.

> 민 14:2-4 이스라엘 자손이 다 모세와 아론을 원망하며 온 회중이 그들에게 이르되 우리가 애굽 땅에서 죽었거나 이 광야에서 죽었으면 좋았을 것을 / 어찌하여 여호와가 우리를 그 땅으로 인도하여 칼

에 쓰러지게 하려 하는가 우리 처자가 사로잡히리니 애굽으로 돌아가는 것이 낫지 아니하랴 / 이에 서로 말하되 우리가 한 지휘관을 세우고 애굽으로 돌아가자 하매

하나님께서 왜 이스라엘 백성을 출애굽시켜 주셨지요? 그들을 통해 하나님 나라를 세우시기 위해서였잖아요. 그래서 민족도 많게 해 주시고, 가나안 땅도 주겠다고 약속하셨지요. 그런데 하나님 나라가 하나님 나라 되기 위해서는 하나님의 통치에 대한 순종이 필수적입니다. 하나님 나라 백성이 하나님께 순종하지 않으면 다른 나라들과 비교되는 하나님 나라를 만들 수가 없잖아요.

그런데 이스라엘 백성은 처음 아담이 그랬고 바벨탑을 쌓은 사람들이 그랬던 것처럼, 하나님의 명령이 아닌 자신들의 판단과 결정을 따라 하나님 나라가 아닌 세상 나라를 만들려고 했던 것입니다. 약속의 땅에 들어가라는 하나님의 명령과 약속이 아니라, 들어갈 수 없다는 자신들의 판단을 믿는 이들을 데리고 하나님 나라를 세울 수는 없는 일이었습니다. 이 사건 때문에 결국 출애굽 첫 세대는 약속의 땅에 못 들어갑니다.

이 정탐 사건이 결정적인 이유임은 이들이 광야에서 40년간을 지냈다는 사실을 보면 알 수 있습니다. 하나님께서 이들이 정탐했던 40일의 하루를 일 년씩으로 계산해서 40년간 방황하게 하셨거든요.

> **민 14:32-34** 너희의 시체는 이 광야에 엎드러질 것이요 / 너희의 자녀들은 너희 반역한 죄를 지고 너희의 시체가 광야에서 소멸되기까지 사십 년을 광야에서 방황하는 자가 되리라 / 너희는 그 땅을 정탐한 날 수인 사십 일의 하루를 일 년으로 쳐서 그 사십 년간 너희의 죄악을 담당할지니 너희는 그제서야 내가 싫어하면 어떻게 되는지를 알리라 하셨다 하라

이렇게 처음 센 숫자에 들었던 백성은 모두 약속의 땅에 들어가지 못해요. 40년간을 광야에서 지내다가 결국은 모두 죽고 말지요. 그러니까 두 번째로 백성의 수를 셌을 때 포함되었던 이들은 바로 이들의 자녀 세대였던 것입니다. 이 사건 후에 하나님께서는 첫 세대는 약속의 땅에 들어가지 못하겠지만 다음 세대는 반드시 약속의 땅으로 인도하겠다고 약속해 주십니다.

> **민 14:30-31** 여분네의 아들 갈렙과 눈의 아들 여호수아 외에는 내가 맹세하여 너희에게 살게 하리라 한 땅에 결단코 들어가지 못하리라 / 너희가 사로잡히겠다고 말하던 너희의 유아들은 내가 인도하여 들이리니

첫 세대의 광야 생활은 20장부터 기록되어 있는데요. 성경은 광야 방랑기의 이야기를 자세하게 다루지 않습니다. 아마도 시내산을 출발한 후에 불평하고 불순종하던 모습이 계속 반

복되었기 때문인 것 같아요. 20장에서는 출애굽 1세대의 대표 인물이라고 할 수 있는 아론의 죽음을 기록하면서 그렇게 1세대 전체가 죽음을 맞이할 것이라는 사실을 암시합니다. 그리고 이스라엘 백성은 약속의 땅 바로 건너편, 모압 평지까지 이동합니다.

> **민 22:1** 이스라엘 자손이 또 길을 떠나 모압 평지에 진을 쳤으니 요단 건너편 곧 여리고 맞은편이더라

이 이동 과정에서 놋뱀 사건이 발생합니다. 이스라엘 백성이 불평과 원망을 쏟아놓자 하나님이 불뱀을 보내서 그들을 물게 하십니다. 이에 백성이 많이 죽게 되지요. 하나님께서 모세에게 놋으로 불뱀을 만들어 장대에 매달라고 하십니다. 그리고 그 불뱀을 보면 죽지 않고 살게 된다고 말씀하십니다.

> **민 21:8-9** 여호와께서 모세에게 이르시되 불뱀을 만들어 장대 위에 매달아라 물린 자마다 그것을 보면 살리라 / 모세가 놋뱀을 만들어 장대 위에 다니 뱀에게 물린 자가 놋뱀을 쳐다본즉 모두 살더라

이 사건은 죄로 말미암아 죽음의 저주 아래 놓인 인류를 구원하기 위해 십자가에 달려 죽게 될 메시아 예수 그리스도의 사역을 미리 보여 줍니다. “모세가 광야에서 뱀을 든 것같이 인

자도 들려야 하리니 이는 그를 믿는 자마다 영생을 얻게 하려 하심이니라"(요 3:14-15).

민수기 22-25장은 이스라엘이 모압 평지에 진을 쳤을 때 있었던, 모압 왕 발락과 이방 선지자 발람의 이야기입니다. 발락이 발람을 매수해서 이스라엘 백성을 저주하게 합니다. 하지만 하나님께서는 발람의 입을 막으시고, 저주를 축복으로 바꾸며 일하십니다. 이스라엘은 이것도 모르고 발람의 꾀에 넘어가 모압 여인들과 음행을 저지르지요. (이 내용이 신약에 여러 번 나옵니다.)

드디어 26장에서 두 번째 인구 조사를 합니다. 1장에 나오는 출애굽 첫 세대와 비교해 볼 때 인구수가 비슷합니다. 이스라엘의 끊임없는 범죄와 실패에도 불구하고, 하나님께서는 다음 세대를 통하여 하나님 나라를 이어 가시고 있지요.

민 1:45-46 이같이 이스라엘 자손이 그 조상의 가문을 따라 이십 세 이상으로 싸움에 나갈 만한 이스라엘 자손이 다 계수되었으니 / 계수된 자의 총계는 육십만 삼천오백오십 명이었더라

민 26:51 이스라엘 자손의 계수된 자가 육십만 천칠백삼십 명이었더라

이 인구 조사를 기준으로 출애굽 2세대의 이야기가 시작됩니

다. 두 번째 세대는 1세대와는 다른 행보를 보여요. 1-25장의 첫 세대 이야기는 죄와 심판의 내용이 대부분이에요. 이스라엘 백성은 만나가 지겹다고 불평하고, 모세에게 대항하고, 가나안 정탐 후 원망을 쏟아 내고, 모압 여인들과 행음하는 등 불순종이란 불순종은 모두 행합니다. 반면에 26-36장에 기록되어 있는 두 번째 세대의 이야기는 새로운 소망에 대한 내용이 대부분이에요. 여기에는 죽음의 기록이 없어요. 미디안과의 전쟁 승리, 요단 동편 정복 등 승리의 내용을 많이 다루고, 가나안 땅에 들어가서 어떻게 살아야 할지를 알려 주는 율법이 기록되어 있습니다.[4]

참고로, 민수기의 마지막 36장에서는 아들이 없이 죽은 슬로브핫의 딸들이 같은 지파 사람들의 아내가 되어 분배받은 땅을 지키는 내용이 나옵니다. 이제 곧 땅을 얻게 될 것인데 각 지파의 땅을 보존할 수 있도록 제도를 정비함으로써 하나님 나라의 땅은 하나님의 것임을 분명히 하는 것입니다. "토지를 영구히 팔지 말 것은 토지는 다 내 것임이니라 너희는 거류민이요 동거하는 자로서 나와 함께 있느니라"(레 25:23).

자, 민수기는 이렇게 불순종한 출애굽 첫 세대가 광야에서 죽고, 약속의 땅 바로 앞에까지 간 다음 세대의 이야기로 끝이 납니다. 하나님의 통치에 순종하는 이들을 통해 온전한 하나님 나라가 세워지겠구나 하는 기대감이 마구마구 생겨납니다. 그런데 약속의 땅에 들어가기 전에 한 가지 할 일이 있었어요.

/ 신명기 /

약속의 땅 바로 앞에 진을 친 이스라엘 백성은 이제 요단강을 건너 그 땅에 들어가는 일만 남았습니다. 그런데 본격적인 가나안 입성 이전에 해야 할 일이 있었는데요. 하나님의 말씀을 듣는 것이었습니다. 하나님께서 모세를 통해 이스라엘 백성에게 전해 주신 설교 말씀이 신명기입니다.

'신명기'가 무슨 뜻일까요? '신'은 '거듭'이라는 뜻의 한자(申)입니다. 거듭해서 당부한다고 할 때 '신신당부'라고 하잖아요. 신명기는 반복된 계명, 반복된 율법이라는 뜻입니다. (참고로, 히브리어 성경의 신명기 제목은 '이것은 말씀들이다'입니다. 신명기의 핵심은 '하나님의 말씀'임을 기억하세요.)

신명기에 나오는 하나님의 말씀은 출애굽기, 레위기, 민수기의 말씀과 많이 겹칩니다. 그런데도 모세가 다시 설교를 한 이유는 전에 설교를 들었던 출애굽 첫 세대는 모두 광야에서 죽었고, 새로운 세대가 가나안 입성을 준비하고 있었기 때문입니다. 아빠 엄마에게서 들었던 말씀을 성인이 되어 또 듣는 거예요. 게다가 이들은 지금껏 광야에서 이동 생활을 했잖아요. 이제 약속의 땅에 들어가 정착해서 살아갈 것이므로 주의할 점을 다시 한 번 듣는 것입니다.

신명기는 율법 설교라서 명령과 규칙이 많이 나와요. 그런데요. 이 명령과 규칙을 읽을 때는, 왜 이렇게 규칙이 많은지 그 목적을 꼭 기억하면서 읽어야 해요. 첫째로 기억해야 할 점은, 이 명령들은 이스라엘의 행복을 위한 규칙이라는 것입니다.

> **신 10:12–13** 이스라엘아 네 하나님 여호와께서 네게 요구하시는 것이 무엇이냐 곧 네 하나님 여호와를 경외하여 그의 모든 도를 행하고 그를 사랑하며 마음을 다하고 뜻을 다하여 네 하나님 여호와를 섬기고 / 내가 오늘 네 행복을 위하여 네게 명하는 여호와의 명령과 규례를 지킬 것이 아니냐

"이것도 하지 말라, 저것도 하지 말라, 이것은 해라, 저것은 해라"라는 명령들이 어떻게 우리의 행복을 위한 규칙이 될 수 있을까요? 우리는 마음대로 해야 행복해질 것이라고 생각하는 경향이 있습니다. 하지만 마음대로 하는 그 순간에는 기분이 좋을지 모르지만, 궁극적으로는 참된 행복을 가져다주지 않습

니다. 예를 들면, "사탕을 너무 많이 먹으면 이가 썩어!" "밤에 먹는 라면은 몸에 해로워!" 이런 규칙들은 우리 마음대로 하지 못하게 막는 규칙들이지요. 하지만 이런 규칙들이 우리를 건강하게 지켜 줍니다. 우리를 행복하게 해 주죠. 신명기의 율법은 우리가 진정으로 행복해지기 위해서는 어떻게 해야 하는지를 알려 주는 것입니다.

둘째로 기억해야 할 점은 하나님 나라의 목적을 이루기 위해서는 이 명령들이 꼭 필요하다는 것입니다. 하나님께서 왜 이스라엘 백성을 하나님 나라 백성으로 삼으셨는지 기억하시나요? 다른 나라 사람들이 보고 '우와, 너무 좋다. 나도 저 나라 백성처럼 살고 싶어' 이런 마음이 들게 하려고 하신 거잖아요. 그런데 이 목적은 이스라엘 백성이 하나님의 율법을 잘 지킬 때에만 이루어질 수 있어요.

> **신 4:5-6** 내가 나의 하나님 여호와께서 명령하신 대로 규례와 법도를 너희에게 가르쳤나니 이는 너희가 들어가서 기업으로 차지할 땅에서 그대로 행하게 하려 함인즉 / 너희는 지켜 행하라 이것이 여러 민족 앞에서 너희의 지혜요 너희의 지식이라 그들이 이 모든 규례를 듣고 이르기를 이 큰 나라 사람은 과연 지혜와 지식이 있는 백성이로다 하리라

하나님의 율법은 정의와 공의, 은혜와 진리가 가득했기 때문

에, 이 말씀을 그대로 따르면, 다른 민족들이 이렇게 말할 거예요. "과연 지혜와 지식이 있는 백성이로군!"

이러한 목적을 가지고 신명기는 모세가 전한 세 번의 설교를 기록하고 있습니다. 1-4:40이 이스라엘의 광야 생활을 회고하는 첫 번째 설교이고요. 4:44부터 본격적으로 율법을 선포하는 두 번째 설교가 시작되어 28장까지 이어집니다. 29-30장은 마지막 설교로, 하나님이 새로운 세대와 언약을 갱신하시는 내용입니다.

첫 번째 설교를 살펴볼까요? 십계명을 받은 시내산(호렙산)에서 출발하여 가나안 땅을 정탐하려고 멈추어 섰던 가데스 바네아까지는 원래 정상적으로 걸었으면 11일이면 되는 길이었습니다. 그런데 이 거리를 40년 걸려 오게 되지요. 그리고 이 기간 동안 출애굽 첫 세대는 여호수아와 갈렙을 제외하고 모두 광야에서 방황하다가 죽습니다.

그 이유는 민수기에서 보았던 것처럼 가나안 땅 정탐 이후 이스라엘 백성이 그 땅에 들어갈 수 없다고 결정했기 때문입니다. 모세는 신명기 설교의 처음 부분부터 이 일을 언급합니다.

> **신 1:26, 32** 그러나 너희가 올라가기를 원하지 아니하고 너희의 하나님 여호와의 명령을 거역하여 … 이 일에 너희가 너희의 하나님 여호와를 믿지 아니하였도다

그리고 두 가지를 강조합니다. 첫째는 이 광야 40년 동안 하나님께서 지키고 돌보아 주셨음을 기억하라는 것입니다. 둘째로 첫 세대처럼 불순종하지 말고 순종하여 복을 받으라는 것입니다.

은혜를 기억하라 | 신 2:7 네 하나님 여호와께서 네가 하는 모든 일에 네게 복을 주시고 네가 이 큰 광야에 두루 다님을 알고 네 하나님 여호와께서 이 사십 년 동안을 너와 함께 하셨으므로 네게 부족함이 없었느니라 하시기로

순종하면 땅을 얻으리라 | 신 4:1 이스라엘아 이제 내가 너희에게 가르치는 규례와 법도를 듣고 준행하라 그리하면 너희가 살 것이요 너희 조상의 하나님 여호와께서 너희에게 주시는 땅에 들어가서 그것을 얻게 되리라

순종하면 땅에서 오래 살리라 | 신 4:40 오늘 내가 네게 명령하는 여호와의 규례와 명령을 지키라 너와 네 후손이 복을 받아 네 하나님 여호와께서 네게 주시는 땅에서 한 없이 오래 살리라

두 번째 설교는 4:44-28장입니다. 이 설교는 크게 보면 11장까지가 서문 또는 일반론이라고 할 수 있고, 12장부터는 구체적인 율법의 기록이라고 할 수 있습니다. 11장까지의 설교는

십계명을 언급하는 것으로 시작해요. 십계명은 출애굽기에도 나오는데요. 이 십계명 설교 전에 모세가 이 내용을 반복하는 이유를 이렇게 설명합니다.

> 신 5:2-3 우리 하나님 여호와께서 호렙 산에서 우리와 언약을 세우셨나니 / 이 언약은 여호와께서 우리 조상들과 세우신 것이 아니요 오늘 여기 살아 있는 우리 곧 우리와 세우신 것이라

호렙산(시내산)에서 하나님과 언약을 맺은 사람들은 지금 설교를 듣는 두 번째 세대가 아니라 그들의 부모님 세대입니다. 그런데 모세는 그 언약을 '오늘 여기 살아 있는 우리'와 맺었다고 합니다. 마치 시내산에서 언약을 맺을 때 십계명이 그 핵심에 있었던 것처럼, 여기서도 십계명을 반복하면서 그 언약을 두 번째 세대의 것으로 만든 것이죠. 백성을 선택해서 나라를 세우려는 하나님의 계획은 첫 세대의 불순종으로 좌절되는 것처럼 보였지만, 그다음 세대를 통해 그 계획을 실현시키려고 하시는 것입니다.

이 십계명 설교에 이어 유명한 쉐마 설교가 이어집니다. '쉐마'는 '들으라'는 뜻의 히브리어입니다. 이스라엘 백성은 지금도 이 말씀을 매일 암송하고 또 써서 팔과 이마에 붙이기도 해요.

신 6:4-5 이스라엘아 들으라 우리 하나님 여호와는 오직 유일한 여호와이시니 / 너는 마음을 다하고 뜻을 다하고 힘을 다하여 네 하나님 여호와를 사랑하라

그리고 그다음으로, 하나님의 말씀을 잘 듣고 지켜 행하면 복을 얻을 것이고, 하나님이 왕이신 것을 잊고 또다시 아담처럼, 홍수 이후의 사람들처럼, 자신들이 원하는 대로, 자신들의 욕심을 부추기는 뱀(마귀)과 같은 역할을 하는 다른 신들을 섬기면 망하리라는 경고가 나옵니다.

신 7:12 너희가 이 모든 법도를 듣고 지켜 행하면 네 하나님 여호와께서 네 조상들에게 맹세하신 언약을 지켜 네게 인애를 베푸실 것이라

신 8:19 네가 만일 네 하나님 여호와를 잊어버리고 다른 신들을 따라 그들을 섬기며 그들에게 절하면 내가 너희에게 증거하노니 너희가 반드시 멸망할 것이라

12:1부터는 약속의 땅에서 지켜야 할 구체적인 율법이 주어집니다.

신 12:1 네 조상의 하나님 여호와께서 네게 주셔서 차지하게 하신

땅에서 너희가 평생에 지켜 행할 규례와 법도는 이러하니라

이 율법들의 내용은 레위기와 거의 비슷합니다. 한편으로는 각종 제사의 규칙을, 다른 한편으로는 삶으로의 예배, 특히 사회 정의를 강조합니다. 레위인을 저버리지 말라(신 14:27), 객과 고아와 과부들을 배부르게 하라(신 14:29), 매 칠 년 끝에는 빚을 면제하라(신 15:1), 가난한 형제에게 필요한 것을 넉넉하게 꾸어 주라(신 15:7-11) 등의 내용이 나옵니다.

특별히 정의와 공의가 실현되는 사회를 만들기 위한 세심한 규정들이 다양하게 제시되는데요. 한 가지만 예를 들어 볼게요. 이 당시에는 약혼한 여자를 범한 남자를 유부녀와 간음한 것과 동일하게 여겨서 사형에 처했어요. 그런데 여자의 경우에는 성읍 안에서 그 일이 일어났다면 남자와 함께 사형을 당했지만 들에서 그러했다면 아무런 죄를 묻지 않았습니다. 성 안에서는 도움을 청할 수 있었는데 청하지 않았기 때문이고, 들에서는 도움을 청할 수 없는 상황이라고 판단한 것이지요. 물론 오늘날의 관점에서는 불합리한 면도 보이지만, 당시의 시대적 배경을 고려해 본다면 공정한 판결을 내리고자 놀라울 정도로 세심하게 규정한 법이라는 것을 알 수 있습니다.

성읍에서 동침한 약혼녀 | 신 22:23-24 처녀인 여자가 남자와 약혼한 후에 어떤 남자가 그를 성읍 중에서 만나 동침하면 / 너희는 그들을 둘

다 성읍 문으로 끌어내고 그들을 돌로 쳐죽일 것이니 그 처녀는 성 안에 있으면서도 소리 지르지 아니하였음이요 그 남자는 그 이웃의 아내를 욕보였음이라 너는 이같이 하여 너희 가운데에서 악을 제할지니라

들에서 성폭행당한 약혼녀 | **신 22:25-27** 만일 남자가 어떤 약혼한 처녀를 들에서 만나서 강간하였으면 그 강간한 남자만 죽일 것이요 / 처녀에게는 아무것도 행하지 말 것은 처녀에게는 죽일 죄가 없음이라 이 일은 사람이 일어나 그 이웃을 쳐죽인 것과 같은 것이라 / 남자가 처녀를 들에서 만난 까닭에 그 약혼한 처녀가 소리질러도 구원할 자가 없었음이니라

이 설교는 27-28장의 긴 축복과 저주의 목록으로 마무리됩니다.

순종할 때의 축복 | **신 28:1-2** 네가 네 하나님 여호와의 말씀을 삼가 듣고 내가 오늘 네게 명령하는 그의 모든 명령을 지켜 행하면 네 하나님 여호와께서 너를 세계 모든 민족 위에 뛰어나게 하실 것이라 / 네가 네 하나님 여호와의 말씀을 청종하면 이 모든 복이 네게 임하며 네게 이르리니

불순종할 때의 저주 | **신 28:15** 네가 만일 네 하나님 여호와의 말씀을

순종하지 아니하여 내가 오늘 네게 명령하는 그의 모든 명령과 규례를 지켜 행하지 아니하면 이 모든 저주가 네게 임하며 네게 이를 것이니

세 번째 설교는 29-30장입니다. 이 말씀은 모압 땅에서 세운 언약이라고 해서 '모압 언약'이라고 부릅니다.

신 29:1 호렙에서 이스라엘 자손과 세우신 언약 외에 여호와께서 모세에게 명령하여 모압 땅에서 그들과 세우신 언약의 말씀은 이러하니라

이 언약의 핵심 내용도 첫 번째, 두 번째 설교와 동일하게, "보라 내가 오늘날 생명과 복과 사망과 화를 네 앞에 두었나니"입니다. 순종을 선택해서 생명과 복을 얻을 수도 있고, 불순종을 선택해서 사망과 저주를 얻을 수도 있다는 것입니다. 하나님의 간절한 소망은 물론, "생명을 택하라!"입니다.

신 30:19-20 내가 오늘 하늘과 땅을 불러 너희에게 증거를 삼노라 내가 생명과 사망과 복과 저주를 네 앞에 두었은즉 너와 네 자손이 살기 위하여 생명을 택하고 / 네 하나님 여호와를 사랑하고 그의 말씀을 청종하며 또 그를 의지하라 그는 네 생명이시요 네 장수이시니 여호와께서 네 조상 아브라함과 이삭과 야곱에게 주리라고 맹세하

신 땅에 네가 거주하리라

이후의 이스라엘 역사를 보면 순종하면 복을 받고 불순종하면 저주를 받는 일이 반복됩니다. 만약 율법을 잘 지키지 않았는데도, 또 하나님의 통치가 제대로 이루어지지 않았는데도 복을 받으면 어떻게 되겠어요? 하나님을 잘 섬기지도 않고, 가난한 사람을 돕지도 않고, 객과 고아와 과부가 굶어 죽게 내버려 두어요. 정의와 공의가 실종되었어요. 그런데도 나라가 점점 부강해지면 누가 "이 큰 나라 사람들은 과연 지혜와 지식이 있는 백성이로다"라고 말하겠어요?

이 세 편의 설교가 끝난 후 31-34장에서는 여호수아가 후계자로 임명되고, 모세가 열두 지파를 축복한 뒤 죽음을 맞이하는 내용이 나옵니다.

과연 가나안 땅에 들어간 이스라엘 백성은 말씀을 지켜 진정한 행복을 얻게 될까요? 그리고 이웃 백성은 이스라엘을 보며 감탄하게 될까요? 이 내용은 좀 더 뒤에 나옵니다. 우선, 설교를 다 들었으니 가나안 땅으로 들어가야겠죠?

/ 여호수아 /

신명기는 이스라엘 백성이 약속의 땅 건너편인 모압 평지에서 들은 모세의 설교이고요. 여호수아는 그 약속의 땅을 차지하는 이야기입니다.

여호수아는 크게 네 부분으로 나눌 수 있어요. 첫 번째는 1-5장으로, 이스라엘 백성이 요단강을 건너는 내용입니다.

그런데 강을 건너가기 전에 백성이 꼭 해결해야 할 일이 있었어요. 출애굽 첫 세대가 가나안 입성에 실패했던 결정적인 이유가 기억나세요? 정탐 사건이 문제였지요. 새로운 세대는 이 사건에서의 불신앙을 극복할 필요가 있었어요. 그래서 본격적인 가나안 입성에 앞서 여호수아가 다시 한 번 정탐꾼을 보냅니다. 이번에는 이들이 어떻게 반응했을까요? 라합의 도움으로 무사히 귀환한 정탐꾼들의 보고입니다.

> **수 2:23-24** 그 두 사람이 돌이켜 산에서 내려와 강을 건너 눈의 아들 여호수아에게 나아가서 그들이 겪은 모든 일을 고하고 / 또 여호수아에게 이르되 진실로 여호와께서 그 온 땅을 우리 손에 주셨으므로 그 땅의 모든 주민이 우리 앞에서 간담이 녹더이다 하더라

첫 세대 정탐꾼들은 이렇게 보고했었어요. "우리는 능히 올라가서 그 백성을 치지 못하리라 그들은 우리보다 강하니라"(민 13:31), "우리는 스스로 보기에도 메뚜기 같으니 그들이 보기에도 그와 같았을 것이니라"(민 13:33). 그런데 두 번째 세대는 완전히 다르게 보고하지요?

이제 준비가 된 하나님의 백성이 드디어 요단강을 건너 약속의 땅에 입성합니다. 요단강 도하 장면은 이 전쟁이 하나님께서 주도하시고 이끄시는 하나님의 전쟁이라는 점을 잘 보여줘요. 하나님께서는 여호수아에게 가나안 땅을 '내가 너희에게 주는 땅'이라고 표현하셨는데요. 이스라엘 백성이 하나님의 기적적인 도움 덕분으로 가나안 땅을 차지하게 해 주셔서 이 말씀을 증명하십니다.

> **수 1:2** 내 종 모세가 죽었으니 이제 너는 이 모든 백성과 더불어 일어나 이 요단을 건너 내가 그들 곧 이스라엘 자손에게 주는 그 땅으로 가라

먼저 하나님께서는 요단강을 마른 땅이 되게 하세요. 이 놀라운 기적은 이집트에서 탈출할 때 홍해를 가르신 것과 비슷합니다. 홍해를 갈라 노예에서 해방해 주신 것과, 요단강을 갈라 약속의 땅을 허락해 주신 것 모두 이스라엘을 하나님의 백성으로 삼아 주시고, 땅을 주신다는 약속의 증거였습니다. (참고로, 홍해 때는 물이 갈라져 마른 땅이 되는 기적이 먼저 일어난 후 이스라엘 자손이 그 땅을 건넜고요. 요단강 때는 제사장들이 먼저 발을 강에 대어, 그 발이 물에 잠기니까 물이 그치고 마른 땅이 되었어요. 그래서 어떤 사람들은 구원의 출발은 하나님의 전적인 은혜로 시작하지만, 약속의 땅을 얻는 일에는 발이 물에 잠길 때까지 내딛는 믿음이 필요하다고 해석하기도 합니다.)

요단강 | **수 3:15–16** 궤를 멘 자들이 요단에 이르며 궤를 멘 제사장들의 발이 물 가에 잠기자 / 곧 위에서부터 흘러내리던 물이 그쳐서

홍해 | **출 14:21–22** 모세가 바다 위로 손을 내밀매 여호와께서 큰 동풍이 밤새도록 바닷물을 물러가게 하시니 물이 갈라져 바다가 마른 땅이 된지라 / 이스라엘 자손이 바다 가운데를 육지로 걸어가고

그런데 요단강을 건넌 후에 하나님께서 백성에게 조금 이상한 지시를 하십니다. 강을 건너면 적군의 요새인 여리고성이 있거든요. 그러면 일반적으로는 곧바로 전쟁 준비를 해야 할 것

같은데, 하나님께서는 할례를 행하라고 하십니다. ('할례'는 남성 성기의 포피 끝을 자르는 의식을 말합니다.)

> **수 5:2** 그때에 여호와께서 여호수아에게 이르시되 너는 부싯돌로 칼을 만들어 이스라엘 자손들에게 다시 할례를 행하라 하시매

할례는 하나님께서 아브라함과 언약을 맺을 때 이 관계를 상징하는 표시였어요. 결혼식과 비슷하다고 보면 됩니다. 결혼식을 함으로써 부부가 되었다는 것을 공개적으로 널리 알리듯이, 할례를 통해 하나님은 이스라엘의 하나님이 되고, 이스라엘 백성은 하나님의 백성이라는 것을 나타내는 것입니다.

> **창 17:10–11** 너희 중 남자는 다 할례를 받으라 이것이 나와 너희와 너희 후손 사이에 지킬 내 언약이니라 / 너희는 포피를 베어라 이것이 나와 너희 사이의 언약의 표징이니라

그런데 생각해 보세요. 할례를 받으면 며칠 동안은 꼼짝을 못해요. 이 시기에 적의 공격을 받으면 다 몰살당할 수밖에 없습니다. 그러니 이 상황에서 의지할 것은 오직 여호와 하나님께서 보호해 주시리라는 믿음뿐이었던 거예요. 이 전쟁의 승패가 하나님을 향한 순종에 달려 있음을 다시 한 번 확인할 수 있는 대목입니다.

이상한 일은 또 있습니다. 칼을 빼어 손에 들고 있는 사람을 여호수아가 만나는데요. 전쟁을 준비하고 있는 와중에 이런 사람을 만나면 우선 우리 편인지 아닌지부터 확인해야 하잖아요. 너는 누구 편이냐고 묻는 여호수아에게 이 사람은 '아니라'라고 대답합니다. (이쪽인지 저쪽인지 묻는데 아니라고 하다니… 좀 이상하지요?)

수 5:13-14 여호수아가 나아가서 그에게 묻되 너는 우리를 위하느냐 우리의 적들을 위하느냐 하니 / 그가 이르되 아니라 나는 여호와의 군대 대장으로 지금 왔느니라

이 천사 같은 존재는 여호수아의 편도 아니고 그 대적의 편도 아니라고 합니다. 왜냐하면 누구든 하나님 나라의 법을 따르는 이의 편이 되기 때문입니다. 여호수아와 이스라엘 백성이 하나님 나라의 법을 잘 따르면 여호와의 군대 대장은 이스라엘의 편이 될 거예요. 그러나 그렇지 않다면, 이스라엘을 대적할 것입니다. (우리는 하나님이 내 편이 되어 주시기를 기대하지만 사실은 우리가 하나님의 편이 되어야 하는 것입니다!)

할례 사건이나 군대 대장을 만난 일은 하나님께서 하나님 백성의 정체성을 더욱 분명하게 확인하시는 과정입니다. 본격적인 전쟁에 앞서, 시작부터 하나님의 통치에 순종할 것을 요구하고 계세요.

여호수아서의 두 번째 부분인 6-12장에서는 가나안 땅에 거주하던 족속들과의 전투가 그려집니다. 여기서도 하나님 나라는 하나님의 백성이 하나님의 통치에 순종할 때 세워진다는 사실을 강조합니다.

예를 들어, 여리고성은 강력한 요새였어요. 그런데 이스라엘 백성이 일주일간 13번, 성을 돌기만 했는데 그 성이 무너집니다. 하지만 여리고성보다 훨씬 작았던 아이성 전투에서는 이스라엘 백성이 패배합니다. 그 이유는 불순종했기 때문이에요. (아간이라는 사람이 하나님의 명령을 어긴 탓에 나라 전체가 위기를 경험합니다. 하나님 나라에서는 한 사람의 순종이 참으로 중요합니다.) 이들이 다시 회개하고 하나님 말씀에 순종하자 이번에는 아이성을 정복하게 되지요. 이 모든 이야기는 하나님께서 이 전쟁의 주인이시며, 하나님께 순종하는 것이 하나님 나라의 핵심이라는 점을 드러냅니다.

그 후에 이스라엘은 '세겜'에서 하나님과 다시 한 번 언약을 맺습니다. "그 후에 여호수아가 율법책에 기록된 모든 것대로 축복과 저주하는 율법의 모든 말씀을 낭독하였으니"(수 8:34). 여리고성과 아이성 전투에서 순종하면 복을 받고 불순종하면 저주를 받는다는 것을 경험한 이들에게 이 언약의 말씀은 좀 더 실감나게 다가왔을 것입니다.

그리고 이제 이스라엘 백성은 중부와 남부, 그리고 북부에 이르기까지 가나안 지역의 많은 땅을 취하는 데 성공합니다.

수 11:23 이와 같이 여호수아가 여호와께서 모세에게 말씀하신 대로 그 온 땅을 점령하여 이스라엘 지파의 구분에 따라 기업으로 주매 그 땅에 전쟁이 그쳤더라

13-22장은 정복한 땅을 분배하는 이야기입니다. 요단강 동쪽은 르우벤, 갓, 므낫세 자손의 반(half) 지파가 차지하고, 서쪽은 나머지 아홉 개 반(half) 지파가 분배받습니다. 분배 기준은 위치의 경우 제비를 뽑고, 면적의 경우 가족의 크기를 고려한 것으로 보입니다.

이 부분은 온통 지명으로 가득 차 있어서 별로 재미가 없습니다. 하지만 당시 이 글을 읽었던 사람들의 입장에서 한번 생각해 보세요. 서울의 역삼동, 성수동, 경기도의 과천, 의왕, 경남의 부산, 진해, 전북의 익산, 군산, 강원도의 춘천, 철원, 충청도의 대전, 충주 등의 땅을 누구누구에게 주겠다고 발표하면 그 당사자들은 얼마나 흥미진진하게 들었을까요? 그리고 그 땅을 점령할 때 하나님이 어떻게 역사하셨는지를 떠올리며 감격하지 않았을까요?

땅 분배에서 기억해야 할 점은 이 모든 땅을 다 정복한 후에 분배를 한 것이 아니라는 것입니다. 주요 거점을 점령한 후에 나머지 땅에 대한 분배가 먼저 이루어집니다. 각 지파에게는 분배된 땅을 취할 책임이 주어졌습니다.

수 13:1, 7 여호수아가 나이가 많아 늙으매 여호와께서 그에게 이르시되 너는 나이가 많아 늙었고 얻을 땅이 매우 많이 남아 있도다 … 너는 이 땅을 아홉 지파와 므낫세 반 지파에게 나누어 기업이 되게 하라 하셨더라

이러한 정책에 대한 반응이 재미있습니다. 갈렙은 당시 85세였는데 누구보다 앞장서서, 아무도 가기를 원하지 않았던 땅을 차지하겠다고 나섭니다. 갈렙이 달라고 한 땅은 첫 세대가 정탐할 때 갔었던 땅입니다. 그때에도 갈렙은 다른 정탐꾼들과 달리 그 땅을 취할 수 있다고 말했었습니다.

첫 정탐 시 갈렙 | 민 13:30 갈렙이 모세 앞에서 백성을 조용하게 하고 이르되 우리가 곧 올라가서 그 땅을 취하자 능히 이기리라 하나

85세 된 지금의 갈렙 | 수 14:12 그날에 여호와께서 말씀하신 이 산지를 지금 내게 주소서 당신도 그날에 들으셨거니와 그곳에는 아낙 사람이 있고 그 성읍들은 크고 견고할지라도 여호와께서 나와 함께 하시면 내가 여호와께서 말씀하신 대로 그들을 쫓아내리이다 하니

반면에 어떤 지파는 분배된 땅에 만족하지 못합니다. 에브라임과 므낫세 지파는 분배받은 땅도 작고, 또 자신들이 상대해야 할 가나안 족속들이 너무 강하다고 불평합니다.

수 17:16 요셉 자손이 이르되 그 산지는 우리에게 넉넉하지도 못하고 골짜기 땅에 거주하는 모든 가나안 족속에게는 벧 스안과 그 마을들에 거주하는 자이든지 이스르엘 골짜기에 거주하는 자이든지 다 철 병거가 있나이다 하니

여호수아는 삼림을 개척하여 영토를 넓히라고 하고, 또 상대가 철 병거를 가졌어도 능히 쫓아낼 수 있다고 격려합니다. 하나님께서 주신 은혜에 대한 우리의 다양한 반응들이 겹쳐 보이네요.

이제 하나님 나라의 설립이라는 하나님의 약속과 그 약속의 성취를 분명하게 강조하며 땅 분배 이야기가 마무리됩니다.

수 21:43-45 여호와께서 이스라엘의 조상들에게 맹세하사 주리라 하신 온 땅을 이와 같이 이스라엘에게 다 주셨으므로 그들이 그것을 차지하여 거기에 거주하였으니 / 여호와께서 그들의 주위에 안식을 주셨으되 그 조상들에게 맹세하신 대로 하셨으므로 그들의 모든 원수들 중에 그들과 맞선 자가 하나도 없었으니 이는 여호와께서 그들의 모든 원수들을 그들의 손에 넘겨 주셨음이니라 / 여호와께서 이스라엘 족속에게 말씀하신 선한 말씀이 하나도 남음이 없이 다 응하였더라

여호수아의 마지막 부분인 23-24장에는 여호와를 섬기라

는 여호수아의 설교가 두 편 나옵니다. 여호수아는 먼저 이스라엘을 다스리게 될 이들을 불러 설교하고, 온 백성을 불러 또 설교를 해요. 지도자들에게 한 설교를 보면, 여호수아가 이스라엘 민족의 지도자가 되었을 때 하나님께서 여호수아에게 주신 말씀을 반복하고 있어요. 하나님의 나라를 이끌어 가는 지도자들에게는 하나님께 순종하는 것이 가장 중요한 일이기 때문입니다.

여호수아가 지도자들에게 | 수 23:6 그러므로 너희는 크게 힘써 모세의 율법 책에 기록된 것을 다 지켜 행하라 그것을 떠나 우로나 좌로나 치우치지 말라

하나님께서 여호수아에게 | 수 1:7 오직 강하고 극히 담대하여 나의 종 모세가 네게 명령한 그 율법을 다 지켜 행하고 우로나 좌로나 치우치지 말라 그리하면 어디로 가든지 형통하리니

여기서 잠깐! 가나안 지역에 살고 있던 사람들은 무슨 죄가 있기에 쫓겨나야 하지? 하는 생각이 들 수도 있어요. 하지만 그들은 자신들이 지은 죄 때문에 쫓겨나는 거예요.

레 18:27-28 너희가 전에 있던 그 땅 주민이 이 모든 가증한 일을 행하였고 그 땅도 더러워졌느니라 / 너희도 더럽히면 그 땅이 너희가

있기 전 주민을 토함같이 너희를 토할까 하노라

그러니까, 하나님의 백성에게 땅이 필요했기 때문에 그들이 쫓겨난 것이 아니고요. 그들의 죄 때문에 심판을 받은 거예요.

자, 지금까지는 창세기에서 아브라함을 부르신 하나님께서, 그의 후손들을 통해 하나님 나라를 세워 가시는 이야기를 살펴보았습니다. 여호수아에서 땅을 차지하면서 이제 이스라엘은 하나님 나라의 설립에 필요한 모든 것을 갖추게 되었습니다.

여호수아는 죽기 전에, 이스라엘 백성에게, 하나님 나라의 백성답게 하나님께 순종할 것을 다시 한 번 촉구합니다.

수 24:14–15 그러므로 이제는 여호와를 경외하며 온전함과 진실함으로 그를 섬기라 너희의 조상들이 강 저쪽과 애굽에서 섬기던 신들을 치워 버리고 여호와만 섬기라 / 만일 여호와를 섬기는 것이 너희에게 좋지 않게 보이거든 너희 조상들이 강 저쪽에서 섬기던 신들이든지 또는 너희가 거주하는 땅에 있는 아모리 족속의 신들이든지 너희가 섬길 자를 오늘 택하라 오직 나와 내 집은 여호와를 섬기겠노라 하니

과연 이들은 여호수아의 유언대로 여호와 하나님만 섬기게 되었을까요? 이 나라는 하나님께서 계획하셨던 대로, 하나님이 어떤 분이신지 온 열방에 보여 주게 되었을까요?

/ 사사기 /

사사기는 약속의 땅에서 하나님 나라를 세워 가기 시작한 이스라엘 백성의 이야기입니다. '사사'(Judge)를 가리키는 히브리어에는 '재판하다'라는 뜻이 있습니다. 지도자들이 재판을 했으므로, '다스리다'라는 의미도 들어 있지요. 이 단어가 한자로는 선비 '사'(士)와 스승 '사'(師)를 사용합니다. 왕은 아니지만, 재판도 하고 다스리며, 위기의 순간에는 용사로 전쟁에도 참여하는 역할인데, 고대 중국에서는 재판관을 사사라고 불렀다고 합니다 정리하면, 성경에 나오는 사사는 하나님께서 이스라엘을 대적의 손에서 구원하고, 잘 다스리기 위해 세우신 지도자라고 할 수 있습니다.

삿 4:4-5 그때에 랍비돗의 아내 여선지자 드보라가 이스라엘의 사사가 되었는데 / 그는 에브라임 산지 라마와 벧엘 사이 드보라의 종

> 려나무 아래에 거주하였고 이스라엘 자손은 그에게 나아가 재판을 받더라

국민, 백성, 주권이 잘 확립되어 하나님 나라를 펼쳐 보여야 할 이스라엘 백성에게 왜 구원자가 필요할까요? 사사기의 초반부는 두 가지 사건을 통해 그 이유를 설명해 줍니다.

첫 번째는 정복 실패 사건입니다. 여호수아서에서 여호수아는 각 지파에게 땅을 분배해 주면서 땅을 점령하고 가나안 족속을 모두 내쫓으라고 명령했어요. 그런데 사사기 1장에서는 각 지파가 땅을 차지한 이야기와 그곳 거주민들을 온전히 쫓아내지 못한 이야기가 섞여 있습니다.

> **삿 1:19, 21** 여호와께서 유다와 함께 계셨으므로 그가 산지 주민을 쫓아내었으나 골짜기의 주민들은 철 병거가 있으므로 그들을 쫓아내지 못하였으며 … 베냐민 자손은 예루살렘에 거주하는 여부스 족속을 쫓아내지 못하였으므로 여부스 족속이 베냐민 자손과 함께 오늘까지 예루살렘에 거주하니라

가장 심각한 상황은 단 지파입니다. 이 지파는 가나안 족속을 쫓아내지 못했을 뿐 아니라 아예 그들에게 쫓김을 당했습니다. 그래서 안타깝게도 이 지역을 포기하고 다른 땅을 찾으러 다니다가 북쪽 라이스라는 지역을 발견하여 그곳에 자리를 잡

습니다. 하나님이 주신 땅이 아닌 자신들이 찾은 땅을 취한 단 지파의 이야기는 이스라엘의 타락상을 선명하게 보여 줍니다.

> **단 지파의 정복 실패** | **삿 1:34** 아모리 족속이 단 자손을 산지로 몰아넣고 골짜기에 내려오기를 용납하지 아니하였으며

> **라이스를 취한 단 지파** | **삿 18:27, 29** 단 자손이 미가가 만든 것과 그 제사장을 취하여 라이스에 이르러 한가하고 걱정 없이 사는 백성을 만나 칼날로 그들을 치며 그 성읍을 불사르되 … 이스라엘에게서 태어난 그들의 조상 단의 이름을 따라 그 성읍을 단이라 하니라 그 성읍의 본 이름은 라이스였더라

혹시 '단 지파는 군사력이 약한데 너무 강한 족속이 거주하는 지역을 분배받은 것이 아닐까?'라고 생각하는 분이 있나요? 기억하세요. 여호수아서에서 계속 강조하는 것은 이 전쟁의 승패는 군사력에 달려 있지 않다는 것이었습니다. 신명기에서 약속한 것처럼 하나님께 순종하면 승리하고 불순종하면 패배했습니다. 단 족속이 이렇게 철저하게 패배한 것은 얼마나 순종하지 않았는지를 보여 주는 단면입니다.

> **삿 2:2-3** 너희는 이 땅의 주민과 언약을 맺지 말며 그들의 제단들을 헐라 하였거늘 너희가 내 목소리를 듣지 아니하였으니 어찌하여 그

리하였느냐 / 그러므로 내가 또 말하기를 내가 그들을 너희 앞에서 쫓아내지 아니하리니 그들이 너희 옆구리에 가시가 될 것이며 그들의 신들이 너희에게 올무가 되리라 하였노라

이스라엘에 왜 구원자가 필요한지를 설명해 주는 두 번째 상황은 여호수아의 죽음입니다. 백성을 이끌고 가나안 땅을 정복했던 여호수아가 죽으면서 여호수아서가 끝이 났어요. 사사기는 여호수아의 죽음을 반복해서 기록합니다. "여호수아가 죽은 후에"(삿 1:1), "여호와의 종 눈의 아들 여호수아가 백십 세에 죽으매"(삿 2:8).

여호수아가 죽은 뒤 이스라엘은 여호수아의 유언대로 여호와 하나님만 섬기며 살았을까요? 안타깝게도 그렇지 않았습니다.

여호수아의 생존 | **삿 2:7** 백성이 여호수아가 사는 날 동안과 여호수아 뒤에 생존한 장로들 곧 여호와께서 이스라엘을 위하여 행하신 모든 큰 일을 본 자들이 사는 날 동안에 여호와를 섬겼더라

여호수아의 사후 | **삿 2:10** 그 세대의 사람도 다 그 조상들에게로 돌아갔고 그 후에 일어난 다른 세대는 여호와를 알지 못하며 여호와께서 이스라엘을 위하여 행하신 일도 알지 못하였더라

이스라엘 자손들이 여호와를 알지 못했다고 합니다. 물론 지식적으로 여호와 하나님을 몰랐다는 것은 아닙니다. 할아버지와 아버지에게 출애굽과 가나안 입성의 그 놀라운 기적의 이야기들을 들었을 텐데 어떻게 여호와 하나님을 모른단 말입니까? 이는 인격적으로 관계를 맺는 방식으로 알지 못했다는 뜻입니다. (BTS의 정국이라는 멤버를 아시나요? 저는 알아요. 그런데 그 멤버는 저를 몰라요. 그냥 이렇게 아는 것은 제가 제 아내를 아는 것과는 다르지요. 이처럼 여호와 하나님을 몰랐다는 것은, 제가 BTS를 아는 것처럼은 알았겠지만, 제 아내를 아는 것처럼은 알지 못했다는 말입니다.)

이들은 자신들의 아버지, 할아버지가 여호수아와 했던 약속을 잊고, 여호와 하나님 보시기에 악을 행합니다. 약속의 땅에 들어오기 전에 이스라엘 백성이 반복해서 들었던 신명기 설교를 떠올려 보세요. 이렇게 여호와를 잊어버리고 다른 신들을 섬기면 어떻게 된다고 했지요?

삿 3:7 이스라엘 자손이 여호와의 목전에 악을 행하여 자기들의 하나님 여호와를 잊어버리고 바알들과 아세라들을 섬긴지라

신 8:19 네가 만일 네 하나님 여호와를 잊어버리고 다른 신들을 따라 그들을 섬기며 그들에게 절하면 내가 너희에게 증거하노니 너희가 반드시 멸망할 것이라

이러한 이유들 때문에 이스라엘에는 구원자가 있어야 했습니다. 하나님께서 백성의 불순종에 대한 심판과 경고로 이방 나라를 들어 이스라엘을 치게 하셨기 때문입니다.

> 삿 3:12 이스라엘 자손이 여호와의 목전에 악을 행하므로 여호와께서 모압 왕 에글론을 강성하게 하사 그들을 대적하게 하시매

이스라엘은 이런 침입과 압제를 당할 때마다 하나님께 부르짖어요. 그러면 하나님께서 사사를 세우셔서 그들을 구원해 주십니다.

> 삿 3:15 이스라엘 자손이 여호와께 부르짖으매 여호와께서 그들을 위하여 한 구원자를 세우셨으니 그는 곧 베냐민 사람 게라의 아들 왼손잡이 에훗이라

이러한 구원은 참으로 놀라운 하나님의 은혜였습니다. 사사기에서 계속 반복되는 주제예요. 예를 들면, '왼손잡이 에훗'은 문자 그대로 번역하면 오른손에 장애가 있다는 뜻이에요. 그런데 에훗이 모압 왕 에글론을 간단하게 처단합니다. 하나님께서 장애가 있는 사사를 사용하여 막강한 적군을 물리쳐 주신 거예요.

또 '삼갈'이라는 사사가 있었어요. 그는 소를 모는 막대기로

블레셋 사람 600명을 죽여요. 당시 블레셋은 이미 철기 시대를 살았던 민족이거든요. 그러니까 칼을 든 600명을 막대기 하나로 물리친 거예요. 역시 전적으로 하나님의 은혜였다고 할 수밖에 없습니다.

또 유명한 사사 중에 기드온이 있어요. 기드온은 단지 300명의 용사들을 이끌고 나팔과 빈 항아리와 횃불만 가지고 가서 135,000명의 미디안 사람들을 상대로 승리를 거둡니다. 그렇게 부족하고 문제투성이인 사사들을 사용하셔서 하나님께서 이스라엘을 구원해 주신 것입니다.

그런데 이스라엘은 시간이 지나면 또 범죄합니다. '죄악 → 심판 → 회개 → 구원 → 다시 죄악' 이런 패턴이 반복됩니다.

사사기를 읽을 때는 두 가지 중요한 주제를 기억해야 하는데요. 첫째로, 우리 인간이 어떤 존재인지를 잘 살펴보아야 합니다. 우리는 급할 때는 하나님께 도와주세요! 하고 기도하다가, 문제가 해결되면, 하나님 없이도 잘 살 수 있다고 생각하지 않나요? 사사기는 이런 우리의 모습을 적나라하게 보여 주고 있습니다.

참고로, 사사기에 등장하는 사사들은 모두 12명이에요. 사사기 시대 이후에도 왕이 세워지기 전까지 사사는 계속 존재했습니다. 공식적인 마지막 사사는 사무엘입니다. 사무엘이 아들들을 사사로 임명하지만, 하나님께서 임명하신 것이 아니기에 공식적인 사사로 보지는 않습니다. "사무엘이 늙으매 그의 아들들을 이스라엘 사사로 삼으니"(삼상 8:1).

사사기에 나오는 사사들의 이름은 이렇습니다. 옷니엘, 에훗, 삼갈, 드보라, 기드온, 돌라, 야일, 입다, 입산, 엘론, 압돈, 삼손. 이 중 이야기가 길게 기록되어 있는 사사들은 옷니엘, 에훗, 드보라, 기드온, 입다, 삼손 이렇게 6명입니다. 처음 3명은 참 멋진 사사들이었는데요. 후에 타락의 길을 걸은 기드온부터 그 후의 사사들은 점점 더 부패해 가는 모습을 보여 줍니다. 이스라엘 백성도 마찬가지이고요.

기드온은 하나님의 은혜를 받아 300명의 용사만 이끌고 미디안을 물리치는 데 쓰임받은 사사였는데요. 어쩌다가 타락하게 되었을까요? 기드온이 미디안을 크게 물리치고 오자 이스라엘 백성이 기드온에게 왕이 되어 주기를 요청합니다. (하나님께서는 이스라엘 백성이 자신들의 힘으로 구원을 얻었다고 생각할까 봐 군인의 숫자를 32,000명에서 300명으로 줄이셨는데요. 그런데도 전쟁이 끝나자마자 그 모든 영광을 기드온에게 돌리고 있네요.)

삿 8:22-23 그때에 이스라엘 사람들이 기드온에게 이르되 당신이 우리를 미디안의 손에서 구원하셨으니 당신과 당신의 아들과 당신의 손자가 우리를 다스리소서 하는지라 / 기드온이 그들에게 이르되 내가 너희를 다스리지 아니하겠고 나의 아들도 너희를 다스리지 아니할 것이요 여호와께서 너희를 다스리시리라 하니라 기드온의 대답이 아주 멋있지요. "여호와께서 너희를 다스리시리라." 그런데요. 기드온의 행동이 이상합니다. 백성에게 금귀고리를 가져오라고 해요. 그리고 그 금으로 에봇을 만듭니다.

> 삿 8:27 기드온이 그 금으로 에봇 하나를 만들어 자기의 성읍 오브라에 두었더니 온 이스라엘이 그것을 음란하게 위하므로 그것이 기드온과 그의 집에 올무가 되니라

에봇은 주로 제사장이 일을 할 때 입었던 옷입니다. 그런데 사사기에서는 에봇이 우상과 같은 역할을 했어요. 마치 출애굽기에서 이스라엘 백성과 아론이 금송아지를 만들고서는 "이는 너희를 애굽 땅에서 인도하여 낸 너희의 신이로다"(출 32:4)라고 말한 것과 같아요. 에봇은 하나님을 섬길 때 제사장이 입는 옷이지만, 금으로 만들어서 그 에봇에 무슨 힘이 있는 것처럼 생각하고 그것을 섬긴 것이죠. 기드온이 그것을 자기 집에 둡니다. 에봇에는 '우림과 둠밈'이 붙어 있었는데요. 이스라엘 사람들은 우림과 둠밈을 통해 하나님의 뜻을 구별했습니다. 기드온이 금 에봇을 자기 집에 두었기 때문에 이제 사람들은 하나님의 뜻을 물으러 실로가 아닌 기드온의 집으로 오게 될 것입니다.

게다가 마치 왕과 같이 (물론 좋은 의미의 왕의 모습은 아닙니다

만) 아내를 많이 두고, 그래서 아들도 많이 둡니다. 많은 아내들로도 부족해 첩까지 둡니다.

> 삿 8:30-31 기드온이 아내가 많으므로 그의 몸에서 낳은 아들이 칠십 명이었고 / 세겜에 있는 그의 첩도 아들을 낳았으므로 그 이름을 아비멜렉이라 하였더라

더 심각한 것은, 이 첩이 낳은 아들의 이름입니다. '아비멜렉'은 '나의 아버지는 왕이다'라는 의미입니다. 그러니까, 기드온이 말로는 오직 하나님만이 왕이라고 하면서 온갖 경건한 흉내는 다 내었지만, 실제로는 왕과 다를 바 없는 삶을 살았던 것입니다.

이렇게 타락하는 기드온부터 시작하여 이스라엘의 죄악이 점점 확대됩니다. 사사들의 부정적인 모습도 점점 확대됩니다. 그럴수록 이웃 나라들이 이스라엘을 압제하는 기간은 점점 길어지고, 평화 기간은 점점 짧아져요. 그러다가 나중에는 이스라엘이 고난을 당해도 하나님께 부르짖지도 않아요. 이러한 사사기의 내용은 하나님의 백성으로 선택된 이스라엘이 하나님 없이 살았다는 것을 보여 줍니다. 그리고 하나님 없이 사는 인간이 얼마나 타락할 수 있는지를 볼 수 있습니다.

사사기를 읽을 때 기억해야 할 두 번째 중요한 주제는 참된 왕이 필요하다는 사실입니다. 16장에서 삼손의 이야기와

함께 사사들에 대한 내용이 끝나고, 17-21장에서는 이 당시에 일어났던 암울한 사건들을 다룹니다.

사사기의 마지막 장 마지막 절이 이러한 불의한 사회 모습의 원인을 알려 줍니다. "그때에 이스라엘에 왕이 없으므로 사람이 각기 자기의 소견에 옳은 대로 행하였더라"(삿 21:25). (이 마지막 부분에서는 이와 비슷한 형태의 구절이 네 번이나 반복됩니다.) 사사 시대의 범죄함은 왕이 없었기 때문이라는 것이에요. 물론 참된 왕, 하나님의 뜻대로 백성을 이끌 왕을 뜻하는 것이지요.

사사기에서 마지막 사사로 등장하는 삼손은 이 내용을 잘 요약해서 보여 줍니다. 삼손은 철저하게 자기의 소견에 옳은 대로 행했습니다. 즉 자기가 보기에 옳은 대로 행동했다는 뜻이에요("everyone did what was right in his own eyes"[NASB]).

삿 14:1-3 삼손이 딤나에 내려가서 거기서 블레셋 사람의 딸들 중에서 한 여자를 보고 / 올라와서 자기 부모에게 말하여 이르되 내가 딤나에서 블레셋 사람의 딸들 중에서 한 여자를 보았사오니 이제 그를 맞이하여 내 아내로 삼게 하소서 하매 / 그의 부모가 그에게 이르되 네 형제들의 딸들 중에나 내 백성 중에 어찌 여자가 없어서 네가 할례 받지 아니한 블레셋 사람에게 가서 아내를 맞으려 하느냐 하니 삼손이 그의 아버지에게 이르되 내가 그 여자를 좋아하오니("for she is right in my eyes"[ESV]) 나를 위하여 그 여자를 데려오소서 하니라 삼손은 신명기 언약의 말씀도, 여호수아 고별 설교의 경고도 모두 무시하고 자기가 보기에 옳은 대로 이방 여인과 결혼을 강행합니다.

> 신 7:3-4 또 그들과 혼인하지도 말지니 네 딸을 그들의 아들에게 주지 말 것이요 그들의 딸도 네 며느리로 삼지 말 것은 / 그가 네 아들을 유혹하여 그가 여호와를 떠나고 다른 신들을 섬기게 하므로 여호와께서 너희에게 진노하사 갑자기 너희를 멸하실 것임이니라

> 수 23:12-13 너희가 만일 돌아서서 너희 중에 남아 있는 이 민족들을 가까이 하여 더불어 혼인하며 서로 왕래하면 … 너희가 마침내 너희의 하나님 여호와께서 너희에게 주신 이 아름다운 땅에서 멸하리라

사사기는 자기 소견대로가 아니라 하나님의 말씀에 옳은 대로 인도할 왕이 다스리는 왕정 시대를 소망하게 합니다. 물론 궁극적으로는 우리의 진정한 왕이신 예수 그리스도를 기대하게 하지요. 그래서 이스라엘의 통치 체제는 왕정 체제로 이동합니다. 그 전에, 사사 시대에 살았던 한 집안의 이야기를 먼저 살펴보아야 합니다.

/ 룻기 /

룻기는 도덕적으로 타락하고 영적으로 혼란하던 사사 시대 때의 한 가정의 이야기입니다. 룻기를 읽을 때는 3명의 이름을 기억하세요. 시어머니 나오미, 며느리 룻, 그리고 룻의 새로운 남편 보아스.

룻기의 줄거리는 이렇게 요약할 수 있습니다. 한 가족이 흉년 때문에 고향 베들레헴을 떠나 이방 땅인 모압으로 갑니다. 거기서 나오미의 남편이 죽고, 이방 여인과 결혼했던 두 아들도 죽어요. 나오미가 두 며느리를 각자의 고향으로 보내고 자신의 고향에 돌아오려는데, 룻이라는 며느리가 끝까지 동행합니다. 룻은 어려운 형편에서도 씩씩하게 시어머니를 잘 모시는데요. 이삭을 줍다 만난 보아스와 결혼한 후 자녀를 낳고 오랫동안 행복하게 살았답니다.

어쩌면 신데렐라 스토리 같기도 한 룻기가 왜 하나님 나라의 이야기인 성경에 들어 있는 것일까요? 세 가지 이유가 있어요.

첫째, 룻기는 고통받는 이들을 도우시는 하나님의 은혜를 그립니다.

> 룻 1:1 사사들이 치리하던 때에 그 땅에 흉년이 드니라 유다 베들레헴에 한 사람이 그의 아내와 두 아들을 데리고 모압 지방에 가서 거류하였는데

어둠 같은 사사 시대에도, 하나님 나라 백성을 향한 하나님의 은혜가 지속됩니다.

하나님의 은혜는 특별히 나오미를 통해 분명하게 드러나는데요. 룻기의 첫 부분에서, 모압 땅에서 남편과 아들 둘을 다 잃은 나오미가 이렇게 탄식해요. ('나오미'는 기쁨, '마라'는 슬픔이라는 뜻입니다.)

> 룻 1:20 나오미가 그들에게 이르되 나를 나오미라 부르지 말고 나를 마라라 부르라 이는 전능자가 나를 심히 괴롭게 하셨음이니라

그런데 룻기의 끝부분을 보면 나오미는 이런 축복을 받습니다.

룻 4:14-15 여인들이 나오미에게 이르되 찬송할지로다 여호와께서 오늘 네게 기업 무를 자가 없게 하지 아니하셨도다 이 아이의 이름이 이스라엘 중에 유명하게 되기를 원하노라 / 이는 네 생명의 회복자이며 네 노년의 봉양자라 곧 너를 사랑하며 일곱 아들보다 귀한 네 며느리가 낳은 자로다 하니라

룻기에서는 나오미의 슬픔이 변하여 찬송이 되기까지 하나님의 숨겨진, 그러나 지속적인 일하심을 들여다볼 수 있습니다. 룻기는 이렇게 하나님께서 당신의 백성을 얼마나 아끼고 돌보시는지를 알려 줍니다. 비록 눈에 띌 만한 초자연적인 사건들은 나오지 않지만, 전체 이야기를 이끌어 가시는 하나님의 주권적인 역사와 은혜를 느낄 수 있지요.

둘째, 이 하나님의 은혜는 하나님 나라의 법인 하나님의 율법을 신실하게 지키는 하나님의 사람을 통해 이루어진다는 사실을 보여 줍니다. 룻은 시어머니 나오미에게 신실한 사랑을 베풀었어요. 시어머니를 돌보겠다며 자신의 고향을 떠나 시어머니의 고향으로 함께 돌아오지요. 그리고 밭에서 열심히 곡식을 모아 시어머니를 봉양해요. 보아스는 이 룻에게 신실한 사랑을 베풉니다.

룻 2:10-12 룻이 엎드려 얼굴을 땅에 대고 절하며 그에게 이르되 나는 이방 여인이거늘 당신이 어찌하여 내게 은혜를 베푸시며 나를 돌

보시나이까 하니 / 보아스가 그에게 대답하여 이르되 네 남편이 죽은 후로 네가 시어머니에게 행한 모든 것과 네 부모와 고국을 떠나 전에 알지 못하던 백성에게로 온 일이 내게 분명히 알려졌느니라 / 여호와께서 네가 행한 일에 보답하시기를 원하며 이스라엘의 하나님 여호와께서 그의 날개 아래에 보호를 받으러 온 네게 온전한 상 주시기를 원하노라 하는지라

룻기에서 꼭 기억해야 할 히브리어가 있는데요. 바로 '헤세드'입니다. 이 단어는 '호의, 친절, 자비, 긍휼, 사랑, 인애, 인자' 등으로 다양하게 번역되어요. 룻기에서는 언제나 하나님께서 이 헤세드를 사람을 통해 베푸십니다.

룻 2:20 나오미가 자기 며느리에게 이르되 그가 여호와로부터 복 받기를 원하노라 그가 살아 있는 자와 죽은 자에게 은혜 베풀기를 그치지 아니하도다 하고 나오미가 또 그에게 이르되 그 사람은 우리와 가까우니 우리 기업을 무를 자 중의 하나이니라 하니라

(여기서 '은혜'가 헤세드인데요. '살아 있는 자와 죽은 자에게 은혜 베풀기를 그치지' 않는 '그'는 누구일까요? 사실 이 문장은 주어가 누구인지 불분명합니다. 여호와인 것 같기도 하고 보아스인 것 같기도 해요. 그런데 이런 구조가 룻기의 주제를 잘 드러내 줍니다. 은혜를 베푸시는 주어는 분명 여호와 하나님이시지만, 그분은 은혜를 베풀 때 언제나 사람을

통해 베푸시거든요. 그러니까 여호와라고 해도 맞고, 보아스라고 해도 맞습니다.[5)]

룻기는 사사 시대를 배경으로 하지만, 사사기의 전반적인 상황과는 대비되는 모습을 보여 줍니다. 그 시대에도 여전히 경건한 사람들이 있었음을 알려 주지요. 하나님은 어느 시대에나 그분의 신실한 백성을 통하여 일하시며 역사를 이루어 가십니다.

하나님 나라의 이야기인 성경에 룻기가 들어 있는 세 번째 이유는, 바로 보아스와 룻이 다윗의 증조할아버지, 증조할머니이기 때문입니다. 이것이 사사기를 마치고 사무엘서로 넘어가기 전에 룻기를 읽어야 하는 이유이기도 한데요. 다윗은 하나님 나라 이야기에서 너무나 중요한 인물이에요. 예수님이 다윗의 후손으로 나실 것이기 때문인데요. 룻기는 그 다윗의 탄생에 하나님의 섭리가 개입했음을 보여 줍니다.

사사기와 마찬가지로 룻기도 왕정 시대를 맞이할 준비를 하고 있는 책입니다. 남편과 아들들을 잃은 나오미는 마치 사사 시대 때 이스라엘 민족의 소망 없는 모습을 보는 것만 같습니다. 그런데 하나님의 신실함이 한 여인의 삶을 어떻게 변화시켰는지를 그림으로써 이스라엘에 도래할 회복을 예고하는 것입니다.

그리고 그러한 회복의 열매가 다윗이라는 왕의 탄생으로 연결되면서 왕정 시대가 준비됩니다.

룻 4:17 그의 이웃 여인들이 그에게 이름을 지어 주되 나오미에게 아들이 태어났다 하여 그의 이름을 오벳이라 하였는데 그는 다윗의 아버지인 이새의 아버지였더라

이 일이 벌어지고 있는 나오미의 고향이 베들레헴이었기에 다윗도 이곳에서 태어납니다. 그리고 나중에 미가 선지자는 다윗의 후손으로 오실 메시아도 이곳에서 태어날 것이라고 예언합니다.

룻 1:1 사사들이 치리하던 때에 그 땅에 흉년이 드니라 유다 베들레헴에 한 사람이 그의 아내와 두 아들을 데리고 모압 지방에 가서 거류하였는데

미 5:2 베들레헴 에브라다야 너는 유다 족속 중에 작을지라도 이스라엘을 다스릴 자가 네게서 내게로 나올 것이라 그의 근본은 상고에, 영원에 있느니라

다윗의 증조할아버지가 율법을 잘 지켰다는 사실도 눈여겨보아야 합니다. 그 악한 사사 시대 때도 보아스는 율법을 잘 지켰어요. 율법에 따라, 곡식을 다 베지 않고 남겨두었습니다. 하나님 나라가 세워진 목적이 무엇이었는지 기억하지요? 하나님의 공의와 정의가 실현되는 사회를 만드는 것이었지요. 이 목

적은 율법을 그대로 지켜 행해야만 이루어질 수 있었는데요. 보아스는 이 악한 시대에도 율법을 잘 지킨 인물이었습니다.

> **보아스가 지킨 율법 | 신 24:19** 네가 밭에서 곡식을 벨 때에 그 한 뭇을 밭에 잊어버렸거든 다시 가서 가져오지 말고 나그네와 고아와 과부를 위하여 남겨두라 그리하면 네 하나님 여호와께서 네 손으로 하는 모든 일에 복을 내리시리라

> **보아스가 한 행동 | 룻 2:15–16** 룻이 이삭을 주우러 일어날 때에 보아스가 자기 소년들에게 명령하여 이르되 그에게 곡식 단 사이에서 줍게 하고 책망하지 말며 / 또 그를 위하여 곡식 다발에서 조금씩 뽑아 버려서 그에게 줍게 하고 꾸짖지 말라 하니라

이렇게 다윗의 증조할아버지인 보아스는 율법을 잘 지키는 것을 통해 앞으로 왕이 될 다윗에게 참된 왕은 어떠해야 하는지를 보여 주고 있습니다. 그리고 이러한 모습은 율법을 온전하게 잘 지키실 유일한 왕, 메시아 되신 예수님을 상징하기도 합니다.

룻기를 읽다 보면 '고엘'(기업 무를 자)이라는 개념이 나옵니다. 고엘은 형제가 자손 없이 죽었을 때 가장 가까운 형제가 죽은 형제의 아내와 결혼하여 아들을 낳아 주어 죽은 형제의 대를 잇게 하거나, 가까운 친척이 가난하여 팔아 버린 땅을 다

시 찾아 주어야 하는 책임을 진 사람을 말합니다. 보아스가 바로 나오미 가족의 고엘이었습니다.

룻 2:20 나오미가 또 그에게 이르되 그 사람은 우리와 가까우니 우리 기업을 무를 자 중의 하나이니라 하니라

신 25:5 형제들이 함께 사는데 그 중 하나가 죽고 아들이 없거든 그 죽은 자의 아내는 나가서 타인에게 시집 가지 말 것이요 그의 남편의 형제가 그에게로 들어가서 그를 맞이하여 아내로 삼아 그의 남편의 형제 된 의무를 그에게 다 행할 것이요

고엘은 자신의 손해를 감수하고 곤궁에 처한 이들을 돕는 사람이었는데요. 이러한 기업 무를 자의 역할을 잘 수행한 보아스는 우리에게 기업 무를 자로 오신 그리스도의 모형이 됩니다. 그리스도는 자신의 생명을 대가로 치르고 우리를 구원해 주셨습니다.

룻 4:6 그 기업 무를 자가 이르되 나는 내 기업에 손해가 있을까 하여 나를 위하여 무르지 못하노니 내가 무를 것을 네가 무르라 나는 무르지 못하겠노라 하는지라

사 53:4-5 그가 찔림은 우리의 허물 때문이요 그가 상함은 우리의

죄악 때문이라 그가 징계를 받으므로 우리는 평화를 누리고 그가 채찍에 맞으므로 우리는 나음을 받았도다 / 우리는 다 양 같아서 그릇 행하여 각기 제 길로 갔거늘 여호와께서는 우리 모두의 죄악을 그에게 담당시키셨도다

율법을 잘 지켰던 증조할아버지, 신실하게 시어머니를 섬겼던 증조할머니, 이들의 후손인 다윗은 과연 어떤 왕이 될까요?

/ 사무엘상 /

사무엘상은 왕이 필요했던 이스라엘이 어떻게 사사 시대를 끝내고, 왕정 시대를 시작하게 되었는지를 설명해 주고 있습니다. 이제 하나님 나라는 왕과 선지자, 제사장이 함께 다스리는 나라가 됩니다. (선지자는 하나님의 말씀을 백성에게 대언[대신하여 말함]하는 직분이고, 제사장은 백성이 제사와 기도를 통해 하나님 앞에 나아가도록 돕는 직분입니다.)

사무엘상 1- 7장의 주인공은 아기를 낳지 못했던 한나와 그녀의 아들 사무엘입니다.

삼상 1:2 그에게 두 아내가 있었으니 한 사람의 이름은 한나요 한 사람의 이름은 브닌나라 브닌나에게는 자식이 있고 한나에게는 자식이 없었더라 사무엘상이 한나의 이야기로 시작하는 것은 매우 의미심장합니다. 한나에게 자녀가 없음은 당시 사사 시대의 이스라엘이 정치적으로, 영적으로 황폐해 있던 상황을 대변합니다. 브닌나라는 다른 아내가 한나를 괴롭게 한 것은, 대적들에게 침입당하던 이스라엘의 처지를 상징합니다.

이런 상황에서 한나가 기적적으로 임신을 하고 사무엘을 낳게 되지요. 이는 이 암울한 시대에 하나님께서 이스라엘에 새 역사를 시작하실 것을 암시합니다. (창세기에서는 족장들을 선택하셔서 하나님 나라를 시작하셨지요? 아브라함, 이삭, 야곱이요. 그때도 그들은 모두 불임으로 고생을 했다가 아기를 갖는 경험을 했습니다. 하나님께서 이를 통해 하나님 나라는 하나님의 기적적인 은혜로 세워진다는 사실을 알려 주셨던 것처럼, 지금도 왕정 시대라는 새 역사를 시작하신다는 사실을 기적적인 임신의 이야기로 알려 주시는 것입니다.)

특히 2장에 나오는 한나의 기도는 사무엘서 전체의 주제를 담고 있어요. 세상의 기준과 다른 하나님의 기준으로 사람들을 평가하실 것을 노래합니다. 동시에 왕정 시대를 예언하면서 진정한 왕으로 오실 메시아를 내다보고 있습니다. (메시아는 문자적으로 '기름 부음을 받은 자'라는 뜻입니다. 이스라엘의 왕, 선지자, 제사장은 하나님께서 거룩하게 구별하신다는 표시로 기름 부음을 받았습니다. 메시아는 이 세 직분을 모두 수행하게 될 존재를 가리킵니다.)

> 삼상 2:5, 7, 10 풍족하던 자들은 양식을 위하여 품을 팔고 주리던 자들은 다시 주리지 아니하도다 전에 임신하지 못하던 자는 일곱을 낳았고 많은 자녀를 둔 자는 쇠약하도다 … 여호와는 가난하게도 하시고 부하게도 하시며 낮추기도 하시고 높이기도 하시는도다 … 여호와께서 땅 끝까지 심판을 내리시고 자기 왕에게 힘을 주시며 자기의 기름 부음을 받은 자의 뿔을 높이시리로다 하니라

그리고 사무엘의 탄생뿐만 아니라 사무엘의 통치 이야기로 사무엘서의 전반부가 이루어져 있는 것도 의미심장합니다. 이 구조는 '누가 진정한 하나님 나라의 왕인가?'라는 질문에 답하고 있어요. 선지자가 하나님의 말씀을 대언하고 왕의 길을 지도하면, 왕은 그 하나님의 말씀을 따라 왕권을 행사해야 한다는 원칙을 암시하고 있는 것입니다.

8-15장은 사울 왕의 이야기입니다. 사울이 왕이 되어 어떤 통치를 했는지, 왜 결국 버림받게 되었는지를 설명합니다. 사울은 왜 버림받았을까요? 어떤 사람은 이렇게 말합니다. 하나님이 왕이므로 왕을 세우실 생각이 없었는데, 백성이 다른 왕을 달라고 요구하니까, 하나님께서 '맛 좀 봐라' 하시면서 이상한 왕을 주어 백성을 괴롭히셨다고요.

그렇지 않습니다. 왕직 자체는 원래 하나님의 계획 가운데 있었던 것입니다. 창세기에서 야곱은 왕을 연상시키는 언어로 유다의 후손을 축복했습니다. (다음에 나오는 구절에서 '규'는 왕

의 통치권을 상징하는 지팡이입니다.) 또 신명기에서는 하나님께서 왕을 세울 때가 올 것을 예언하며 그때 어떠한 왕을 세워야 하는지 구체적인 지침을 주시기도 했어요. 그리고 사사기를 보면 왕이 필요하다고 계속 예언되어 있고요. 또 한나의 노래에도 예언되어 있었고요.

유다 후손에 대한 야곱의 축복 | **창 49:10** 규가 유다를 떠나지 아니하며 통치자의 지팡이가 그 발 사이에서 떠나지 아니하기를 실로가 오시기까지 이르리니 그에게 모든 백성이 복종하리로다

왕에 대한 신명기의 지침 | **신 17:18-19** 그가 왕위에 오르거든 이 율법서의 등사본을 레위 사람 제사장 앞에서 책에 기록하여 / 평생에 자기 옆에 두고 읽어 그의 하나님 여호와 경외하기를 배우며 이 율법의 모든 말과 이 규례를 지켜 행할 것이라

문제는 백성이 왕을 요구했다는 사실 자체가 아니라, '다른 나라와 같은' 왕이 필요하다는 불신앙으로 왕을 요구한 것이었습니다. 다른 나라들과 구별되는 나라를 세워서 하나님 나라가 얼마나 좋은지를 보여 주려는 것이 하나님의 목적인데, 백성이 다른 나라와 같아지려고 하니 하나님께서 참 답답하셨겠지요?

삼상 8:5, 20 모든 나라와 같이 우리에게 왕을 세워 우리를 다스리게 하소서 … 우리도 다른 나라들 같이 되어 우리의 왕이 우리를 다스리며 우리 앞에 나가서 우리의 싸움을 싸워야 할 것이니이다 하는지라

그래도 하나님께서는 왕을 허락해 주십니다. 원래 계획하셨던 일이니까요. 하지만 왕은 하나님의 명령에 반드시 순종해야 한다고 단호히 말씀하십니다.

삼상 12:14-15 너희가 만일 여호와를 경외하여 그를 섬기며 그 목소리를 듣고 여호와의 명령을 거역하지 아니하며 또 너희와 너희를 다스리는 왕이 너희의 하나님 여호와를 따르면 좋겠지마는 / 너희가 만일 여호와의 목소리를 듣지 아니하고 여호와의 명령을 거역하면 여호와의 손이 너희의 조상들을 치신 것같이 너희를 치실 것이라

이렇게 하나님 나라는 하나님의 주인 되심이 잘 드러나야 했습니다. 그런데 사울은 이 말씀에 순종하지 않는 왕이었습니다. 두 번의 전투 과정에서의 범죄 때문에 사울은 하나님께 버림을 받게 됩니다.

첫 번째 범죄는 블레셋과의 전투 때 사울이 사무엘의 지시를 어기고 본인이 직접 번제를 드린 사건입니다. (레위기를 보면 이스라엘에서 제사를 드릴 수 있는 권한은 오직 제사장에게만 있었습

니다. 그런데 사울이 직접 제사를 드려요. 더 심각한 문제는, 하나님의 말씀을 대언하는 선지자의 지시를 어기고 본인의 판단대로 행동했다는 것입니다. "내 인생은 내가 결정한다!" 바로 아담이 저질렀던 그 범죄의 본질입니다.)

사울의 말 | 삼상 13:12 이에 내가 이르기를 블레셋 사람들이 나를 치러 길갈로 내려오겠거늘 내가 여호와께 은혜를 간구하지 못하였다 하고 부득이하여 번제를 드렸나이다 하니라

사무엘의 말 | 삼상 13:14 지금은 왕의 나라가 길지 못할 것이라 여호와께서 왕에게 명령하신 바를 왕이 지키지 아니하였으므로 여호와께서 그의 마음에 맞는 사람을 구하여 여호와께서 그를 그의 백성의 지도자로 삼으셨느니라 하고

이어지는 사울의 범죄는 아말렉과의 전투에서 벌어집니다. 이번에는 아말렉을 진멸하라는 명령을 어기는 죄를 짓습니다.

사무엘의 말 | 삼상 15:3 지금 가서 아말렉을 쳐서 그들의 모든 소유를 남기지 말고 진멸하되 남녀와 소아와 젖 먹는 아이와 우양과 낙타와 나귀를 죽이라 하셨나이다 하니

사울의 행동 | 삼상 15:9 사울과 백성이 아각과 그의 양과 소의 가장

좋은 것 또는 기름진 것과 어린 양과 모든 좋은 것을 남기고 진멸하기를 즐겨 아니하고 가치 없고 하찮은 것은 진멸하니라

이 일로 인해 하나님께서는 사울을 왕의 자리에서 내려오게 하십니다. 너무한 것 아니냐고요? 그런데 사울의 반응을 보면 하나님이 아니라 사울이 너무한다는 것을 알 수 있습니다. 사울은 사무엘에게 자신이 명령을 지켰다고 의기양양하게 말합니다. "당신은 여호와께 복을 받으소서 내가 여호와의 명령을 행하였나이다"(삼상 15:13). 사무엘이 양과 소의 소리가 들린다고 하자 또 이렇게 대답합니다. "백성이 당신의 하나님 여호와께 제사하려 하여 양들과 소들 중에서 가장 좋은 것을 남김이요"(삼상 15:15). 그러나 사실은 '백성이' 아니라 '사울과 백성이'(삼상 15:9) 그렇게 한 것이었지요. (역시 여기서도 문제는 자신의 판단을 하나님의 명령보다 더 중요하게 여겼다는 것입니다. 게다가 핑계와 책임 회피도 더하고 있습니다.)

사무엘은 자신의 죄를 깨닫지도 못하고 제사를 드리기 위해 명령을 어겼다고 말하는 사울에게 이렇게 대답합니다.

삼상 15:22-23 사무엘이 이르되 여호와께서 번제와 다른 제사를 그의 목소리를 청종하는 것을 좋아하심같이 좋아하시겠나이까 순종이 제사보다 낫고 듣는 것이 숫양의 기름보다 나으니 / 이는 거역하는 것은 점치는 죄와 같고 완고한 것은 사신 우상에게 절하는 죄와

같음이라 왕이 여호와의 말씀을 버렸으므로 여호와께서도 왕을 버려 왕이 되지 못하게 하셨나이다 하니

자, 이제 이만하면 사울이 회개하고 돌이켜야 할 것 같지 않나요? 그런데 사울의 반응이 기가 막힙니다.

삼상 15:30 사울이 이르되 내가 범죄하였을지라도 이제 청하옵나니 내 백성의 장로들 앞과 이스라엘 앞에서 나를 높이사 나와 함께 돌아가서 내가 당신의 하나님 여호와께 경배하게 하소서 하더라

이렇게 하나님의 말씀에 순종하는 것에는 관심이 없고, 자신이 높아지는 것에만 관심이 있었던 사울은 더 이상의 기회를 얻지 못하고 버림을 받습니다. 하나님의 나라가 세워진 목적을 떠올려 보면 사울이 왕위를 계속 이어 갈 수 없게 된 것은 당연하다고 할 수 있습니다.

사울의 뒤를 이어 왕이 될 다윗이 16장부터 등장합니다. 막강한 대적인 블레셋의 골리앗을 다윗이 물리친 사건이 나오는 17장부터 사울의 죽음을 다루는 31장까지는 다윗을 죽이려는 사울과, 사울을 피해 도망다니는 다윗의 이야기가 주요 줄거리입니다. 사울은 왕이었고 다윗을 쫓는 입장이었지만 점점 약해집니다. 반대로, 다윗은 쫓겨 다니는 처지였지만 하나님의 말씀을 묵상하며 하나님께 묻고 행동하는 자였기에, 점

점 강해집니다. 이 시기에 다윗을 시기, 질투하는 사울은 참으로 끔찍한 모습으로 변해 가지요.

골리앗을 죽이고 여러 전투에서 승리하며 승승장구하는 다윗을 사울이 죽이려고 합니다. 다윗이 이를 알고 도망치는데요. 도망치던 중에 놉의 제사장 아히멜렉에게 들러서 떡과 자신이 죽인 후에 보관했던 골리앗의 칼을 받습니다. 그런데 그 사실을 알게 된 사울이 아히멜렉을 비롯한 제사장들을 많이 죽입니다.

> 삼상 22:17-18 왕이 좌우의 호위병에게 이르되 돌아가서 여호와의 제사장들을 죽이라 그들도 다윗과 합력하였고 또 그들이 다윗이 도망한 것을 알고도 내게 알리지 아니하였음이니라 하나 왕의 신하들이 손을 들어 여호와의 제사장들 죽이기를 싫어한지라 / 왕이 도엑에게 이르되 너는 돌아가서 제사장들을 죽이라 하매 에돔 사람 도엑이 돌아가서 제사장들을 쳐서 그날에 세마포 에봇 입은 자 팔십오 명을 죽였고

하나님의 나라에서 왕은 선지자, 제사장보다 높은 위치가 아닙니다. 하나님의 말씀을 대언하는 선지자와 하나님 앞에서 백성을 대언하는 제사장은 백성을 지도하는 왕보다 낮은 직분이 아닙니다. 이스라엘은 하나님 나라였기에, 하나님 나라임을 증명하는 선지자와 제사장은 어떤 면에서는 왕보다 더 중요한

직분이었습니다. 그렇기에 왕의 최측근이라 할 수 있는 왕의 호위병들도 제사장을 죽이라는 왕의 명령을 순순히 따를 수 없었던 것입니다. 그런데도 에돔 사람 도엑을 통해 제사장들을 거리낌없이 죽이는 사울, 이제 그는 하나님이 존재하지 않는 것처럼 행동합니다.

반면에, 다윗은 왕이 아니면서도 자신을 찾아온 백성을 왕과 같이 참된 목자의 마음으로 돌보아 줍니다. 도망자 다윗에게 억울하고 원통한 사람들이 몰려듭니다. (다윗이 '상처 입은 치유자'가 되어, 백성을 정의와 공의로 다스리는 참된 하나님 나라 왕이 될 수 있도록 그의 자질과 성품을 준비시키는 하나님의 일하심을 볼 수 있습니다.)

> 삼상 22:1-2 그러므로 다윗이 그곳을 떠나 아둘람 굴로 도망하매 그의 형제와 아버지의 온 집이 듣고 그리로 내려가서 그에게 이르렀고 / 환난 당한 모든 자와 빚진 모든 자와 마음이 원통한 자가 다 그에게로 모였고 그는 그들의 우두머리가 되었는데 그와 함께 한 자가 사백 명 가량이었더라

이때 다윗의 행적 중에서 눈여겨보아야 할 장면이 몇 가지 있습니다. 그중 하나는, 이렇게 은혜를 입은 사람들이 나중에 다윗을 돌로 치려고 한 사건입니다. 다윗과 군사들이 자리를 비운 사이에 아말렉 사람들이 침입해서 백성의 아내와 자녀들을

사로잡아 간 일이 있었어요. 다윗이 무슨 잘못이 있겠습니까마는, 그들이 아내와 자녀를 잃은 슬픔에 잠겨 지도자에게 화살을 돌린 것이지요. 그때에도 다윗은 하나님을 의지합니다.

삼상 30:4, 6 다윗과 그와 함께 한 백성이 울 기력이 없도록 소리를 높여 울었더라 … 백성들이 자녀들 때문에 마음이 슬퍼서 다윗을 돌로 치자 하니 다윗이 크게 다급하였으나 그의 하나님 여호와를 힘입고 용기를 얻었더라

또, 다윗은 자신을 죽이려고 했던 사울을 죽일 수 있는 기회를 두 번이나 맞이합니다. 하지만 사울을 죽이지 않아요. 하나님께 철저히 맡기는 다윗의 모습은 원수를 대하는 하나님 나라 백성의 태도가 어떠해야 하는지를 잘 보여 줍니다.

엔게디 광야 | 삼상 24:6 자기 사람들에게 이르되 내가 손을 들어 여호와의 기름 부음을 받은 내 주를 치는 것은 여호와께서 금하시는 것이니 그는 여호와의 기름 부음을 받은 자가 됨이니라 하고

십 광야 | 삼상 26:9 다윗이 아비새에게 이르되 죽이지 말라 누구든지 손을 들어 여호와의 기름 부음 받은 자를 치면 죄가 없겠느냐 하고

이렇게 사무엘상의 뒷부분에서는 사울과 다윗의 모습이 강력하게 대조됩니다. 이제 사울이 죽으면서 사무엘상이 끝이 납니다. 사무엘하에서는 다윗이 왕위에 오릅니다. 왕위에 오른 다윗은 어떤 통치를 하게 될까요?

/ 사무엘하 /

사무엘하는 다윗이 사울과 요나단이 블레셋과의 전투에서 죽었다는 소식을 듣는 것으로 시작합니다. 다윗은 그동안의 훈련을 통하여 신앙과 인격이 성숙한 사람답게, 자신을 사랑했던 요나단의 죽음뿐 아니라, 사울의 죽음도 슬퍼하며 애가를 짓습니다.

> 삼하 1:19, 23-24 이스라엘아 네 영광이 산 위에서 죽임을 당하였도다 오호라 두 용사가 엎드러졌도다 … 사울과 요나단이 생전에 사랑스럽고 아름다운 자이러니 죽을 때에도 서로 떠나지 아니하였도다 그들은 독수리보다 빠르고 사자보다 강하였도다 / 이스라엘 딸들아 사울을 슬퍼하여 울지어다 그가 붉은 옷으로 너희에게 화려하게 입혔고 금 노리개를 너희 옷에 채웠도다

2장을 보면 다윗이 헤브론에서 유다 지파의 왕이 됩니다. (사울이 통일 왕국을 건설했지만 그전에 이스라엘은 사사 시대 동안 지파별로 자치 정부를 이루어 지내 왔기 때문에 지파 간의 결속력이 그리 크지 않았습니다. 그래서 사울이 죽자 유다 지파가 다윗을 왕으로 삼아 독립을 선언한 것입니다.) 그리고 사울의 아들 이스보셋과의 대립 끝에 5장에서는 드디어 이스라엘 모든 지파의 왕이 됩니다. 여기서부터 10장까지는 다윗의 성공과 축복의 이야기가 이어집니다.

유다 지파의 왕 | 삼하 2:4 유다 사람들이 와서 거기서 다윗에게 기름을 부어 유다 족속의 왕으로 삼았더라

온 이스라엘의 왕 | 삼하 5:1-3 이스라엘 모든 지파가 헤브론에 이르러 다윗에게 나아와 이르되 보소서 우리는 왕의 한 골육이니이다 / 전에 곧 사울이 우리의 왕이 되었을 때에도 이스라엘을 거느려 출입하게 하신 분은 왕이시었고 여호와께서도 왕에게 말씀하시기를 네가 내 백성 이스라엘의 목자가 되며 네가 이스라엘의 주권자가 되리라 하셨나이다 하니라 / 이에 이스라엘 모든 장로가 헤브론에 이르러 왕에게 나아오매 다윗 왕이 헤브론에서 여호와 앞에 그들과 언약을 맺으매 그들이 다윗에게 기름을 부어 이스라엘 왕으로 삼으니라

신명기에 반복해서 나오는 하나님 나라의 법칙을 기억하시지

요? 그 원리를 따라 하나님께 순종하는 다윗이 다스리는 이스라엘은 점점 강력해집니다.

신 28:1 네가 네 하나님 여호와의 말씀을 삼가 듣고 내가 오늘 네게 명령하는 그의 모든 명령을 지켜 행하면 네 하나님 여호와께서 너를 세계 모든 민족 위에 뛰어나게 하실 것이라

삼하 5:10 만군의 하나님 여호와께서 함께 계시니 다윗이 점점 강성하여 가니라

이 기간에 다윗이 했던 멋진 일 중 하나는 하나님의 언약궤를 옮겨 온 것이었어요. (언약궤는 성막의 가장 중요한 장소인 지성소 안에 놓여 있었는데요. 이 언약궤에는 십계명이 적힌 돌판이 들어 있어서 언약궤라고도 부르고, 법궤, 하나님의 궤 등 다양한 이름으로 부릅니다.) 사무엘상을 보면, 블레셋과 싸우던 이스라엘이 전쟁에서 불리해지자 지성소 안에 있던 언약궤를 전쟁터로 가지고 갔다가 블레셋에게 빼앗겼던 일이 있었습니다. 언약궤를 일종의 부적처럼 생각한 것이지요. 하나님께 회개하며 전심으로 매달린 대신, 언약궤만 있으면 승리할 것이라고 믿었던 이스라엘은 결국 전쟁에서 패배하고 맙니다.

삼상 4:11 하나님의 궤는 빼앗겼고 엘리의 두 아들 홉니와 비느하스

는 죽임을 당하였더라

그런데 이 언약궤로 인해 블레셋 사람들에게 재앙이 발생합니다. 그래서 이들이 언약궤를 이스라엘로 돌려보냈고, 이 언약궤가 20년간 기럇 여아림에 보관되어 있었습니다. 다윗은 이 언약궤를 수도인 예루살렘 다윗 성으로 옮겨 옵니다. 이스라엘 백성이 출애굽할 때 하나님의 임재의 상징인 성막을 지었던 것을 기억하지요? 그 성막의 핵심에 하나님의 말씀이 새겨진 돌판이 들어 있는 언약궤가 있었던 것인데요. 다윗은 이스라엘이 다윗의 나라가 아니라 하나님의 나라라는 것을 널리 알리고자 언약궤를 옮겨 온 것입니다.

드디어 언약궤를 옮기던 날, 하나님의 말씀에 유의하여 언약궤를 옮기지 않아 웃사라는 사람이 죽임을 당합니다. 다윗이 다시 말씀대로 언약궤를 운반하여 다윗 성에 준비한 장막에 둡니다. 하나님의 명령에 순종하는 것이 하나님 나라에서 가장 중요하다는 점을 잘 보여 주는 사건입니다.

규정 | **민 4:15** 진영을 떠날 때에 아론과 그의 아들들이 성소와 성소의 모든 기구 덮는 일을 마치거든 고핫 자손들이 와서 멜 것이니라 그러나 성물은 만지지 말라 그들이 죽으리라 회막 물건 중에서 이것들은 고핫 자손이 멜 것이며

첫 번째 시도 | 삼하 6:3, 6-7 그들이 하나님의 궤를 새 수레에 싣고 산에 있는 아비나답의 집에서 나오는데 아비나답의 아들 웃사와 아효가 그 새 수레를 모니라 … 그들이 나곤의 타작 마당에 이르러서는 소들이 뛰므로 웃사가 손을 들어 하나님의 궤를 붙들었더니 / 여호와 하나님이 웃사가 잘못함으로 말미암아 진노하사 그를 그 곳에서 치시니 그가 거기 하나님의 궤 곁에서 죽으니라

두 번째 시도 | 삼하 6:15 다윗과 온 이스라엘 족속이 즐거이 환호하며 나팔을 불고 여호와의 궤를 메어오니라

이제 다윗이 성막을 성전으로 바꾸려고 합니다. (성막이 움직이는 이동식 텐트라면 성전은 움직이지 않는 건물입니다.) 그런데 하나님께서는 성전 건축은 다윗이 아닌 다윗의 아들이 하게 될 것이라고 말씀하세요. 하지만 다윗의 마음을 기쁘게 받아 주시고 그 나라의 왕위가 영원하게 견고하리라고 약속해 주십니다. (물론 물리적으로 다윗의 후손이 영원히 왕이 된다는 약속은 아닙니다. 궁극적으로 '다윗의 왕위'를 이은 메시아가 참된 왕이 되는 하나님 나라에 대한 예언입니다.)

삼하 7:12-13, 16 네 수한이 차서 네 조상들과 함께 누울 때에 내가 네 몸에서 날 네 씨를 네 뒤에 세워 그의 나라를 견고하게 하리라 / 그는 내 이름을 위하여 집을 건축할 것이요 나는 그의 나라 왕위를 영

원히 견고하게 하리라 … 네 집과 네 나라가 내 앞에서 영원히 보전 되고 네 왕위가 영원히 견고하리라 하셨다 하라

확실히 이 기간 동안 다윗은 하나님의 마음에 합한 자였습니다. 이때의 이스라엘은 하나님께서 계획하셨던 하나님 나라의 모습을 많이 보여 줍니다. 여기서 잠깐, 이 모습을 잘 이해하기 위해서 중요한 히브리어 단어를 소개합니다. 바로 하나님 나라의 핵심 가치인 공의와 정의를 의미하는 '체다카'(또는 '체데크')와 '미쉬파트'입니다. 체다카는 주로 '공의'(righteousness), 미쉬파트는 주로 '정의'(justice)라는 말로 번역이 됩니다. 하지만 두 단어의 뜻이 명확하게 구분되지는 않아요. 두 단어는 성경에서 자주 함께 짝을 이루어 등장합니다.

창세기에서 하나님께서 아브라함을 불러 하나님 나라를 세우신 목적을 설명하실 때 '의와 공도'라는 단어가 나옵니다. 이 '의와 공도'가 '체다카'와 '미쉬파트'입니다. 사무엘하에서는 다윗의 통치가 이 정의와 공의를 실현한 통치였다고 합니다. 그러니 이제 하나님 나라의 설립 목적이 온전하게 실현되었다고 할 수 있지요.

창 18:19 내가 그로 그 자식과 권속에게 명하여 여호와의 도를 지켜 의(체다카)와 공도(미쉬파트)를 행하게 하려고 그를 택하였나니 이는 나 여호와가 아브라함에게 대하여 말한 일을 이루려 함이니라

> 삼하 8:15 다윗이 온 이스라엘을 다스려 다윗이 모든 백성에게 정의(미쉬파트)와 공의(체다카)를 행할새

이렇게 정의와 공의뿐만 아니라, 다윗은 '헤세드'도 아낌없이 베풉니다. (룻기에서 살펴보았던 단어예요.) 마치 다윗의 증조할아버지와 증조할머니인 보아스와 룻이 그랬던 것처럼, 다윗도 요나단의 아들인 므비보셋을 찾아서 은혜를 베풉니다.

> 삼하 9:7 다윗이 그에게 이르되 무서워하지 말라 내가 반드시 네 아버지 요나단으로 말미암아 네게 은총(헤세드)을 베풀리라 내가 네 할아버지 사울의 모든 밭을 다 네게 도로 주겠고 또 너는 항상 내 상에서 떡을 먹을지니라 하니

우와! 이렇게 정의와 공의, 그리고 헤세드까지…. 비로소 하나님의 나라가 온전하게 이루어진 것 같아요. 그렇다면 다윗과 그의 후손들은 율법을 잘 지키며, 하나님 나라의 어떠함을 열방에 드러내며, 그 후로도 오랫동안 행복하게 잘 살았을까요?

안타깝게도 현실은 그렇지 않았습니다. 사무엘하 11장부터는 다윗의 범죄 이야기가 그려집니다. 그 범죄로 인해 슬프고도 끔찍한 일이 일어나고요. 다윗은 충신 우리아의 아내를 성적으로 범하고, 그리고 자신의 죄가 드러날까 봐 우리아까지 죽이는 죄를 범합니다. (다윗은 십계명의 대부분을 범했습니다.

밧세바에게 탐욕을 부림으로 10계명 "네 이웃의 집을 탐내지 말라"를, 밧세바를 데려옴으로 8계명 "도둑질하지 말라"를, 간음을 함으로 7계명 "간음하지 말라"를, 위기를 모면하려고 거짓말을 함으로 9계명 "네 이웃에 대하여 거짓 증거하지 말라"를, 우리아를 죽임으로 6계명 "살인하지 말라"를 어겼으며, 무엇보다 마치 하나님이 없는 듯이 행함으로 1계명을 어겼습니다. "너는 나 외에는 다른 신들을 네게 두지 말라.")

더 충격적인 사실은, 다윗이 그런 심각한 죄를 짓고도 약 1년간, 그 죄로 인한 아기가 태어날 때까지 회개하지 않았다는 거예요.

> **삼하 12:9–10** 그러한데 어찌하여 네가 여호와의 말씀을 업신여기고 나 보기에 악을 행하였느냐 네가 칼로 헷 사람 우리아를 치되 암몬 자손의 칼로 죽이고 그의 아내를 빼앗아 네 아내로 삼았도다 / 이제 네가 나를 업신여기고 헷 사람 우리아의 아내를 빼앗아 네 아내로 삼았은즉 칼이 네 집에서 영원토록 떠나지 아니하리라 하셨고

다윗이 선지자 나단의 책망을 받고 철저히 회개합니다. 이 부분이 바로 사울과 다른 지점이었지요. (시편 51편을 보면 다윗이 얼마나 철저하게 회개했는지가 잘 드러납니다.) 하지만 죄는 용서받아도 흔적은 남습니다. 다윗은 혹독한 대가들을 치러야 했습니다. 사무엘하의 남은 부분은, 다윗의 죄에 대한 무서운 결과들을 다룬 내용입니다. 그의 집안에는 끊임없이 강간과 살인

이 벌어졌고, 심지어 그는 아들에게 쫓겨 도망다니기까지 했습니다.

> 삼하 15:4-6 또 압살롬이 이르기를 내가 이 땅에서 재판관이 되고 누구든지 송사나 재판할 일이 있어 내게로 오는 자에게 내가 정의 베풀기를 원하노라 하고 / 사람이 가까이 와서 그에게 절하려 하면 압살롬이 손을 펴서 그 사람을 붙들고 그에게 입을 맞추니 / 이스라엘 무리 중에 왕께 재판을 청하러 오는 자들마다 압살롬의 행함이 이와 같아서 이스라엘 사람의 마음을 압살롬이 훔치니라

아들 압살롬이 치밀하게 준비하여 백성의 마음을 얻어 반란을 일으키자 다윗은 지체없이 도망갑니다. 아마도 다윗은 자신의 죄로 인한 하나님의 심판("칼이 네 집에서 영원토록 떠나지 아니하리라")을 염두에 두었기에 더 많은 피를 흘리지 않기 위하여 도망을 선택한 것 같아요.

> 삼하 15:14 다윗이 예루살렘에 함께 있는 그의 모든 신하들에게 이르되 일어나 도망하자 그렇지 아니하면 우리 중 한 사람도 압살롬에게서 피하지 못하리라 빨리 가자 두렵건대 그가 우리를 급히 따라와 우리를 해하고 칼날로 성읍을 칠까 하노라

비록 다윗은 큰 죄를 범했지만, 도망치는 과정에서 하나님의

마음에 합한 자의 모습을 보여 줍니다. 그는 사독 제사장이 언약궤를 메고 자신과 동행하려는 것을 말리고 언약궤를 돌려보냅니다. 그리고 자신을 저주하는 시므이를 용납합니다.

> **언약궤를 가져온 사독에게** | **삼하 15:25** 왕이 사독에게 이르되 보라 하나님의 궤를 성읍으로 도로 메어 가라 만일 내가 여호와 앞에서 은혜를 입으면 도로 나를 인도하사 내게 그 궤와 그 계신 데를 보이시리라

> **자신을 저주하는 시므이에 대하여** | **삼하 16:11-12** 또 다윗이 아비새와 모든 신하들에게 이르되 내 몸에서 난 아들도 내 생명을 해하려 하거든 하물며 이 베냐민 사람이랴 여호와께서 그에게 명령하신 것이니 그가 저주하게 버려두라 / 혹시 여호와께서 나의 원통함을 감찰하시리니 오늘 그 저주 때문에 여호와께서 선으로 내게 갚아 주시리라 하고

하나님의 도우심으로, 압살롬이 죽고 그의 반역은 실패로 돌아갑니다. 그러나 아들을 잃은 다윗은 큰 슬픔에 잠깁니다. 사무엘하는 죄의 결과가 얼마나 가혹한지를 보여 줍니다. 23장에는 다윗의 용사들의 목록이 나열되는데요. 마지막 구절을 보세요.

삼하 23:39 헷 사람 우리아라 이상 총수가 삼십칠 명이었더라

마치 다윗 자신의 편이었던 우리아에게 한 짓을 떠올려 보라는 것 같습니다. 이렇게 다윗의 범죄를 부각하는 내용으로 23장이 마무리됩니다.

그리고 24장에는 인구를 조사하는 내용이 나옵니다. 하나님을 의지하기보다는 숫자를 의지하는 다윗의 또 다른 죄의 기록입니다.

삼하 24:2-3 이에 왕이 그 곁에 있는 군사령관 요압에게 이르되 너는 이스라엘 모든 지파 가운데로 다니며 이제 단에서부터 브엘세바까지 인구를 조사하여 백성의 수를 내게 보고하라 하니 / 요압이 왕께 아뢰되 이 백성이 얼마든지 왕의 하나님 여호와께서 백 배나 더하게 하사 내 주 왕의 눈으로 보게 하시기를 원하나이다 그런데 내 주 왕은 어찌하여 이런 일을 기뻐하시나이까 하되

하나님께서는 여호수아와 사사기를 통해, 그리고 다윗 자신의 경험을 통해 전쟁의 승패는 인구수와 강력한 군대에 달려 있지 않음을 가르쳐 주셨습니다. 그런데 다윗은 하나님이 아니라 자신의 세력을 의지하려고 하고 있습니다. 인구 조사는 왕권을 강화하고, 세금 징수를 통해 백성을 압제할 수 있는 도구도 됩니다. 심지어 그다지 훌륭하지 않았던 군사령관 요압도

반대할 정도였습니다. 그런데도 다윗은 인구 조사를 밀어붙입니다.

이번에도 그나마 나은 모습은 다윗이 죄를 회개했다는 것입니다. (그런데 이번에도 한참 지나서야 회개합니다. 9개월 20일 동안의 인구 조사를 마친 후에야 죄책감을 느낍니다.)

> 삼하 24:8, 10 그들 무리가 국내를 두루 돌아 아홉 달 스무 날 만에 예루살렘에 이르러 … 다윗이 백성을 조사한 후에 그의 마음에 자책하고 다윗이 여호와께 아뢰되 내가 이 일을 행함으로 큰 죄를 범하였나이다 여호와여 이제 간구하옵나니 종의 죄를 사하여 주옵소서 내가 심히 미련하게 행하였나이다 하니라

이러한 기록은 모든 인간이 죄를 범하였고, 의인은 없나니 하나도 없다는 성경의 말씀에 다윗도 예외가 아님을 보여 줍니다. 그래서 우리는 참된 메시아를 기다리게 되지요.

참된 메시아는 언제 오실까요? '때가 차서' 약속하신 메시아가 올 때까지, 하나님께서는 온전한 하나님의 나라가 세워지기를 소망하며 일하십니다. 이 하나님의 열심 속에서 이스라엘 역사는 계속해서 '우리 인간은 어떤 존재인지', 그리고 '우리에게 은혜를 베푸시는 하나님은 어떤 분이신지'를 끊임없이 알려 줍니다.

/ 열왕기상 /

원래 한 권이었다가 후대에 나뉜 '열왕기상·하'에서 '열왕기'는 '왕들의 행적을 기록한 책'이라는 뜻으로, 다윗의 뒤를 이어 솔로몬이 왕위에 오르는 이야기로 시작해서 이스라엘 왕국이 멸망할 때까지의 내용입니다.

열왕기상 1-11장은 다윗의 아들인 솔로몬의 통치 시대 이야기입니다. 솔로몬은 다윗과 밧세바 사이에서 태어난 아들이에요. 다윗의 왕위가 솔로몬에게 이어지는 것을 보면 하나님의 나라는 전적으로 하나님의 은혜가 다스리는 나라라는 것을 알 수 있습니다.

솔로몬은 지혜로 유명한 왕이지요. 그는 왕이 된 후에 여호와 하나님께 일천 번제를 드립니다. ('일천번 제'가 아니라 '일천 번제'입니다. 천 번의 제사를 드린 것이 아니라 천 마리의 제물로 드린 제사입니다. 그러니까 하나님께서는 솔로몬이 천 일 동안 제사를 드린 지극정성에 감동하여 지혜를 선물로 주신 것이 아닙니다.) 제사를 드린 날 밤에 하나님께서 솔로몬의 꿈에 나타나셔서 원하는 것이 무엇인지를 물으십니다. 솔로몬의 대답을 보세요.

> 왕상 3:6, 9 솔로몬이 이르되 주의 종 내 아버지 다윗이 성실과 공의와 정직한 마음으로 주와 함께 주 앞에서 행하므로 주께서 그에게 큰 은혜를 베푸셨고 주께서 또 그를 위하여 이 큰 은혜를 항상 주사 오늘과 같이 그의 자리에 앉을 아들을 그에게 주셨나이다 … 누가 주의 이 많은 백성을 재판할 수 있사오리이까 듣는 마음을 종에게 주사 주의 백성을 재판하여 선악을 분별하게 하옵소서

솔로몬은 우선 하나님께서 다윗과 아들인 자신에게 베푸신 은혜를 고백합니다. 그리고 다윗이 그 은혜를 받았던 이유를 '성실, 공의, 정직한 마음' 때문이었다고 말합니다. 솔로몬은 '마음'이 얼마나 중요한지 알았던 것입니다.

그래서 솔로몬도 그 '마음'을 구합니다. 그가 구했던 마음은 '듣는 마음'이었습니다. 무엇을 듣는다는 말일까요? '듣다'는 종종 '순종하다'라고도 번역되는 단어예요. 솔로몬은 하나님의 말씀을 듣고, 하나님의 말씀에 순종하기를 구한 것이지요. 하지만 문맥상 이 단어는 백성의 억울함을 귀 기울여 듣는 마음도 의미할 수 있습니다. 사실 통치자로서 하나님의 말씀을 듣는 것과 백성의 이야기를 잘 듣는 것은 분리되지 않지요. 하

나님 나라 통치의 원칙인 정의와 공의, 그리고 헤세드의 원리는 하나님의 말씀으로부터 나오지만, 백성의 말을 귀 기울여 들어야 적절하게 적용할 수 있기 때문입니다.

게다가 솔로몬은 '주의 이 많은 백성'을 재판하기 위하여 선악을 분별하기 원합니다. 이 백성이 하나님의 백성이고, 그래서 이 나라가 하나님의 나라라는 것을 분명하게 알고 있었던 것이지요. 이렇게 솔로몬은 이스라엘을 하나님의 나라답게 다스릴 마음의 준비가 되어 있었고 그래서 하나님께서는 솔로몬의 이 간구를 매우 기뻐하십니다.

> **왕상 3:10-12** 솔로몬이 이것을 구하매 그 말씀이 주의 마음에 든지라 / 이에 하나님이 그에게 이르시되 네가 이것을 구하도다 자기를 위하여 장수하기를 구하지 아니하며 부도 구하지 아니하며 자기 원수의 생명을 멸하기도 구하지 아니하고 오직 송사를 듣고 분별하는 지혜를 구하였으니 / 내가 네 말대로 하여 네게 지혜롭고 총명한 마음을 주노니 네 앞에도 너와 같은 자가 없었거니와 네 뒤에도 너와 같은 자가 일어남이 없으리라

그래서 솔로몬은 인류 역사상 가장 지혜로운 왕이 됩니다. 3:16부터 나오는 두 창기에 대한 재판은 하나님께서 솔로몬에게 참된 지혜를 주셨다는 것을 증명합니다. 이 재판은, 한편으로는 어려운 상황을 해결하는 지혜도 보여 주고, 다른 한편으

로는 당시 왕에게 송사를 의뢰하러 올 수 없었던 창기들의 문제를 왕이 나서서 직접 '들어주는' 마음을 가지고 있었다는 것도 보여 줍니다.

솔로몬은 하나님이 다윗에게 약속하신 대로 하나님의 성전을 건축합니다. 이 성전 건축 후 솔로몬이 올리는 기도를 들어보면, 이제 비로소 이스라엘이 온 열방에 복이 되는 하나님 나라의 역할을 제대로 수행하겠구나 하는 기대를 하게 됩니다.

> 왕상 8:41-43 또 주의 백성 이스라엘에 속하지 아니한 자 곧 주의 이름을 위하여 먼 지방에서 온 이방인이라도 / 그들이 주의 크신 이름과 주의 능한 손과 주의 펴신 팔의 소문을 듣고 와서 이 성전을 향하여 기도하거든 / 주는 계신 곳 하늘에서 들으시고 이방인이 주께 부르짖는 대로 이루사 땅의 만민이 주의 이름을 알고 주의 백성 이스라엘처럼 경외하게 하시오며 또 내가 건축한 이 성전을 주의 이름으로 일컫는 줄을 알게 하옵소서

이 기도에는 이방인을 위한 내용이 포함되어 있습니다. 솔로몬은 온 열방에 복을 전하려는 하나님 나라의 설립 목적을 잘 이해했던 것 같아요.

이렇게 해서 출애굽 당시 시내산에서 처음 만들어져 이스라엘 백성과 함께 거하며 하나님의 임재를 상징했던 성막은 성전이 되어 예루살렘에 자리를 잡습니다. 그런데요. 사람들은

외형적인 화려함에 쉽게 영향을 받곤 하지요? 하나님께서는 화려해진 성전 건물 자체에 어떤 힘이 있고 능력이 있다고 생각하지 말라고 경고하십니다. 그리고 그 성전이 상징하고 있는 하나님의 주권을 기억하라고 솔로몬의 아버지 다윗에게 하셨던 약속을 솔로몬에게 다시 해 주십니다.

> 왕상 9:4-5 네가 만일 네 아버지 다윗이 행함같이 마음을 온전히 하고 바르게 하여 내 앞에서 행하며 내가 네게 명령한 대로 온갖 일에 순종하여 내 법도와 율례를 지키면 / 내가 네 아버지 다윗에게 말하기를 이스라엘의 왕위에 오를 사람이 네게서 끊어지지 아니하리라 한 대로 네 이스라엘의 왕위를 영원히 견고하게 하려니와

그러면 이제 솔로몬과 그의 후손들은 율법을 잘 지키며, 하나님 나라의 어떠함을 열방에 드러내며, 그 후로 오랫동안 행복하게 살았을까요? 일정 기간은 그렇게 살았던 것 같습니다. 이방인이었던 스바의 여왕이 솔로몬을 찾아와서 이스라엘의 하나님 여호와를 찬양합니다. 그리고 하나님 나라의 핵심 가치인 '정의와 공의'가 실현되는 나라라고 선포합니다.

> 왕상 10:9 당신의 하나님 여호와를 송축할지로다 여호와께서 당신을 기뻐하사 이스라엘 왕위에 올리셨고 여호와께서 영원히 이스라엘을 사랑하시므로 당신을 세워 왕으로 삼아 정의와 공의를 행하게

하셨도다 하고

그런데 안타깝게도 이 아름다운 모습은 오래가지 못했어요. 열왕기상 10장과 11장은 솔로몬이 신명기 17장에서 규정한 하나님 나라의 왕에 합당한 조건의 대부분을 어겼다고 기록합니다.

신명기에서는 병마를 많이 두지 말라고 했어요. 그런데 솔로몬은 병거와 마병을 많이 모읍니다. 병거(chariot)는 말이 끄는 바퀴 달린 수레이고, 마병(horseman)은 말을 타고 전투하는 군인을 말합니다.

왕의 조건 | **신명기 17:16** 그는 병마를 많이 두지 말 것이요 병마를 많이 얻으려고 그 백성을 애굽으로 돌아가게 하지 말 것이니 이는 여호와께서 너희에게 이르시기를 너희가 이후에는 그 길로 다시 돌아가지 말 것이라 하셨음이며

솔로몬의 통치 | **왕상 10:26** 솔로몬이 병거와 마병을 모으매 병거가 천사백 대요 마병이 만이천 명이라 병거성에도 두고 예루살렘 왕에게도 두었으며

또 신명기에서는 자기를 위하여 은금을 많이 쌓지 말라고 했는데, 솔로몬은 은금을 많이 쌓아요. 그리고 아내를 많이 두지

말라고 했는데, 솔로몬은 수많은 후궁과 첩을 둡니다. 성경은 이 여인들이 솔로몬의 마음을 돌아서게 했다고 말합니다.

왕의 조건 | 신명기 17:17 그에게 아내를 많이 두어 그의 마음이 미혹되게 하지 말 것이며 자기를 위하여 은금을 많이 쌓지 말 것이니라

솔로몬의 통치 | 왕상 10:27 왕이 예루살렘에서 은을 돌같이 흔하게 하고 백향목을 평지의 뽕나무같이 많게 하였더라

왕상 11:2-3 여호와께서 일찍이 이 여러 백성에 대하여 이스라엘 자손에게 말씀하시기를 너희는 그들과 서로 통혼하지 말며 그들도 너희와 서로 통혼하게 하지 말라 그들이 반드시 너희의 마음을 돌려 그들의 신들을 따르게 하리라 하셨으나 솔로몬이 그들을 사랑하였더라 / 왕은 후궁이 칠백 명이요 첩이 삼백 명이라 그의 여인들이 왕의 마음을 돌아서게 하였더라

이렇게 솔로몬의 불순종의 결과로, 하나님의 나라 이스라엘은, 열왕기상 12장에서 솔로몬의 아들 '르호보암'이 다스리는 남 유다와, '여로보암'이 열 개의 지파를 이끌고 세운 북 이스라엘로 분열되고 맙니다.

여로보암은 원래 솔로몬의 부하였습니다. 워낙 부지런하게 일을 잘하니까 솔로몬이 직접 발탁해서 성읍 건축의 감독

관으로 삼았는데요. 솔로몬의 아들 르호보암이 폭정을 이어가자, 유다 지파와 베냐민 지파를 제외한 열 개 지파의 사람들이 르호보암을 배반하고 여로보암을 왕으로 삼고 북 이스라엘로 독립합니다.

여로보암은 왕이 된 후에 불안함을 느낍니다. 왜냐하면 하나님 나라의 중심, 하나님의 임재의 상징인 성전이 남 유다의 예루살렘에 있잖아요. 그는 백성의 마음이 남 유다에 위치한 예루살렘 성전으로 쏠리는 것을 막고 싶었어요. 그래서 북 이스라엘의 북쪽에 위치한 '단'과 남쪽에 위치한 '벧엘'에 금송아지를 만들고 그것이 하나님의 상징이라며 그곳을 예배의 중심지로 삼습니다.

> **왕상 12:27-29** 만일 이 백성이 예루살렘에 있는 여호와의 성전에 제사를 드리고자 하여 올라가면 이 백성의 마음이 유다 왕 된 그들의 주 르호보암에게로 돌아가서 나를 죽이고 유다의 왕 르호보암에게로 돌아가리로다 하고 / 이에 계획하고 두 금송아지를 만들고 무리에게 말하기를 너희가 다시는 예루살렘에 올라갈 것이 없도다 이스라엘아 이는 너희를 애굽 땅에서 인도하여 올린 너희의 신들이라 하고 / 하나는 벧엘에 두고 하나는 단에 둔지라

출애굽 당시에 아론과 이스라엘 백성이 저질렀던 죄가 떠오르지요?

> 출 32:4 아론이 그들의 손에서 금 고리를 받아 부어서 조각칼로 새겨 송아지 형상을 만드니 그들이 말하되 이스라엘아 이는 너희를 애굽 땅에서 인도하여 낸 너희의 신이로다 하는지라

어쩌면 이렇게 사람들의 행태가 비슷할까요? 두 번 모두 금으로 송아지 형상을 만들고 그것이 애굽 땅에서 자기들을 구원해 준 하나님의 형상이라고 말하고 있어요. 하지만 하나님은 그것이 명백히 우상이라고 말씀하십니다. 나중에 여로보암의 아들이 병들었을 때 하나님의 선지자가 여로보암의 아내에게 심판을 전하며 이렇게 말합니다.

> 왕상 14:9 네 이전 사람들보다도 더 악을 행하고 가서 너를 위하여 다른 신을 만들며 우상을 부어 만들어 나를 노엽게 하고 나를 네 등 뒤에 버렸도다

귀중한 금으로 만든 힘센 소의 형상은 단지 인간의 욕망을 투영한 신의 모습일 뿐입니다. 우리 하나님의 본질과는 상관없는 우상에 불과해요. 그런데 사람들은 하나님을 자신의 욕망을 채워 줄 어떤 존재로 그리고 있어요.

여로보암의 죄는 또 있습니다. 율법에 따르면 제사장은 레위의 후손 중에서, 또 아론의 후손만 될 수 있었는데요. 여로보암은 자기 마음대로 레위 자손이 아닌 보통 백성 중에서 제사

장을 세우고, 자기 마음대로 절기를 정합니다. (하나님이 기준이 아닌, 자기 자신이 기준이 된 것, 바로 아담과 하와의 범죄로부터 비롯되어 계속 내려오는 죄악이지요.) 이렇게 북 이스라엘은 처음부터 하나님의 다스림이 실현되는 하나님 나라와는 거리가 멀게 시작합니다. 그래서 이후의 모든 악한 북 이스라엘의 왕은 이런 평가를 받습니다. "느밧의 아들 여로보암의 죄에서 떠나지 아니한지라."

이스라엘이 르호보암의 남 유다와 여로보암의 북 이스라엘로 분열된 후에 열왕기상은 두 왕국의 이야기를 번갈아 가며 기록합니다. 이 부분에서 많은 분량을 차지하는 핵심 인물은 북 이스라엘의 아합 왕과 선지자 엘리야입니다.

아합은 북 이스라엘에서 가장 악하다는 평가를 받은 왕이에요. 그는 이스라엘에 바알 숭배를 널리 퍼트렸습니다.

> **왕상 16:30-31** 오므리의 아들 아합이 그의 이전의 모든 사람보다 여호와 보시기에 악을 더욱 행하여 / 느밧의 아들 여로보암의 죄를 따라 행하는 것을 오히려 가볍게 여기며 시돈 사람의 왕 엣바알의 딸 이세벨을 아내로 삼고 가서 바알을 섬겨 예배하고

> **왕상 21:25-26** 예로부터 아합과 같이 그 자신을 팔아 여호와 앞에서 악을 행한 자가 없음은 그를 그의 아내 이세벨이 충동하였음이라 / 그가 여호와께서 이스라엘 자손 앞에서 쫓아내신 아모리 사람의 모

든 행함 같이 우상에게 복종하여 심히 가증하게 행하였더라

아합은 우상을 숭배했을 뿐만 아니라 백성을 다스릴 때에도 정의와 공의를 내팽개쳐 버려요. 아내 이세벨과 함께 나봇의 포도원을 빼앗은 사건에서는 예전에 다윗이 그랬던 것처럼 십계명의 대부분을 어깁니다. 이웃의 포도원을 탐하여 10계명 "네 이웃의 집을 탐내지 말라"를, 거짓 증인을 세워서 9계명 "네 이웃에 대하여 거짓 증거하지 말라"를, 살인을 교사하여 6계명 "살인하지 말라"를, 포도원을 빼앗아 8계명 "도둑질하지 말라"를, 하나님이 없는 듯이 행동하여 1계명 "너는 나 외에는 다른 신들을 네게 두지 말라"를 어깁니다.

그렇지만 이런 북 이스라엘도 하나님의 백성 중 일부였기에 하나님께서는 당신의 통치를 포기하실 수 없었습니다. 그래서 선지자를 보내시는데요. 아합 때에 활동한 선지자가 바로 엘리야입니다. 당시 이스라엘의 범죄함 때문에 하나님이 비를 내리시지 않아 가뭄이 심했는데요. 엘리야와 아합은 서로 그 원인이 상대방 때문이라고 주장합니다.

왕상 18:17-18 엘리야를 볼 때에 아합이 그에게 이르되 이스라엘을 괴롭게 하는 자여 너냐 / 그가 대답하되 내가 이스라엘을 괴롭게 한 것이 아니라 당신과 당신의 아버지의 집이 괴롭게 하였으니 이는 여호와의 명령을 버렸고 당신이 바알들을 따랐음이라

누구의 주장이 맞는지 확인하기 위해 아합이 숭배하는 바알의 선지자들과 엘리야가 대결을 펼칩니다. 하나님과 바알에게 불을 내려 달라는 기도를 해서 누가 진짜 살아 있는 신인지를 확인하자는 것입니다. 엘리야가 이스라엘 백성에게 이렇게 도전합니다.

> 왕상 18:21 엘리야가 모든 백성에게 가까이 나아가 이르되 너희가 어느 때까지 둘 사이에서 머뭇머뭇 하려느냐 여호와가 만일 하나님이면 그를 따르고 바알이 만일 하나님이면 그를 따를지니라 하니 백성이 말 한마디도 대답하지 아니하는지라

사실 이스라엘 백성은 중립적인 위치에 있었던 것 같지 않아요. 그들은 바알 신을 숭배하고 있었습니다. "너희는 너희 신의 이름을 부르라"(왕상 18:24). 여호와의 제단도 무너져 있었습니다. "그가 무너진 여호와의 제단을 수축하되"(왕상 18:30). 그래서 엘리야는 자신의 사역의 목적을 분명하게 밝힙니다.

> 왕상 18:37 여호와여 내게 응답하옵소서 내게 응답하옵소서 이 백성에게 주 여호와는 하나님이신 것과 주는 그들의 마음을 되돌이키심을 알게 하옵소서 하매

백성의 마음을 돌이키는 것, 그래서 하나님의 통치가 이루어

지는 하나님 나라를 세워 가는 것이 이 대결의 목적이었지요. 하나님께서는 엘리야 선지자의 기도에 응답하셔서 하늘에서 불을 내려 주십니다.

그러나 이 놀라운 기적에도 불구하고, 이스라엘 백성은 하나님께로 돌이키지 않습니다. 아합이 죽고, 그의 아들 아하시야가 왕이 되면서 열왕기상이 마무리됩니다. 사상 최악의 왕을 떠나보낸 북 이스라엘은 과연 회복될 수 있을까요? 솔로몬의 아들들이 대를 이어 왕이 된 남 유다의 운명은 어떻게 될까요?

/ 열왕기하 /

열왕기하는 아합이 죽은 후, 그 뒤를 이어 왕이 된 아하시야의 이야기와, 엘리야에 이어 북 이스라엘의 선지자가 된 엘리사의 이야기로 시작됩니다. 열왕기상 후반부에서는 아합과 엘리야의 대결이 치열하게 펼쳐졌었는데요. 아합 이후의 왕들과 엘리사는 어떤 이야기를 써 내려갈까요? 안타깝게도 북 이스라엘의 말로가 열왕기하 17장에 기록되어 있습니다.

> 왕하 17:6 호세아 제구 년에 앗수르 왕이 사마리아를 점령하고 이스라엘 사람을 사로잡아 앗수르로 끌어다가 고산 강가에 있는 할라와 하볼과 메대 사람의 여러 고을에 두었더라

북 이스라엘은 왜 멸망했을까요? 직접적인 원인은 앗수르의 공격을 받아서였지만, 근본적인 원인은 이스라엘 백성의 죄악

때문이었습니다.

왕하 17:7 이 일은 이스라엘 자손이 자기를 애굽 땅에서 인도하여 내사 애굽의 왕 바로의 손에서 벗어나게 하신 그 하나님 여호와께 죄를 범하고 또 다른 신들을 경외하며

왕하 17:13-15 여호와께서 각 선지자와 각 선견자를 통하여 이스라엘과 유다에게 지정하여 이르시기를 너희는 돌이켜 너희 악한 길에서 떠나 나의 명령과 율례를 지키되 내가 너희 조상들에게 명령하고 또 내 종 선지자들을 통하여 너희에게 전한 모든 율법대로 행하라 하셨으나 / 그들이 듣지 아니하고 그들의 목을 곧게 하기를 그들의 하나님 여호와를 믿지 아니하던 그들 조상들의 목같이 하여 / 여호와의 율례와 여호와께서 그들의 조상들과 더불어 세우신 언약과 경계하신 말씀을 버리고 허무한 것을 뒤따라 허망하며 또 여호와께서 명령하사 따르지 말라 하신 사방 이방 사람을 따라

이스라엘의 죄는 다른 신들과 우상을 경배한 것, 율법을 지키라는 명령에 순종하지 않은 것, 그리고 이방 민족을 따라 한 것 등입니다. 하나님께서는 이스라엘을 통해 다른 나라들과 비교되는 하나님 나라의 모습을 보여 주기 원하셨습니다. 그런데 이스라엘은 다른 나라들을 따라 하며 그들의 신을 섬기면서 하나님의 말씀을 어겼습니다.

여기서 다시 한 번 신명기에서 주셨던 하나님의 경고가 떠오릅니다. 하나님께서는 하나님의 나라가 그 역할을 제대로 하지 못하면 즉, 하나님이 왕이신 것을 잊고 아담처럼, 홍수 이후 사람들처럼, 자신들이 원하는 대로, 자신들의 욕심을 부추기는 뱀(마귀)과 같은 역할을 하는 다른 신들을 섬기면 멸망할 것이라고 경고하셨지요.

> 신 7:12 너희가 이 모든 법도를 듣고 지켜 행하면 네 하나님 여호와께서 네 조상들에게 맹세하신 언약을 지켜 네게 인애를 베푸실 것이라

> 신 8:19 네가 만일 네 하나님 여호와를 잊어버리고 다른 신들을 따라 그들을 섬기며 그들에게 절하면 내가 너희에게 증거하노니 너희가 반드시 멸망할 것이라

열왕기하는 북 이스라엘의 멸망을 중심으로 남 유다와 북 이스라엘의 이야기가 교차되어 나오는 1-17장과 북 이스라엘이 멸망한 후 남아 있던 남 유다의 이야기가 나오는 18-25장으로 나눌 수 있습니다.

남 유다와 북 이스라엘로 분열된 후에 두 왕국의 이야기를 번갈아 기록한 열왕기상에서 많은 분량을 차지하는 핵심 인물은 북 이스라엘의 아합과 엘리야라고 했는데요. 열왕기하에서

북 이스라엘의 멸망 전까지의 이야기 가운데 특히 많은 분량을 차지하는 핵심 인물은 엘리사입니다.

열왕기상에서 주연 배우 역할을 했던 엘리야가 열왕기하 2장에서 하늘로 올라간 후 엘리사가 후계자가 되는데요. 엘리야와 엘리사의 마지막 대화가 흥미롭습니다.

왕하 2:9-10 건너매 엘리야가 엘리사에게 이르되 나를 네게서 데려감을 당하기 전에 내가 네게 어떻게 할지를 구하라 엘리사가 이르되 당신의 성령이 하시는 역사가 갑절이나 내게 있게 하소서 하는지라 / 이르되 네가 어려운 일을 구하는도다 그러나 나를 네게서 데려가시는 것을 네가 보면 그 일이 네게 이루어지려니와 그렇지 아니하면 이루어지지 아니하리라 하고

엘리야는 성령의 역사가 갑절이나 있게 해 달라는 엘리사의 요청을 왜 어려운 일이라고 했을까요? 자기보다 더 많은 능력을 발휘하는 것이 싫었던 것일까요? 아닙니다. 엘리야가 이렇게 말한 이유를 알려면 '갑절'이 무슨 뜻인지 먼저 알아야 합니다. '갑절'은 '두 몫'이라는 뜻입니다. 이는 장자에게 주어지는 몫을 말해요.

신 21:17 반드시 그 미움을 받는 자의 아들을 장자로 인정하여 자기의 소유에서 그에게는 두 몫을 줄 것이니 그는 자기의 기력의 시작

이라 장자의 권리가 그에게 있음이니라

그러니까 엘리사가 갑절(두 몫)을 달라고 한 것은, 자신을 장자로 인정해 달라는 요청이었던 것입니다. 엘리야는 이스라엘을 하나님의 통치가 온전하게 이루어지는 하나님의 나라로 만들기 위해 하나님께서 보내신 선지자였어요. 그런데 이스라엘이 여전히 하나님의 통치를 거부하고 있는 상황에서 엘리야가 하늘로 올라가 버린다는 것은 하나님께서 이스라엘을 포기하시는 것으로 이해할 수도 있거든요. 그래서 엘리사는 자신을 장자로 삼아 엘리야의 사역을 계승하게 해 달라고 요청하고 있는 것입니다. 그런데 엘리야가 "네가 어려운 일을 구하는도다"라고 대답해요. 범죄만 일삼는 북 이스라엘에 더 이상 소망이 없다고 보았던 것 같아요.

엘리사의 간구는 어떻게 되었을까요? 엘리야가 한 가지 조건을 제시합니다. "나를 네게서 데려가시는 것을 네가 보면 그 일이 네게 이루어지려니와." 하나님께서 만약 이렇게 해 주시면 엘리사의 간구를 들어주시는 것으로 생각할 수 있다는 것인데요. 실제로 엘리사는 엘리야가 하나님께 올라가는 장면을 보게 됩니다.

왕하 2:11-12 두 사람이 길을 가며 말하더니 불수레와 불말들이 두 사람을 갈라놓고 엘리야가 회오리 바람으로 하늘로 올라가더라 /

엘리사가 보고 소리 지르되 내 아버지여 내 아버지여 이스라엘의 병거와 그 마병이여 하더니 다시 보이지 아니하는지라

그러니까 하나님께서는 북 이스라엘의 계속되는 범죄에도 불구하고 북 이스라엘을 사랑하셔서, 그들에게 기회를 주고 싶으셨던 것입니다. 그래서 엘리사에게 엘리야의 뒤를 이은 영적 장자의 자리를 허락하시고, 실제로 엘리야가 일으킨 기적의 두 배나 많은 기적을 일으키게 해 주십니다.

(참고로, 엘리야는 하늘로 올라가기 전에 길갈 → 벧엘 → 여리고 → 요단을 방문합니다. 그리고 요단강을 서편에서 동편으로 건너가서 하늘로 승천합니다. 이스라엘 백성이 가나안 땅에 입성할 때의 경로를 되짚어서 나간 것입니다. 마치 하나님께서 이스라엘 백성에게 이 땅을 주겠다고 하신 약속을 취소하는 것만 같아요. 그런데 엘리사는 요단 동편에서 서편으로 요단강을 건너와서 요단 → 여리고 → 벧엘로 이동합니다. 백성이 가나안 땅에 입성할 때의 경로를 반복해요. 마치 하나님께서 다시 이 땅을 주겠다고 약속하시는 것만 같습니다.)

그러나 북 이스라엘은 돌이키지 않습니다. 계속되는 쿠데타로 왕들이 바뀌는데요. 그렇게 바뀐 왕들도 모두 "느밧의 아들 여로보암의 죄에서 떠나지 아니한지라"라는 평가를 받습니다.

엘리사가 죽은 뒤부터 문서 선지자가 등장합니다. 문서 선지자는 자신의 이름으로 성경책을 남긴 선지자들이에요. 엘리사가 열왕기하 13장에서 죽고, '요나' 선지자가 14장에 등장합

니다. 이때가 여로보암 2세가 다스리던 때인데요. '아모스', '호세아' 선지자 등이 활동하며 자신의 이름으로 된 성경책을 남깁니다. 이 선지자들은 회개를 촉구하지만 임박한 멸망을 선포하기도 해요. 그리고 이런 선지자들의 활동에도 돌이키지 않은 북 이스라엘은 결국 17장에서 앗수르에 의해 멸망당합니다.

자, 그럼 북 이스라엘이 멸망한 뒤 남 유다는 어떻게 되었을까요? 남 유다에도 악한 왕들이 많았지만, 그래도 여기서는 하나님께 칭찬받은 왕들이 종종 등장합니다. 여러 왕 중에서 특별히 한 명의 이야기가 자세하게 기록되어 있는데요. 바로 히스기야입니다. 히스기야는 북 이스라엘이 멸망할 당시 남 유다의 왕이었어요. 히스기야는 여호와를 의지하고, 말씀에 순종한 왕이었습니다.

> **왕하 18:5-6** 히스기야가 이스라엘 하나님 여호와를 의지하였는데 그의 전후 유다 여러 왕 중에 그러한 자가 없었으니 / 곧 그가 여호와께 연합하여 그에게서 떠나지 아니하고 여호와께서 모세에게 명령하신 계명을 지켰더라

그런데 히스기야도 처음부터 하나님께 신실했던 왕은 아니었어요. 북 이스라엘을 멸망시킨 앗수르가 남 유다를 위협할 때 히스기야는 애굽을 의지하곤 했거든요.

앗수르의 장군 랍사게가 히스기야에게 | 왕하 18:21 이제 네가 너를 위하여 저 상한 갈대 지팡이 애굽을 의뢰하도다 사람이 그것을 의지하면 그의 손에 찔려 들어갈지라 애굽의 왕 바로는 그에게 의뢰하는 모든 자에게 이와 같으니라

그러나 위기의 순간에 히스기야는 회개합니다. 아마도 미가 선지자의 선포가 결정적인 역할을 한 것 같습니다.

렘 26:18–19 유다의 왕 히스기야 시대에 모레셋 사람 미가가 유다의 모든 백성에게 예언하여 이르되 만군의 여호와께서 이와 같이 말씀하셨느니라 시온은 밭같이 경작지가 될 것이며 예루살렘은 돌 무더기가 되며 이 성전의 산은 산당의 숲과 같이 되리라 하였으나 / 유다의 왕 히스기야와 모든 유다가 그를 죽였느냐 히스기야가 여호와를 두려워하여 여호와께 간구하매 여호와께서 그들에게 선언한 재앙에 대하여 뜻을 돌이키지 아니하셨느냐

이후 히스기야는 하나님만 의지합니다. 하나님께서는 히스기야의 간구를 들으시고 기적적으로 앗수르의 손에서 남 유다를 구원해 주십니다. (당시 고대 근동을 휩쓸었던 앗수르가 왜 남 유다를 멸망시키지 않았는지는 미스터리입니다. 성경만이 그 답을 알려 줍니다. 바로 하나님께서 히스기야의 기도에 응답하여 밤에 천사를 보내셔서 앗수르의 군사 185,000명을 무찌르신 것입니다.)

히스기야의 기도 | 왕하 19:19 우리 하나님 여호와여 원하건대 이제 우리를 그의 손에서 구원하옵소서 그리하시면 천하 만국이 주 여호와가 홀로 하나님이신 줄 알리이다 하니라

하나님의 응답 | 왕하 19:35 이 밤에 여호와의 사자가 나와서 앗수르 진영에서 군사 십팔만 오천 명을 친지라 아침에 일찍이 일어나 보니 다 송장이 되었더라

남 유다가 (더 정확히는 여호와의 사자가) 앗수르를 물리친 이 사건은 이스라엘이 하나님의 나라였고, 이 나라의 운명은 세계의 역사, 주위의 강대국에 달린 것이 아니라, 하나님의 통치에 순종했는지의 여부에 달려 있음을 잘 나타내 줍니다.

히스기야와 함께 선한 왕으로 인정받는 왕 중에 요시야가 있습니다. 요시야는 성전을 수리하다가 율법책을 발견하고는 율법책의 말씀대로 순종합니다. 우상을 불사르고 산당을 헐며 유월절을 지킵니다. 그래서 요시야는 하나님으로부터 아주 크게 칭찬을 받습니다.

왕하 22:2 요시야가 여호와 보시기에 정직히 행하여 그의 조상 다윗의 모든 길로 행하고 좌우로 치우치지 아니하였더라

왕하 23:3 왕이 단 위에 서서 여호와 앞에서 언약을 세우되 마음을

다하고 뜻을 다하여 여호와께 순종하고 그의 계명과 법도와 율례를 지켜 이 책에 기록된 이 언약의 말씀을 이루게 하리라 하매 백성이 다 그 언약을 따르기로 하니라

왕하 23:25 요시야와 같이 마음을 다하며 뜻을 다하며 힘을 다하여 모세의 모든 율법을 따라 여호와께로 돌이킨 왕은 요시야 전에도 없었고 후에도 그와 같은 자가 없었더라

이렇게 남 유다에는 하나님께 순종한 왕들이 종종 등장했기 때문에 조금은 소망이 보이는 것 같습니다. 하지만 안타깝게도 이후의 왕들은 악행을 멈추지 않았습니다. 결국 남 유다도 앗수르를 무너뜨리고 새로운 강대국이 된 바벨론에게 멸망당하고 맙니다. 남 유다의 마지막 왕 시드기야가 끔찍한 일을 당하는 것으로 유다의 역사가 끝이 납니다.

왕하 25:6-7 그들이 왕을 사로잡아 그를 립나에 있는 바벨론 왕에게로 끌고 가매 그들이 그를 심문하니라 / 그들이 시드기야의 아들들을 그의 눈앞에서 죽이고 시드기야의 두 눈을 빼고 놋 사슬로 그를 결박하여 바벨론으로 끌고 갔더라

북 이스라엘도, 남 유다도 멸망했습니다. 과연 하나님의 나라였던 이스라엘은 이렇게 사라져 버린 것일까요? 이스라엘을

통해 온 열방에 복을 주시겠다는 하나님의 약속, 다윗의 후손의 왕위가 영원할 것이라는 하나님의 약속은 어떻게 되는 것일까요? 열왕기하는 이 질문에 힌트를 주며 마무리됩니다. 포로로 잡혀간 여호야긴 왕이 바벨론에서 그의 지위를 회복했다는 사실입니다. 이는 다윗 왕조의 회복을 암시하고 있습니다.

> 왕하 25:27-30 유다의 왕 여호야긴이 사로잡혀 간 지 삼십칠 년 곧 바벨론의 왕 에윌므로닥이 즉위한 원년 십이월 그 달 이십칠일에 유다의 왕 여호야긴을 옥에서 내놓아 그 머리를 들게 하고 / 그에게 좋게 말하고 그의 지위를 바벨론에 그와 함께 있는 모든 왕의 지위보다 높이고 / 그 죄수의 의복을 벗게 하고 그의 일평생에 항상 왕의 앞에서 양식을 먹게 하였고 / 그가 쓸 것은 날마다 왕에게서 받는 양이 있어서 종신토록 끊이지 아니하였더라

앞의 질문들은 포로 시대와 선지서들의 기록들에서도 계속해서 이어집니다. 그러나 그 전에, 열왕기상·하와 비슷한 시기를 조금 다른 관점에서 기록하고 있는 역대상·하를 살펴보아야 합니다.

/ 역대상 /

'역대'는 '대대로 이어 내려온 여러 대, 또는 그동안'이라는 뜻입니다. 열왕기와 유사하게 이스라엘의 왕정 시대를 기록하고 있지만 조금 다른 뉘앙스의 제목을 갖게 된 것은 아마도 역대기가 아담으로부터 시작하는 역사 전체의 족보를 소개하고 있기 때문일 것입니다. 역대기는 열왕기처럼 원래 한 권이었다가 후대에 역대상과 역대하로 나뉘었습니다.

역대상은 크게 1-9장, 그리고 10-29장으로 나눌 수 있습니다. 1-9장에는 매우 긴 족보가 기술되어 있습니다. 그리고 사울과 그 아들들의 죽음 이야기로 10장이 시작됩니다. 11-29장에서는 다윗의 통치와 그의 죽음을 다룹니다.

대상 29:28 그가 나이 많아 늙도록 부하고 존귀를 누리다가 죽으매 그의 아들 솔로몬이 대신하여 왕이 되니라 그런데요. 왕이 된 다윗의 이야기는 우리가 이미 읽은 내용 아닌가요? 맞습니다. 사무엘하가 바로 이 내용이었지요. 사실 역대상은 사무엘하의 이야기와 매우 비슷합니다.

그것뿐만이 아닙니다. 역대하는 솔로몬의 통치에서 시작하여 유다의 멸망까지를 기록하고 있는데요. 이 또한 열왕기상·하와 비슷합니다. 그러니까 역대상·하는 전체적으로 사무엘하, 열왕기상·하와 줄거리가 거의 같습니다. 그렇다면 성경에는 굳이 이렇게 같은 내용들이 담긴 책들이 왜 포함되어 있는 것일까요?

그 이유는 하나님 나라의 역사를 다양한 관점에서 보도록 하기 위함입니다. 물론 비슷한 내용이 대부분이지만 조금 다른 내용도 나오거든요. 마치 다이아몬드가 각도에 따라 조금씩 다른 광채를 보여 주듯이 말이에요.

그렇다면, 역대상·하는 앞의 책들과 어떻게 다른 각도에서 하나님 나라를 보여 주고 있을까요? 이 차이점을 이해하기 위해서는 역대상·하가 앞의 책들과는 다른 질문에 답하고 있음을 알아야 합니다.

사무엘하와 열왕기상·하는 이스라엘이 멸망한 후 포로 시대를 살아가던 백성의 질문에 답을 해 줍니다. "하나님께서 당신의 나라를 보호하시는 데 실패하셨는가?" "바벨론의 신이 여호와 하나님보다 강한가?" 이 질문에 대한 사무엘하와 열왕기상·하의 답은 "그렇지 않다"는 것입니다. "이스라엘의 멸망은 하나님께서 실패하신 것이 아니라, 이스라엘의 불순종의 결과일 뿐이다. 그러니 그들의 멸망은 오히려 여호와 하나님께서 살아 계신다는 것을, 그리고 그분이 강하신 하나님이라는 것을 알려 준다"라고 답을 합니다.

반면에, 역대상·하는 바벨론 포로 시대 후에 귀환한 공동체, 그러니까 좀 더 늦은 시대의 백성의 질문에 답을 해 줍니다. 이것은 역대상·하에 주로 남 유다의 이야기만 기록되어 있는 걸 보면 알 수 있는데요. 역대상·하에서 분열 왕국 이후에는 남 유다의 이야기만 나오는 이유는, 포로에서 귀환한 이들이 남 유다 백성이기 때문입니다.

유다는 바벨론에게 멸망당했어요. 그런데 바벨론을 무너뜨린 페르시아(성경에서는 '바사'라고 부릅니다)가 바벨론에 포로로 잡혀 있던 유다인들이 예루살렘으로 돌아가는 것을 허용합니다. 이들이 돌아와서 우여곡절 끝에 성전을 건축하지요. 이들은 성전이 완공되면 새로운 세상이 열릴 것이라고 기대했어요. 그런데 여전히 이방 민족인 페르시아의 통치를 받고 있고, 그들의 삶은 여전히 어렵고 힘들어요. 그래서 이 귀환 공동체가 이렇게 묻는 거예요.

"우리를 하나님 나라의 백성으로 삼으셔서 복의 근원이 되게 하겠다는 하나님의 언약은 어떻게 된 것인가?" "다윗의 왕권을 영원토록 지켜 주겠고, 다윗의 후손을 통해 메시아를 보내시겠다는 하나님의 약속은 어떻게 된 것인가?"

역대상·하는 이 질문에 "그 언약은 파괴되지 않았다. 언약은 여전히 유효하다"라고 답합니다. 역대상·하의 큰 줄거리는 사무엘서와 열왕기서와 같지만, 이 질문에 답하기 위해서 역대상·하는 이스라엘 민족의 족보를 알려 주는 한편, 사무엘서와 열왕기서에 비해 다윗과 성전을 더 많이 강조합니다.

먼저 족보를 살펴볼까요? 1장에서, 아담에서 시작된 족보는 셋, 그리고 노아와 셈을 거쳐 아브라함으로 이어집니다. 이스마엘과 에서의 족보는 곧 끊어지고, 이삭과 야곱의 족보는 계속 이어져요. 그래서 이 족보는 역사의 시작에서부터, 이스라엘이라는 하나님의 나라가 세계 역사의 중심에 놓여 있다는 사실을 상기시켜 줍니다. 지금은 페르시아라는 거대한 제국의 변방 식민지에 지나지 않지만 말이에요.

그리고 2장에 나오는 야곱의 아들들의 족보는 (단 지파와 스불론 지파를 제외한) 이스라엘 전체를 포함합니다. 역대기에는 나라의 분열 후 남 유다의 이야기만 기록되어 있지만, 이 족보는 남 유다 백성뿐만 아니라 이스라엘 전체가 하나님 나라의 백성이라는 것을 알려 줍니다.

이 족보는 특별히 구조를 통해서도 다윗 왕조를 강조합니다. "다윗의 왕권을 영원토록 지켜 주겠고, 다윗의 후손을 통해 메시아를 보내시겠다는 하나님의 약속은 어떻게 된 것인가?"라는 질문에 답하는 것이지요.

2장에는 유다의 족보가, 3장에는 다윗의 족보가 나오는데요.

4장에 또 유다의 족보가 나옵니다. 이렇게 긴 기록을 통해 유다의 족보를 강조하면서, 그 사이에 다윗의 족보를 놓아 그중에서도 다윗의 왕권을 더 강조하는 것입니다.

그리고 이 족보는 성전의 중요성도 강조합니다. 족보를 보면 열두 지파의 족보 한가운데에 레위 지파가 위치합니다. 성전을 섬기는 일을 하는 레위 지파를 가운데 둠으로써 성전을 돋보이게 하고 있지요. (유다, 시므온, 르우벤, 갓, 므낫세 뒤에 레위 지파에 대한 기록이 있고요. 그 뒤로 잇사갈, 베냐민, 납달리, 므낫세, 에브라임, 아셀 지파가 소개됩니다. 구약에서는 저자가 강조하려는 내용을 중간에 두는 기법을 많이 사용합니다.)

역대기가 다윗 왕조의 중요성을 강조하다 보니 사무엘서와 비교했을 때 다윗 왕에 대한 부정적인 기록이 많이 빠져 있습니다. 완전히 제외하지는 않았지만 대체로 긍정적인 측면을 중심으로 기록되어 있지요. 예를 들면, 역대기에는 다윗의 간음 사건이 나오지 않습니다. 그리고 사무엘하의 마지막 부분에서 다윗의 용사들을 소개하는데 헷 사람 우리아의 이름으로 끝난다고 했잖아요. "헷 사람 우리아라 이상 총수가 삼십칠 명이었더라"(삼하 23:39). 그런데 역대기에서는 이 이름이 그냥 스쳐 지나가고 목록이 계속 이어집니다.

대상 11:26, 41 또 군사 중의 큰 용사는 요압의 아우 아사헬과 베들레헴 사람 도도의 아들 엘하난과 … 헷 사람 우리아와 알래의 아들 사

밧과

또한 역대상이 성전을 강조하다 보니, 사무엘하가 다윗의 순종으로 인한 형통뿐만 아니라 범죄로 인한 고난도 기록하고 있는 것과 달리 역대상은 형통의 이야기에 이어서 범죄와 징계의 기록 대신 다윗의 성전 건축 준비 과정을 자세하게 기록합니다.

그뿐만 아니라, 열왕기상에서는 솔로몬이 '설계와 식양대로' 성전을 건축했다고 기록합니다.

> **왕상 6:38** 열한째 해 불 월 곧 여덟째 달에 그 설계와 식양대로 성전 건축이 다 끝났으니 솔로몬이 칠 년 동안 성전을 건축하였더라

하지만 이 설계가 어디서 났는지는 밝히지 않았어요. 성전에 대해 좀 더 자세하게 기록하는 역대상에서는 그 출처를 밝힙니다. 바로 여호와의 손이 다윗에게 성전의 설계도를 주었고, 다윗이 다시 그 설계도를 솔로몬에게 주었다는 것입니다.

> **대상 28:11,19** 다윗이 성전의 복도와 그 집들과 그 곳간과 다락과 골방과 속죄소의 설계도를 그의 아들 솔로몬에게 주고 … 다윗이 이르되 여호와의 손이 내게 임하여 이 모든 일의 설계를 그려 나에게 알려 주셨느니라

이렇게 역대상이 성전을 강조하는 이유를 좀 더 생각해 보겠습니다. 역대상에 유일하게 나오는 다윗의 허물 이야기에서 그 힌트를 찾아볼 수 있는데요. 역대상에 기록된 다윗의 부정적인 모습은 그가 말년에 행했던 인구 조사입니다. 아마도 역대기 기자가 이 기록을 뺄 수 없었던 까닭은 이 사건이 성전의 터가 된 오르난의 타작 마당과 연관이 있기 때문일 것입니다.

다윗의 인구 조사로 인해 온 이스라엘에 전염병이 퍼집니다. 다윗이 전염병을 멈추어 달라고 간구하자 하나님께서는 제단을 쌓으라고 하세요. 그곳이 바로 오르난이라는 사람의 타작 마당이었습니다.

> **대상 21:18** 여호와의 천사가 갓에게 명령하여 다윗에게 이르시기를 다윗은 올라가서 여부스 사람 오르난의 타작 마당에서 여호와를 위하여 제단을 쌓으라 하신지라

이 타작 마당은 매우 중요한 곳입니다. 이후에 이곳에서 솔로몬이 성전을 건축하기 때문입니다.

> **대하 3:1** 솔로몬이 예루살렘 모리아 산에 여호와의 전 건축하기를 시작하니 그 곳은 전에 여호와께서 그의 아버지 다윗에게 나타나신 곳이요 여부스 사람 오르난의 타작 마당에 다윗이 정한 곳이라

참고로, 모리아 산은 창세기에서 아브라함이 이삭을 번제로 드리려고 했던 곳이기도 합니다. 성전이 여기에 세워진 것은 참된 성전으로 오셔서 번제물로 자신을 드린 하나님의 아들, 하나님이 사랑하시는 독자 예수 그리스도의 사역을 암시하기도 합니다.

창 22:2 여호와께서 이르시되 네 아들 네 사랑하는 독자 이삭을 데리고 모리아 땅으로 가서 내가 네게 일러 준 한 산 거기서 그를 번제로 드리라

솔로몬이 성전을 건축한 장소가 어디인지 밝히는 것은 의미가 있습니다. 오르난의 타작 마당은 다윗이 제사를 드렸을 때 하나님께서 응답하시고 심판을 멈추어 주신 곳이에요. 마찬가지로, 성전이 그렇게 우리의 죄를 회개할 때 용서해 주시는 곳이 될 것입니다.

오르난의 타작 마당에서 단을 쌓은 다윗의 기도에 응답 | 대상 21:26-27 다윗이 거기서 여호와를 위하여 제단을 쌓고 번제와 화목제를 드려 여호와께 아뢰었더니 여호와께서 하늘에서부터 번제단 위에 불을 내려 응답하시고 / 여호와께서 천사를 명령하시매 그가 칼을 칼집에 꽂았더라

"하나님과 이스라엘 백성이 맺은 언약은 여전히 유효하다"라고 말하고 있는 역대기가 왜 이렇게 성전의 중요성을 강조하는지 잘 아시겠죠? 우리는 이미 출애굽한 이스라엘 백성에게 이 성전이 얼마나 중요하고 특별한 의미를 지니는지를 보았어요. "내가 거기서 이스라엘 자손을 만나리니 내 영광으로 말미암아 회막이 거룩하게 될지라"(출 29:43). 성전은 하나님의 백성이 그 나라의 주인 하나님을 만나 자신들의 죄를 회개하고 용서받을 수 있는 곳이었어요. (지금 우리가 우리의 죄를 용서받을 수 있는 근거도 참된 성전으로 오신 예수님 안에 거하고 있기 때문입니다.)

이스라엘 백성은 그들의 죄로 인해 심판받았잖아요. 그런 그들에게 성전의 약속이야말로 참된 약속이 되는 것입니다. 우리가 성전을 다시 건축하고, 그곳에서 참된 회개를 하면, 하나님께서 우리의 죄를 용서하시고 다시 회복을 주실 것이라는 소망을 가질 수 있는 것이지요.

이렇게 역대상은 족보와 다윗 왕조, 그리고 성전에 대한 이야기를 들려 줌으로써, 포로 생활을 마치고 돌아온 유다 백성에게 소망의 메시지를 전해 줍니다. 그렇다면 다윗의 죽음 이후 솔로몬의 통치부터 유다의 멸망까지를 기록하고 있는 역대하의 기록은 열왕기상·하와 비교할 때 어떤 특징을 지니고 있을까요?

/ 역대하 /

역대하는 솔로몬의 이상적인 통치를 다루는 1-9장, 그리고 남북으로 분열된 후 유다 왕들의 통치를 다루는 10-36장, 두 부분으로 나눌 수 있습니다.

솔로몬의 통치 기록은 전체적으로 열왕기상의 내용과 비슷합니다. 하지만 대체로 긍정적인 측면을 중심으로 기록하고 있습니다. 예를 들어, 솔로몬의 영광을 묘사하는 기록 뒤에 열왕기상에서는 솔로몬의 타락에 대한 내용이 이어지는데, 역대하에서는 타락 부분이 빠져 있습니다. "왕은 후궁이 칠백 명이요 첩이 삼백 명이라 그의 여인들이 왕의 마음을 돌아서게 하였더라"(왕상 11:3).

그렇지만 솔로몬의 부정적인 기록이 전혀 없는 것은 아닙니다. 솔로몬이 신명기에 기록된 왕의 조건을 어기고 있다는 사실을 암시하기도 합니다. 열왕기상에서 본 것처럼 병마를 많이 둔 것이나 은금을 많이 쌓아 둔 모습이 역대하에도 기록되어 있습니다. 하지만 강조점은 솔로몬의 영광입니다. 역대상에서 설명했듯이 질문이 달랐기 때문입니다. 언약은 계속 유지되고 있으며 순종하면 회복될 수 있음을 알려 주기 원했던 것입니다.

10-36장에는 오직 유다 왕들의 통치 내용만 나옵니다. 다윗에게 약속하신 대로 하나님의 언약이 다윗의 후손들을 통해 이어지고 있음을 강조하는 것입니다. 그리고 역대상의 족보에서 이미 설명했듯이 남 유다의 귀환은 북 이스라엘을 포함하여 이스라엘 나라 전체를 대표한다고 보고 있는 것입니다.

이 10-36장에서도 유다 왕조의 긍정적인 모습을 부각하고 있습니다. 예를 들어, 르호보암이 전쟁을 준비하는 모습을 보세요. 여로보암이 열 개 지파를 이끌고 북 이스라엘을 세우자 나라를 통일하기 위해 전쟁을 하려고 합니다. 그런데 하나님께서 전쟁을 금하십니다. 르호보암은 전쟁을 치르러 이미 출발한 상태였지만, 하나님의 말씀에 순종하여 되돌아옵니다.

> **대하 11:4** 여호와께서 이같이 말씀하시기를 너희는 올라가지 말라 너희 형제와 싸우지 말고 각기 집으로 돌아가라 이 일이 내게로 말미암아 난 것이라 하셨다 하라 하신지라 그들이 여호와의 말씀을 듣고 돌아가고 여로보암을 치러 가던 길에서 되돌아왔더라

열왕기상에서는 이 사건에 특별한 의미를 부여하지 않습니다. 이후에 르호보암이 얼마나 악을 많이 저질렀는지를 기록할 뿐입니다. 그런데 역대하에는 르호보암이 순종해서 받은 복이 기록되어 있습니다. 게다가 북 이스라엘의 우상화 정책에 반발한 신실한 레위 지파와 경건한 사람들이 남 유다로 돌아왔다는 사실도 덧붙입니다.

대하 11:13, 16–17 온 이스라엘의 제사장들과 레위 사람들이 그들의 모든 지방에서부터 르호보암에게 돌아오되 … 이스라엘 모든 지파 중에 마음을 굳게 하여 이스라엘의 하나님 여호와를 찾는 자들이 레위 사람들을 따라 예루살렘에 이르러 그들의 조상들의 하나님 여호와께 제사하고자 한지라 / 그러므로 삼 년 동안 유다 나라를 도와 솔로몬의 아들 르호보암을 강성하게 하였으니 이는 무리가 삼 년 동안을 다윗과 솔로몬의 길로 행하였음이더라

그렇다고 역대하가 르호보암을 선한 왕으로 평가하는 것은 아닙니다. 그의 악행도 분명하게 기록합니다. 그러나 복을 받았다는 내용을 기록함으로써 귀환 공동체에게 소망을 불어넣고 있습니다. "순종하면 우리도 회복될 수 있다. 그러나 불순종하면 소망이 없다"라는 메시지를 전하는 것이지요.

대하 12:1, 14 르호보암의 나라가 견고하고 세력이 강해지매 그가 여

호와의 율법을 버리니 온 이스라엘이 본받은지라 … 르호보암이 악을 행하였으니 이는 그가 여호와를 구하는 마음을 굳게 하지 아니함이었더라

그리고 역대하는 역대상과 마찬가지로 열왕기서와 비교할 때 성전의 중요성을 더 강조합니다. 그 예를 웃시야의 이야기에서 찾아볼 수 있습니다. 웃시야는 여호와가 보시기에 정직히 행한 왕이었지만 하나님께서 치셔서 나병 환자가 되었습니다.

왕하 15:5 여호와께서 왕을 치셨으므로 그가 죽는 날까지 나병환자가 되어 별궁에 거하고 왕자 요담이 왕궁을 다스리며 그 땅의 백성을 치리하였더라

그런데 열왕기하는 웃시야가 왜 나병 환자가 되었는지 그 이유를 알려 주지 않아요. 그 이유가 역대하에 나오는데요. 웃시야가 제사장도 아니면서 여호와의 성전에서 분향하려고 하였기 때문입니다.

대하 26:16-19 그가 강성하여지매 그의 마음이 교만하여 악을 행하여 그의 하나님 여호와께 범죄하되 곧 여호와의 성전에 들어가서 향단에 분향하려 한지라 / 제사장 아사랴가 여호와의 용맹한 제사장 팔십 명을 데리고 그의 뒤를 따라 들어가서 / 웃시야 왕 곁에 서서

그에게 이르되 웃시야여 여호와께 분향하는 일은 왕이 할 바가 아니요 오직 분향하기 위하여 구별함을 받은 아론의 자손 제사장들이 할 바니 성소에서 나가소서 왕이 범죄하였으니 하나님 여호와에게서 영광을 얻지 못하리이다/ 웃시야가 손으로 향로를 잡고 분향하려 하다가 화를 내니 그가 제사장에게 화를 낼 때에 여호와의 전 안 향단 곁 제사장들 앞에서 그의 이마에 나병이 생긴지라

이렇게 역대하는 성전이 얼마나 거룩하게 유지되어야 하는 공간인지를 알려 줍니다. 또한, 솔로몬의 기도에서는 성전이 얼마나 중요한 곳인지를 잘 드러냅니다. 솔로몬은 하나님께 범죄하여 적군에게 패하게 될 때에도 이 성전에서 기도하면 들으시고 용서해 주고 회복시켜 달라고 간구합니다. 심지어 이방인이 이 성전을 향해 기도하면 들으시고 응답해 달라고 간구합니다.

이 내용은 열왕기상·하에도 기록되어 있습니다만, 역대하에서는 여기서 한 걸음 더 나아갑니다. 열왕기상에는 없는 하나님의 응답이 기록되어 있습니다. 솔로몬의 기도와 성전 낙성식 후에 하나님께서 솔로몬에게 나타나십니다. 그리고 이스라엘이 범죄하여 징계를 받을 때에 회개하면 회복시켜 주겠다고 약속하십니다. 특별히 하나님의 눈과 마음이 항상 이 성전에 있으리라고 약속하십니다.

대하 7:13-16 혹 내가 하늘을 닫고 비를 내리지 아니하거나 혹 메뚜기들에게 토산을 먹게 하거나 혹 전염병이 내 백성 가운데에 유행하게 할 때에 / 내 이름으로 일컫는 내 백성이 그들의 악한 길에서 떠나 스스로 낮추고 기도하여 내 얼굴을 찾으면 내가 하늘에서 듣고 그들의 죄를 사하고 그들의 땅을 고칠지라 / 이제 이 곳에서 하는 기도에 내가 눈을 들고 귀를 기울이리니 / 이는 내가 이미 이 성전을 택하고 거룩하게 하여 내 이름을 여기에 영원히 있게 하였음이라 내 눈과 내 마음이 항상 여기에 있으리라

죄로 인해 심판받은 이스라엘 백성에게 이 응답은 소망의 메시지임이 틀림없습니다.

그래서 역대하는 성전뿐만 아니라 기도도 강조합니다. 예를 들어, 므낫세는 열왕기하에서 그 어느 왕보다 더 악한, 심지어 가나안 족속보다 더 악한 왕이었다고 평가받습니다. 그리고 그러한 평가는 역대하에서도 동일합니다.

왕하 21:9 므낫세의 꾐을 받고 악을 행한 것이 여호와께서 이스라엘 자손 앞에서 멸하신 여러 민족보다 더 심하였더라

대하 33:9 유다와 예루살렘 주민이 므낫세의 꾀임을 받고 악을 행한 것이 여호와께서 이스라엘 자손 앞에서 멸하신 모든 나라보다 더욱 심하였더라

그런데 열왕기하에는 나오지 않았던 내용이 역대하에는 기록되어 있습니다. 므낫세는 그 누구보다 큰 죄를 지은 악한 왕이었지만 그가 겸손하게 회개하자 하나님께서 회복해 주셨다고 합니다. (역대하 7:14에서 "스스로 낮추고 기도하여 내 얼굴을 찾으면"이라고 솔로몬에게 응답하셨던 하나님의 말씀과 므낫세의 행동을 비교해 보세요.)

> **대하 33:11-13** 여호와께서 앗수르 왕의 군대 지휘관들이 와서 치게 하시매 그들이 므낫세를 사로잡고 쇠사슬로 결박하여 바벨론으로 끌고 간지라 / 그가 환난을 당하여 그의 하나님 여호와께 간구하고 그의 조상들의 하나님 앞에 크게 겸손하여 / 기도하였으므로 하나님이 그의 기도를 받으시며 그의 간구를 들으시사 그가 예루살렘에 돌아와서 다시 왕위에 앉게 하시매 므낫세가 그제서야 여호와께서 하나님이신 줄을 알았더라

이 말씀은 귀환 공동체에게 참으로 충격적으로 다가왔을 것입니다. 죄 때문에 멸망한 유다도 이렇게 회개하고 순종하면 용서받고 회복될 기회가 주어진다는 것을 알게 해 주었을 테니까요. 신실하신 하나님의 언약은 언제나 유효하다는 것을 증명해 주는 말씀입니다.

이렇게 역대기는 포로 생활 후 귀환한 공동체에게 소망과 도전을 주는 말씀입니다. 그런데요. 이들은 어떻게 포로 생활

을 마치고 되돌아왔을까요? 그리고 이들은 꿈에 그리던 성전을 건축할 수 있을까요? 이제 유다가 멸망한 후로 가 보겠습니다.

/ 에스라 /

열왕기상·하와 역대상·하에서 보았듯이 북 이스라엘은 앗수르, 남 유다는 바벨론의 침략으로 멸망합니다. 그리고 남 유다의 많은 백성이 바벨론에 포로로 끌려갑니다. 아브라함에서 시작하여 출애굽과 가나안 정복을 통해 세워진 하나님의 나라 이야기가 이렇게 남 유다의 멸망으로 끝이 난 것 같습니다.

하지만 남 유다를 멸망시킨 바벨론을 점령하고 새롭게 대제국을 건설한 페르시아의 왕 '고레스'로 인해 극적인 반전을 맞이합니다. 고레스가 유다 백성이 고국으로 돌아가는 것을 허용하는 칙령을 내렸기 때문입니다.

> **스1:2-3** 바사 왕 고레스는 말하노니 하늘의 하나님 여호와께서 세상 모든 나라를 내게 주셨고 나에게 명령하사 유다 예루살렘에 성전을 건축하라 하셨나니 / 이스라엘의 하나님은 참 신이시라 너희 중

에 그의 백성 된 자는 다 유다 예루살렘으로 올라가서 이스라엘의 하나님 여호와의 성전을 건축하라 그는 예루살렘에 계신 하나님이시라

에스라는 고레스의 정책이 성경 예언의 성취라는 것을 강조합니다. (이 구절은 역대하의 마지막 구절과 내용이 거의 비슷합니다. 이 예언의 성취가 얼마나 중요한 의미인지를 알 수 있지요.)

에스라의 증언 | 스 1:1 바사 왕 고레스 원년에 여호와께서 예레미야의 입을 통하여 하신 말씀을 이루게 하시려고 바사 왕 고레스의 마음을 감동시키시매 그가 온 나라에 공포도 하고 조서도 내려 이르되

예레미야의 예언 | 렘 29:10 여호와께서 이와 같이 말씀하시니라 바벨론에서 칠십 년이 차면 내가 너희를 돌보고 나의 선한 말을 너희에게 성취하여 너희를 이곳으로 돌아오게 하리라

(남 유다 백성은 세 차례에 걸쳐 바벨론으로 포로로 끌려갔는데요. 다시 되돌아올 때도 세 번으로 나누어 귀환합니다. 처음에 잡혀간 B.C. 605년부터 첫 번째 귀환 그룹이 돌아온 B.C. 536년까지가 약 70년이에요. 예루살렘 성전이 파괴된 B.C. 586년부터 성전이 재건된 B.C. 516년까지도 70년이고요. 물론 예레미야가 예언한 70년을 꼭 문자적으로 볼 필요는 없지만, 예언이 성취된 것만은 분명합니다.)

고레스가 칙령을 내린 후 유다 백성이 세 차례에 걸쳐 예루살렘으로 귀환합니다. 이 내용이 에스라와 느헤미야입니다. 각각 크게 보면, 페르시아 왕들이 하나님께 감동을 받아 유다 지도자들과 백성들을 예루살렘으로 보내는 이야기와, 그들이 어려움을 겪으면서도 잘 극복하고 목적을 달성하는 이야기입니다. 에스라는 이 중에서 1, 2차 귀환에 대한 내용이고요. 느헤미야는 3차 귀환을 기록한 책입니다.

에스라 1-6장에는 1차 귀환 이야기가 나옵니다. 1차 귀환 공동체를 이끌었던 지도자는 '스룹바벨' 총독과 '예수아'(여호수아) 대제사장인데요. 이들은 성전을 재건하는 것에 집중했다.

> 스 3:8 예루살렘에 있는 하나님의 성전에 이른 지 이 년 둘째 달에 스알디엘의 아들 스룹바벨과 요사닥의 아들 예수아와 다른 형제 제사장들과 레위 사람들과 무릇 사로잡혔다가 예루살렘에 돌아온 자들이 공사를 시작하고 이십 세 이상의 레위 사람들을 세워 여호와의 성전 공사를 감독하게 하매

그런데 이 일이 쉽지 않았습니다. 귀환 공동체는 새로운 삶의 터전에 정착하고 적응하느라 바빴고, 관리들은 과연 이 건축이 합법적인 일인지를 물으며 건축을 방해했습니다.

그러나 하나님께서는 이 모든 일을 방관하지 않으셨습니다.

'학개'와 '스가랴' 같은 선지자들을 통하여 성전 건축을 독려하셨습니다. (그래서 에스라의 성전 건축 기록은 학개와 스가랴 선지서와 함께 읽으면 좋습니다.)

> 스 5:1-2 선지자들 곧 선지자 학개와 잇도의 손자 스가랴가 이스라엘의 하나님의 이름으로 유다와 예루살렘에 거주하는 유다 사람들에게 예언하였더니 / 이에 스알디엘의 아들 스룹바벨과 요사닥의 아들 예수아가 일어나 예루살렘에 있던 하나님의 성전을 다시 건축하기 시작하매 하나님의 선지자들이 함께 있어 그들을 돕더니

그리고 관리들의 공격도 전화위복의 계기로 삼아 주셨습니다. 관리들이 고레스 왕 다음의 왕들은 이 성전 건축에 대해 잘 모를 것이라고 생각하여 당시 왕이었던 다리오 왕에게 이 건축이 합법적인 일인지를 묻습니다. 다리오 왕은 문서 창고를 조사하다가 예루살렘 성전의 건축을 명령하는 고레스 왕의 조서를 발견하고는 오히려 전폭적인 지원을 지시합니다.

> 스 6:8-10 내가 또 조서를 내려서 하나님의 이 성전을 건축함에 대하여 너희가 유다 사람의 장로들에게 행할 것을 알리노니 왕의 재산 곧 유브라데 강 건너편에서 거둔 세금 중에서 그 경비를 이 사람들에게 끊임없이 주어 그들로 멈추지 않게 하라 / 또 그들이 필요로 하는 것 곧 하늘의 하나님께 드릴 번제의 수송아지와 숫양과 어린 양

과 또 밀과 소금과 포도주와 기름을 예루살렘 제사장의 요구대로 어김없이 날마다 주어 / 그들이 하늘의 하나님께 향기로운 제물을 드려 왕과 왕자들의 생명을 위하여 기도하게 하라

이러한 하나님의 은혜와 선지자들의 지시를 따른 결과로 성전 건축이 순조롭게 진행됩니다. 에스라 6장은 성전의 완공 소식을 전하며 1차 귀환 공동체의 이야기를 마무리합니다.

스 6:14-15 유다 사람의 장로들이 선지자 학개와 잇도의 손자 스가랴의 권면을 따랐으므로 성전 건축하는 일이 형통한지라 이스라엘 하나님의 명령과 바사 왕 고레스와 다리오와 아닥사스다의 조서를 따라 성전을 건축하며 일을 끝내되 / 다리오 왕 제육 년 아달 월 삼일에 성전 일을 끝내니라

에스라 7-10장에는 2차 귀환 이야기가 기록되어 있습니다. 2차 귀환을 주도한 '에스라'는 율법을 가르치며 개혁을 실시합니다.

스 7:9-10 첫째 달 초하루에 바벨론에서 길을 떠났고 하나님의 선한 손의 도우심을 입어 다섯째 달 초하루에 예루살렘에 이르니라 / 에스라가 여호와의 율법을 연구하여 준행하며 율례와 규례를 이스라엘에게 가르치기로 결심하였었더라

에스라가 여호와의 율법을 이스라엘 백성에게 가르치기로 결심했다는 것은 1차 귀환 공동체에 이와 관련한 심각한 문제가 있었음을 암시합니다. 6장의 성전 완공 이후 7장에서 에스라가 귀환할 때에는 이미 많은 시간(약 58년)이 흐른 뒤였습니다. 선지서 중 하나인 말라기를 참고해 보면, 아마도 이스라엘 백성은 성전만 건축하면 하나님께서 옛 이스라엘의 영광을 회복해 주시리라고 기대한 것 같아요. 성전을 건축했던 솔로몬 시대처럼 말이지요. 그런데 성전을 건축한 뒤에도 이들의 삶에 큰 변화가 생기지 않으니까 급격하게 타락에 빠진 것입니다.

이 소식을 들은 에스라가 율법을 가르쳐야겠다고 다짐한 것입니다. 열왕기상·하와 역대상·하에서 보았듯이 핵심은 성전 건물 자체가 아니라 성전에서의 하나님과의 교제와 율법에의 순종이었잖아요. 그 사실을 알려 주고 개혁과 부흥을 이끌기 위해 에스라가 2차로 포로 귀환을 주도합니다.

에스라의 개혁 이야기는 이방 백성과의 결혼을 책망하는 것에 집중되고 있습니다. 그리고 에스라서는 이방 여인과 결혼한 이들의 목록을 제시하면서 끝이 납니다. (그런데요. 이 부분만 읽으면 성경이 국제 결혼을 반대하는 것만 같습니다. 그렇지 않습니다. 에스라 당시에도 하나님에 대한 신앙을 진심으로 받아들이는 이방 사람들에게는 이스라엘 공동체로 들어올 수 있는 문이 열려 있었어요. 문제의 핵심은 여호와를 믿는 종교로 개종한 사람들과의 결혼이 아니고 반대로 이방 여인들과의 결혼으로 인해 이스라엘 공동체가 또다시 우상 숭배에 빠질 위험이었습니다. 말년에 솔로몬이 타락했던 것, 기억나지요?)

에스라의 기도 | 스 9:10 우리 하나님이여 이렇게 하신 후에도 우리가 주의 계명을 저버렸사오니 이제 무슨 말씀을 하오리이까

이방 여인과의 결혼 책망 | 스 10:10-12 제사장 에스라가 일어나 그들에게 이르되 너희가 범죄하여 이방 여자를 아내로 삼아 이스라엘의 죄를 더하게 하였으니 / 이제 너희 조상들의 하나님 앞에서 죄를 자복하고 그의 뜻대로 행하여 그 지방 사람들과 이방 여인을 끊어 버리라 하니 / 모든 회중이 큰 소리로 대답하여 이르되 당신의 말씀대로 우리가 마땅히 행할 것이니이다

에스라서는 크게 두 가지 주제를 강조합니다. 첫째, "이스라엘은 여전히 하나님의 백성인가?"라는 질문에 답하면서 하나님께서 얼마나 큰 은혜로 당신의 백성을 돌보시는지를 보여 줍니다. 그리고 이스라엘의 귀환과 성전 건축은 모두 하나님께서 하신 일이라는 것을 증언합니다.

에스라 소개 | 스 7:6 이 에스라가 바벨론에서 올라왔으니 그는 이스라엘의 하나님 여호와께서 주신 모세의 율법에 익숙한 학자로서 그의 하나님 여호와의 도우심을 입음으로 왕에게 구하는 것은 다 받는

자이더니

에스라의 고백 | 스 7:28 또 나로 왕과 그의 보좌관들 앞과 왕의 권세 있는 모든 방백의 앞에서 은혜를 얻게 하셨도다 내 하나님 여호와의 손이 내 위에 있으므로 내가 힘을 얻어 이스라엘 중에 우두머리들을 모아 나와 함께 올라오게 하였노라

여기서 잠깐, 유다 백성의 예루살렘 귀환과 이스라엘 백성의 출애굽 사건이 참 닮은 점이 많아 보입니다.[6] 예를 들면, 유다 백성이 예루살렘으로 돌아올 때 주위 사람들이 은금을 주는데요. 출애굽을 할 때에도 이스라엘 백성은 애굽 사람들에게 은금을 받았었습니다.

유다의 예루살렘 귀환 시 페르시아인 | 스 1:5-6 이에 유다와 베냐민 족장들과 제사장들과 레위 사람들과 그 마음이 하나님께 감동을 받고 올라가서 예루살렘에 여호와의 성전을 건축하고자 하는 자가 다 일어나니 / 그 사면 사람들이 은 그릇과 금과 물품들과 짐승과 보물로 돕고 그 외에도 예물을 기쁘게 드렸더라

출애굽 당시 애굽인 | 출 12:35-36 이스라엘 자손이 모세의 말대로 하여 애굽 사람에게 은금 패물과 의복을 구하매 / 여호와께서 애굽 사람들에게 이스라엘 백성에게 은혜를 입히게 하사 그들이 구하는 대

로 주게 하시므로 그들이 애굽 사람의 물품을 취하였더라

또 예루살렘에 귀환한 유다 백성이 성전 건축을 위해 자발적으로 예물을 드렸는데요. 출애굽 때에도 회막을 짓기 위하여 그러했습니다.

유다의 성전 건축 | 스 2:68-69 어떤 족장들이 예루살렘에 있는 여호와의 성전 터에 이르러 하나님의 전을 그곳에 다시 건축하려고 예물을 기쁘게 드리되 / 힘 자라는 대로 공사하는 금고에 들이니 금이 육만 천 다릭이요 은이 오천 마네요 제사장의 옷이 백 벌이었더라

출애굽 당시 성막 제작 | 출 35:20-22 이스라엘 자손의 온 회중이 모세 앞에서 물러갔더니 / 마음이 감동된 모든 자와 자원하는 모든 자가 와서 회막을 짓기 위하여 그 속에서 쓸 모든 것을 위하여, 거룩한 옷을 위하여 예물을 가져다가 여호와께 드렸으니 / 곧 마음에 원하는 남녀가 와서 팔찌와 귀고리와 가락지와 목걸이와 여러 가지 금품을 가져다가 사람마다 여호와께 금 예물을 드렸으며

그리고 귀환한 유다 백성은 성전 건축을 하면서 출애굽 사건과 관련된 절기를 지킵니다. 성전을 짓기 전에는 초막절을, 성전을 완공한 후에는 유월절을 지킵니다. 초막절은 이스라엘의 광야 생활을 기념하는 절기이고, 유월절은 이스라엘이 출애굽

할 수 있도록 하나님께서 애굽의 장자들을 치실 때 이스라엘의 장자들을 지켜 주심을 기억하는 절기입니다.

성전 지대를 놓기 전 초막절 | 스 3:4, 6 기록된 규례대로 초막절을 지켜 번제를 매일 정수대로 날마다 드리고 … 일곱째 달 초하루부터 비로소 여호와께 번제를 드렸으나 그때에 여호와의 성전 지대는 미처 놓지 못한지라

성전 완공 후 유월절 | 스 6:15, 19 다리오 왕 제육 년 아달 월 삼일에 성전 일을 끝내니라 … 사로잡혔던 자의 자손이 첫째 달 십사일에 유월절을 지키되

이렇게 유다의 예루살렘 귀환과 성전 건축이 여러 면에서 출애굽 사건을 떠올리게 하기 때문에, 포로 귀환의 여정을 제2의 출애굽이라고 부르기도 합니다. 에스라서에 나오는 이러한 이야기들은 이들이 여전히 하나님 나라의 백성이고, 이들을 위해 하나님께서 일하고 계신다는 것을 알려 줍니다.

에스라서의 또 다른 주제는 하나님의 은혜에 대한 백성의 반응입니다. 하나님께서 하나님의 백성을 돌보시고 그들을 위해 일하신다는 사실은, 동시에 그들에게 하나님 나라의 백성답게 살 것을 요구하시는 것이기도 합니다. 그래서 에스라서에서는 모세의 율법을 지키는 것을 강조합니다. 성전을 재건

한 것으로 끝나는 것이 아니라, 지속적으로 개혁과 회개를 해야 합니다.

1차 귀환 공동체

스 3:2 요사닥의 아들 예수아와 그의 형제 제사장들과 스알디엘의 아들 스룹바벨과 그의 형제들이 다 일어나 이스라엘 하나님의 제단을 만들고 하나님의 사람 모세의 율법에 기록한 대로 번제를 그 위에서 드리려 할새

스 6:18 제사장을 그 분반대로, 레위 사람을 그 순차대로 세워 예루살렘에서 하나님을 섬기게 하되 모세의 책에 기록된 대로 하게 하니라

2차 귀환 공동체

스 7:6 이 에스라가 바벨론에서 올라왔으니 그는 이스라엘의 하나님 여호와께서 주신 모세의 율법에 익숙한 학자로서

그리고 에스라서에서는 기도도 강조합니다. 이스라엘이라는 하나님의 나라에서 하나님과 백성 간의 교제의 핵심을 이루는 것은 기도였습니다. 그리고 성전은 백성이 죄를 회개할 때 용서해 주시는 곳이 되었지요. 형식으로서의 제사 제도와 마음의 변화를 동반하는 기도는 서로 분리되는 것이 아니었습니다. (나중에 보게 될 선지서에서 선지자들이 계속해서 지적하는 죄가 바로

형식과 내용의 분리입니다.)

에스라가 2차 귀환을 준비하면서 | 스 8:21 그때에 내가 아하와 강가에서 금식을 선포하고 우리 하나님 앞에서 스스로 겸비하여 우리와 우리 어린 아이와 모든 소유를 위하여 평탄한 길을 그에게 간구하였으니

에스라가 개혁을 진행할 때 | 스 9:5-6 저녁 제사를 드릴 때에 내가 근심 중에 일어나서 속옷과 겉옷을 찢은 채 무릎을 꿇고 나의 하나님 여호와를 향하여 손을 들고 / 말하기를 나의 하나님이여 내가 부끄럽고 낯이 뜨거워서 감히 나의 하나님을 향하여 얼굴을 들지 못하오니 이는 우리 죄악이 많아 정수리에 넘치고 우리 허물이 커서 하늘에 미침이니이다

이렇게 에스라서는 하나님의 은혜와 하나님의 사람들의 순종이 합력하여 역사가 진행되는 상황을 그립니다. 이스라엘 백성이 선지자들의 예언대로 때가 되어 포로지에서 귀환합니다. 그리고 그들은 이스라엘이 하나님의 나라임을 상징하는 성전을 재건합니다. 또 영적 각성 운동도 일으켰습니다.

자, 성전을 완공하고 개혁을 단행한 이스라엘은 후에 어떻게 되었을까요? 이 질문에 대한 답은 조금 미루어야겠습니다. 아직 3차 귀환 공동체의 이야기를 듣지 않았기 때문입니다.

/ 느헤미야 /

느헤미야서는 느헤미야가 3차로 포로들과 함께 귀환하여 성벽 재건과 개혁 운동을 실시하는 내용입니다. 느헤미야는 예루살렘 성이 허물어지고 그곳에 거주하는 동족들이 어려움을 겪고 있다는 소식을 듣고는 예루살렘으로 가기를 결단합니다. (예루살렘에서 태어난 것도 아니고 예루살렘을 방문했을 가능성도 거의 없는 느헤미야가, 평생 나고 자란 나라에서의 안정적인 지위와 평안한 삶을 포기하고 이렇게 성벽 건축에 자원했다는 것은 놀라운 헌신이 아닐 수 없습니다.)

느 1:3 그들이 내게 이르되 사로잡힘을 면하고 남아 있는 자들이 그 지방 거기에서 큰 환난을 당하고 능욕을 받으며 예루살렘 성은 허물어지고 성문들은 불탔다 하는지라

느 2:5 왕에게 아뢰되 왕이 만일 좋게 여기시고 종이 왕의 목전에서

은혜를 얻었사오면 나를 유다 땅 나의 조상들의 묘실이 있는 성읍에 보내어 그 성을 건축하게 하옵소서 하였는데

성벽은 적의 침입을 비롯한 여러 위험으로부터 지켜 주는 담입니다. 성벽이 없는 성읍은 안전하지 않습니다. 그래서 솔로몬도 성전을 건축한 후에 성벽을 튼튼하게 쌓았고, 남 유다가 멸망할 때도 성벽이 파괴되었다고 대표적으로 묘사합니다. "그 성벽이 파괴되매"(왕하 25:4), "갈대아 온 군대가 예루살렘 주위의 성벽을 헐었으며"(왕하 25:10). 성벽이 없으면 당연히 그 안에 있는 성전도 위험해지겠지요.

느헤미야 1-6장에는 3차 공동체의 귀환 상황과 성벽 건축이 나오고, 7-13장에는 에스라와 느헤미야가 함께 일으킨 개혁 운동이 기록되어 있습니다. (1차 귀환 공동체의 핵심 사건은 성전 재건, 2차 귀환 공동체는 율법을 가르침과 개혁을 통한 공동체 재건, 3차 귀환 공동체는 성벽 재건과 공동체 개혁을 포함한다고 기억하면 좋습니다.)

에스라와 느헤미야는 본래 한 권의 책이었다가 나중에 분리되었기에 두 책의 내용이 비슷합니다. 먼저, 에스라에서 성전 건축이 대적자들의 방해로 중단되었다가 하나님의 은혜와 백성의 순종으로 다시 재개된 내용을 살펴보았는데요. 느헤미야에도 유사한 내용이 나옵니다. 그런데 이번에는 대적들이 훨씬 더 다양한 방법으로 성벽 건축을 방해합니다. 4-6장에는

이들의 공격과 느헤미야의 대처가 흥미진진하게 기록되어 있습니다.

산발랏과 도비야가 주축이 되어 지속적으로 성벽 건축을 방해하는데요. (이들은 아마도 사마리아와 암몬 지역에 총독으로 임명된 페르시아의 관리였을 것입니다.) 이들은 성벽 건축이 왕에 대한 반역이라고 거짓 뉴스를 퍼뜨리고, 성벽 건축이 성공하지 못할 것이라고 비웃어 귀환 공동체의 사기를 떨어뜨렸습니다. 혹은 물리적인 공격을 계획하기도 했습니다.

비웃음과 중상모략 | **느 2:19** 호론 사람 산발랏과 종이었던 암몬 사람 도비야와 아라비아 사람 게셈이 이 말을 듣고 우리를 업신여기고 우리를 비웃어 이르되 너희가 하는 일이 무엇이냐 너희가 왕을 배반하고자 하느냐 하기로

비웃음 | **느 4:1-3** 산발랏이 우리가 성을 건축한다 함을 듣고 크게 분노하여 유다 사람들을 비웃으며 / 자기 형제들과 사마리아 군대 앞에서 일러 말하되 이 미약한 유다 사람들이 하는 일이 무엇인가, 스스로 견고하게 하려는가, 제사를 드리려는가, 하루에 일을 마치려는가 불탄 돌을 흙 무더기에서 다시 일으키려는가 하고 / 암몬 사람 도비야는 곁에 있다가 이르되 그들이 건축하는 돌 성벽은 여우가 올라가도 곧 무너지리라 하더라

공격 계획 | 느 4:7-8, 11 산발랏과 도비야와 아라비아 사람들과 암몬 사람들과 아스돗 사람들이 예루살렘 성이 중수되어 그 허물어진 틈이 메꾸어져 간다 함을 듣고 심히 분노하여 / 다 함께 꾀하기를 예루살렘으로 가서 치고 그곳을 요란하게 하자 하기로 … 우리의 원수들은 이르기를 그들이 알지 못하고 보지 못하는 사이에 우리가 그들 가운데 달려 들어가서 살륙하여 역사를 그치게 하리라 하고

"거짓말을 반복하다 보면 결국 그 말이 진실이 된다"라는 말이 있지요. 계속되는 대적들의 공격에 유다 백성도 흔들리고 맙니다.

느 4:10 유다 사람들은 이르기를 흙 무더기가 아직도 많거늘 짐을 나르는 자의 힘이 다 빠졌으니 우리가 성을 건축하지 못하리라 하고

느 5:1 그때에 백성들이 그들의 아내와 함께 크게 부르짖어 그들의 형제인 유다 사람들을 원망하는데

이렇게 외부의 공격과 내부의 낙담 등 안팎으로 문제가 생길 때마다 느헤미야는 포기하지 않고 절망도 하지 않고 상황에 따라 적절하게 잘 대응했습니다. 느헤미야가 그럴 수 있었던 것은 에스라와 마찬가지로 그가 기도하는 사람이었기 때문입니다.

예루살렘 성의 소식을 들었을 때에도 느헤미야는 기도로 반응했습니다. 처음 이 소식을 들었을 때가 "아닥사스다 왕 제이십 년 기스르 월"(느 1:1)이었는데요. 왕 앞에 나간 날은 "아닥사스다 왕 제이십 년 니산 월"(느 2:1)입니다. 지금의 날로 계산하면 약 12월부터 3, 4월까지입니다. 이 기간 동안 그는 계속 기도했던 것입니다. 성벽 건축에 문제가 생길 때에도 기도합니다.

예루살렘 성이 무너졌다는 소식을 들었을 때 | 느 1:4 내가 이 말을 듣고 앉아서 울고 수일 동안 슬퍼하며 하늘의 하나님 앞에 금식하며 기도하여

대적들이 성벽 재건을 방해할 때 | 느 4:4-5 우리 하나님이여 들으시옵소서 우리가 업신여김을 당하나이다 원하건대 / 주 앞에서 그들의 악을 덮어 두지 마시며 그들의 죄를 도말하지 마옵소서 그들이 건축하는 자 앞에서 주를 노하시게 하였음이니이다 하고

그는 기도만 하고 있지는 않았습니다. 필요한 일들을 미루거나 피하지 않고 그때그때 감당했습니다.

대적의 공격 소식에 파수꾼 방비 | 느 4:9 우리가 우리 하나님께 기도하며 그들로 말미암아 파수꾼을 두어 주야로 방비하는데

흔들리는 백성의 마음 격려 | 느 4:14 내가 돌아본 후에 일어나서 귀족들과 민장들과 남은 백성에게 말하기를 너희는 그들을 두려워하지 말고 지극히 크시고 두려우신 주를 기억하고 너희 형제와 자녀와 아내와 집을 위하여 싸우라 하였느니라

솔선수범 | 느 4:23 나나 내 형제들이나 종자들이나 나를 따라 파수하는 사람들이나 우리가 다 우리의 옷을 벗지 아니하였으며 물을 길으러 갈 때에도 각각 병기를 잡았느니라

이렇게 어려움을 극복하며 성벽을 완공하는 느헤미야서의 이야기는 에스라서와 마찬가지로 한편으로는 하나님의 주권을, 다른 한편으로는 하나님 백성의 책임을 강조합니다.

느헤미야는 하나님께서 도우셨기에 3차 포로 귀환도, 성벽 건축도 가능했다는 사실을 증언합니다.

느 2:8 또 왕의 삼림 감독 아삽에게 조서를 내리사 그가 성전에 속한 영문의 문과 성곽과 내가 들어갈 집을 위하여 들보로 쓸 재목을 내게 주게 하옵소서 하매 내 하나님의 선한 손이 나를 도우시므로 왕이 허락하고

느 2:18 또 그들에게 하나님의 선한 손이 나를 도우신 일과 왕이 내게 이른 말씀을 전하였더니 그들의 말이 일어나 건축하자 하고 모두

힘을 내어 이 선한 일을 하려 하매

느 4:15 우리의 대적이 우리가 그들의 의도를 눈치챘다 함을 들으니라 하나님이 그들의 꾀를 폐하셨으므로 우리가 다 성에 돌아와서 각각 일하였는데

동시에 인간의 책임도 중요합니다. 느헤미야에서도 모세의 율법을 지키는 것을 강조합니다. 성전에 이어 성벽도 재건되었지만, 율법을 통한 개혁과 회개가 지속되지 않으면 성전도 성벽도 의미가 없어집니다.

느 8:1, 8-9 이스라엘 자손이 자기들의 성읍에 거주하였더니 일곱째 달에 이르러 모든 백성이 일제히 수문 앞 광장에 모여 학사 에스라에게 여호와께서 이스라엘에게 명령하신 모세의 율법책을 가져오기를 청하매 … 하나님의 율법책을 낭독하고 그 뜻을 해석하여 백성에게 그 낭독하는 것을 다 깨닫게 하니 / 백성이 율법의 말씀을 듣고 다 우는지라

느 9:2-3 모든 이방 사람들과 절교하고 서서 자기의 죄와 조상들의 허물을 자복하고 / 이날에 낮 사분의 일은 그 제자리에 서서 그들의 하나님 여호와의 율법책을 낭독하고 낮 사분의 일은 죄를 자복하며 그들의 하나님 여호와께 경배하는데

그리고 에스라처럼 느헤미야에서도 이방인과의 결혼에 대해 강력하게 책망합니다. 느헤미야는 이 결혼이 문제가 되는 이유는 단지 국적이 다르기 때문이 아니라 신앙에 위협이 되기 때문이라는 사실을 솔로몬의 예를 들어 분명하게 밝힙니다.

> 느 13:26-27 또 이르기를 옛적에 이스라엘 왕 솔로몬이 이 일로 범죄하지 아니하였느냐 그는 많은 나라 중에 비길 왕이 없이 하나님의 사랑을 입은 자라 하나님이 그를 왕으로 삼아 온 이스라엘을 다스리게 하셨으나 이방 여인이 그를 범죄하게 하였나니 / 너희가 이방 여인을 아내로 맞아 이 모든 큰 악을 행하여 우리 하나님께 범죄하는 것을 우리가 어찌 용납하겠느냐

특별히 에스라와 느헤미야에서 주목해야 할 것은 수많은 사람들의 이름이 나온다는 것입니다. 에스라 2장에는 1차 귀환자의 명단이, 8장에는 에스라와 함께한 2차 귀환자 명단이, 10장에는 이방 여인을 아내로 맞이한 자들의 이름이, 느헤미야 3장에는 성벽 재건에 참여한 사람들의 명단이, 7장에는 그동안 귀환한 이들의 명단이, 10장에는 언약에 인친 자들의 명단이, 11장에는 예루살렘에 거주하는 자들의 명단이, 12장에는 귀환한 제사장들과 레위인들의 명단이 기록되어 있습니다.

사실 오늘날 성경을 읽는 입장에서는, 누군지 알 길이 없는 사람들의 이름을 읽으면 별다른 감정이 들지 않습니다. 하지

만 에스라와 느헤미야는 꿋꿋하게 이들의 이름을 기록하고 있습니다. 왜냐하면 긍정적이든 부정적이든, 귀환자 명단이든, 성전과 성벽을 재건한 이들의 명단이든, 아니면 이방 여인을 아내로 맞이한 이들의 명단이든, 이들이 바로 하나님의 백성이기 때문입니다. 우리는 스룹바벨, 에스라, 느헤미야의 이름만 기억하지만 이들과 함께한 백성이 없었다면 성전과 성벽은 재건될 수 없었습니다. 하나님 나라 이야기는 언제나 한두 명의 지도자가 아니라 그 나라의 '백성'의 이야기라는 사실을 강조하는 것입니다.

이렇게 에스라와 느헤미야는 이스라엘이 멸망한 후의 이야기를 들려줍니다. 이스라엘은 망했지만, 때가 되어 포로지에서 귀환합니다. 성전과 성벽을 재건하고 여러가지 개혁을 단행합니다. 처음 하나님의 나라를 설립할 때의 요소들이 회복되었습니다. 하나님의 백성이 하나님께서 주신 땅으로 돌아와 하나님을 주인으로 섬기게 되었습니다. 출애굽기에서 이스라엘이 하나님의 백성이고, 그 나라의 주인은 하나님이라는 사실을 분명하게 알려 주시기 위하여 주셨던 두 가지가 기억나지요? 바로 율법과 성막이었는데요. 에스라와 느헤미야는 귀환한 공동체가 성전을 재건하고 율법을 지키려고 노력하며 기도하는 모습을 그리는 것으로 이스라엘의 구약 역사를 마무리합니다.

과연, 이후 이스라엘은 에스라와 느헤미야의 지도를 따라 개혁을 실시하며 율법의 형식과 정신을 잘 지키는 공동체가 되었을까요? 예수님이 오시는 그날까지 이스라엘은 여전히 하나님 나라로 남아 있게 될까요? 이 질문과 함께 이제 우리는 예수님이 오시는 신약의 이야기로 넘어갈 준비가 되었습니다.

하지만 그 전에 한 가지 물어야 할 질문이 있습니다. 세 차례에 걸쳐 포로 귀환이 있었지만, 사실 귀환한 유다인들보다는 남아 있는 유다인들이 더 많았거든요. 이들이 머물고 있는 곳도 (땅이라는 나라의 요소가 없어졌어도), 여전히 하나님의 나라라고 할 수 있을까요? 과연 그들은 어떻게 지내고 있었을까요?

에스더

에스더는 시기적으로 에스라 6장과 7장 사이에 일어난 일을 기록하고 있습니다. 스룹바벨이 이끈 1차 포로 귀환 공동체가 성전을 완공한 사건과 에스라가 2차 귀환을 이끈 시기 사이에, 귀환하지 않고 페르시아에 남아 있던 유다인들에게 일어난 일이에요.

당시 페르시아의 왕이었던 '아하수에로'에게는 '하만'이라는 신하가 있었는데요. 하만은 왕의 총애를 받고 이인자의 자리에 오르게 됩니다. 그런데 그는 '모르드개'라는 유다인을 증오해서 모든 유다인을 죽이려는 음모를 꾸며요. 하나님께서는 왕이 새로운 왕비로 선택한 '에스더'와 모르드개를 통해 역사하셔서 역전의 은혜를 베풀어 주십니다. 하만은 도리어 자신이 꾸민 음모의 희생자가 되고, 유다인들은 위험에서 벗어나게 될 뿐만 아니라, 모르드개는 하만을 대신해 왕의 오른팔이 됩니다. 그래서 유다인들은 이날을 기념하여 '부림절'이라는 명절을 제정하고 지금까지 지키고 있습니다.

이렇게 한 민족의 복수극인 것만 같은 이 이야기가 어떻게 하나님 나라 이야기인 성경에 포함된 것일까요? 사실 에스더의 내용은 에스라, 느헤미야와 여러 면에서 달라요. 에스라, 느헤미야의 귀환 사건은 모세 시대에 이스라엘 백성이 이집트에서 빠져나올 때의 경험과 비슷하다고 했잖아요. 그런데 에스더는 구원의 이야기이기는 하지만 출애굽의 경험과는 많이 다릅니다. 에스더에서는 아무런 기적도, 특별한 계시도 주어지지 않아요. 모세와 같은 선지자도 없어요. 심지어 하나님의 이름이 단 한 번도 언급되지 않아요.

그렇지만 에스더는 우리에게 중요한 메시지를 전해 줍니다. 하나님의 나라가 이스라엘이라는 땅에 한정되는 것이 아님을 알려 주거든요. 이스라엘 백성이 비록 땅을 잃었어도, 하나님을 의지하는 한, 그들은 여전히 하나님의 백성임을 확인해 줍니다. 그리고 이들이 하나님의 백성인 한, 비록 하나님이 자신의 모습을 조금도 드러내지 않으시는 것처럼 여겨지는 상황일지라도, 하나님께서는 자기가 택한 백성을 돌보고 구원하신다는 점을 보여 줍니다.

그래서 에스더에는 하나님의 이름이 직접적으로 등장하지는 않지만, 하나님의 일하심을 엿볼 수 있는 여러 장면들이 나와요. 예를 들면, 하만의 유다인 진멸 계획을 알게 된 모르드개가 왕비인 에스더에게 "왕에게 나아가서 그 앞에서 자기 민족을 위하여 간절히 구하라"(에 4:8)라고 요청해요. 그런데 에스더가 주저합니다. 왜냐하면 "부름을 받지 아니하고 안뜰에 들어가서 왕에게 나가면 오직 죽이는 법"(에 4:11)이 있기 때문입니다. 물론 왕이 그에게 금 규(왕권을 상징하는 지팡이)를 내밀면 살 수 있습니다. 하지만 에스더는 "부름을 입어 왕에게 나가지 못한 지가 이미 삼십 일"(에 4:11)이나 지난 상황이었습니다. 왕이 에스더에게 마음을 주고 있었다면 30일이나 부르지 않았을 리가 없었겠지요. 그런 상황에서 왕 앞에 나아갔다가 왕이 금 규를 내밀지 않으면 에스더는 죽을 수밖에 없었습니다.

이때 모르드개가 에스더에게 하나님의 구원을 확신하는 말을 합니다.

> **에 4:13–14** 너는 왕궁에 있으니 모든 유다인 중에 홀로 목숨을 건지리라 생각하지 말라 / 이때에 네가 만일 잠잠하여 말이 없으면 유다인은 다른 데로 말미암아 놓임과 구원을 얻으려니와 너와 네 아버지 집은 멸망하리라 네가 왕후의 자리를 얻은 것이 이때를 위함이 아닌지 누가 알겠느냐 하니

'다른 데'라고 표현했지만, 유다인들이 섬기던 하나님의 역사를 기대한 표현이 분명합니다. 이러한 하나님의 일하심을 확신하는 모르드개의 권면에 도전받은 에스더는 용기를 냅니다.

왕 앞에 나아가기로 결심하지요. 그러나 그 일에는 하나님의 도우심이 필요하다는 것을 알고 있었기에 먼저 금식하며 기도해 주기를 요청합니다.

> 에 4:16 당신은 가서 수산에 있는 유다인을 다 모으고 나를 위하여 금식하되 밤낮 삼 일을 먹지도 말고 마시지도 마소서 나도 나의 시녀와 더불어 이렇게 금식한 후에 규례를 어기고 왕에게 나아가리니 죽으면 죽으리이다 하니라

자, 이렇게 용기를 내어 왕 앞에 나아간 에스더는 어떻게 되었을까요? 이어지는 이야기는 하나님께서 이 기도에 응답해 주셨음을 알려 줍니다.

> 에 5:1–3 제삼 일에 에스더가 왕후의 예복을 입고 왕궁 안뜰 곧 어전 맞은편에 서니 왕이 어전에서 전 문을 대하여 왕좌에 앉았다가 / 왕후 에스더가 뜰에 선 것을 본즉 매우 사랑스러우므로 손에 잡았던 금 규를 그에게 내미니 에스더가 가까이 가서 금 규 끝을 만진지라 / 왕이 이르되 왕후 에스더여 그대의 소원이 무엇이며 요구가 무엇이냐 나라의 절반이라도 그대에게 주겠노라 하니

왕이 에스더를 보는데 매우 사랑스러웠다고 합니다. 갑자기요? 네, 갑자기요. 이것은 우연이 아니라 하나님께서 커튼 뒤

에서 일하고 계신다는 증거라고 볼 수밖에 없습니다. 에스더서에서는 이런 일이 한두 가지가 아니거든요. 모르드개는 우연히 왕을 살해하려는 모의를 듣고 왕의 목숨을 구합니다.

> 에 2:21-23 모르드개가 대궐 문에 앉았을 때에 문을 지키던 왕의 내시 빅단과 데레스 두 사람이 원한을 품고 아하수에로 왕을 암살하려는 음모를 꾸미는 것을 / 모르드개가 알고 왕후 에스더에게 알리니 에스더가 모르드개의 이름으로 왕에게 아뢴지라 / 조사하여 실증을 얻었으므로 두 사람을 나무에 달고 그 일을 왕 앞에서 궁중 일기에 기록하니라

또 아하수에로가 잠이 오지 않아 왕의 연대기를 신하에게 읽게 하던 중 모르드개의 충성심을 보여 주는 이 사건을 다시 접하게 됩니다.

> 에 6:1-3 그날 밤에 왕이 잠이 오지 아니하므로 명령하여 역대 일기를 가져다가 자기 앞에서 읽히더니 / 그 속에 기록하기를 문을 지키던 왕의 두 내시 빅다나와 데레스가 아하수에로 왕을 암살하려는 음모를 모르드개가 고발하였다 하였는지라 / 왕이 이르되 이 일에 대하여 무슨 존귀와 관작을 모르드개에게 베풀었느냐 하니 측근 신하들이 대답하되 아무것도 베풀지 아니하였나이다 하니라

이 잠 못 이루는 밤을 정점으로 두 주인공 하만과 모르드개의 운명이 반전됩니다. 그전에는 하만이 페르시아의 이인자였는데, 에스더의 마지막을 보면 모르드개가 그 자리를 차지합니다.

이인자 하만 | 에 3:1 그 후에 아하수에로 왕이 아각 사람 함므다다의 아들 하만의 지위를 높이 올려 함께 있는 모든 대신 위에 두니

이인자 모르드개 | 에 10:3 유다인 모르드개가 아하수에로 왕의 다음이 되고 유다인 중에 크게 존경받고 그의 허다한 형제에게 사랑을 받고 그의 백성의 이익을 도모하며 그의 모든 종족을 안위하였더라

그리고 6장 전에는 하만이 모르드개를 비롯한 유다인들을 죽이려고 했었는데, 6장 후에는 유다인들이 하만을 비롯한 대적을 제거하게 됩니다.

유다인의 멸절 위기 | 에 3:5-6 하만이 모르드개가 무릎을 꿇지도 아니하고 절하지도 아니함을 보고 매우 노하더니 / 그들이 모르드개의 민족을 하만에게 알리므로 하만이 모르드개만 죽이는 것이 부족하다고 생각하고 아하수에로의 온 나라에 있는 유다인 곧 모르드개의 민족을 다 멸하고자 하더라라

유다인의 대적 제거 | 에 9:1 아달 월 곧 열두째 달 십삼일은 왕의 어명을 시행하게 된 날이라 유다인의 대적들이 그들을 제거하기를 바랐더니 유다인이 도리어 자기들을 미워하는 자들을 제거하게 된 그날에

이 일을 기념하여 유다인들은 '부림절'을 지키게 됩니다. '부림'(좀 더 정확하게 발음하면 '푸림')은 '부르'의 복수 형태인데요. '제비뽑기하다'라는 뜻입니다. 이러한 이름이 붙여진 이유는 하만의 무리가 유다인들을 죽일 날자를 '부르'를 던져서 받았기 때문이에요.

에 3:7 아하수에로 왕 제십이 년 첫째 달 곧 니산월에 무리가 하만 앞에서 날과 달에 대하여 부르 곧 제비를 뽑아 열두째 달 곧 아달 월을 얻은지라

유다인들은 부림절을 제2의 유월절로 여기고 기뻐합니다. 민족적 구원을 받은 날이니까요. (하지만 신약 시대를 살아가는 우리는 부림절의 진정한 의미를 알고 있습니다. 우리는 예수 그리스도께서 십자가를 통해 민족을 초월한 영적인 해방과 구원을 가져다주셨다는 사실을 기뻐합니다.)

이렇게 에스더도 하나님 나라 이야기에서 중요한 역할을 하고 있습니다. 하나님께서 창세기에서 계속 언약을 맺으며

족장들에게 복을 주시고, 이스라엘 민족만 편애하신 것처럼 보인 이유는 이들이 하나님의 나라 백성이기 때문이었습니다. 먼저 이들에게 복을 주신 후 이들을 통하여 온 열방에 복을 주기를 원하셨던 것이지요.

에스더는 이 땅에 존재하는 '국가'라는 틀을 벗어나는 하나님의 나라를 예상하게 해 줍니다. 그리고 성전과 율법이 다스리는 이스라엘이라는 나라를 벗어나 하나님을 모르는 나라에 거할 때에도, 하나님께서는 여전히 하나님의 백성을 돌보아 주신다는 사실을 잘 보여 줍니다. 이스라엘은 망했지만, 하나님의 나라는 결코 실패하지 않았습니다. 에스더는 한 나라에 국한되지 않는 하나님의 나라를 드러내 주는 신약으로 건너갈 준비를 하게 해 줍니다.

그러나 그 전에 풍성한 하나님의 나라 이야기를 다루는 지혜서와 선지서도 더 살펴보아야 합니다. 다음 이야기는 욥기로부터 시작되는 다섯 권의 지혜서로 이어집니다.

/ 욥기 /

욥기는 고난을 겪는 신자들을 대표하는 욥을 통해 고난의 의미, 그리고 하나님의 공의와 지혜에 대해 묻고 있는 책입니다. 욥기는 크게 네 부분으로 나눌 수 있습니다. 1-2장은 산문체로 되어 있는 프롤로그예요. 등장인물을 소개하지요. 마지막 42장도 산문체로 되어 있는 에필로그예요. 그 가운데 본론은, 3-37장은 욥과 친구들의 대화이고, 38-41장은 하나님께서 나타나셔서 말씀하시는 내용입니다.

욥은 하나님을 경외하는 온전한 사람입니다. 하나님께서는 그의 경건한 삶을 매우 자랑스러워하세요. 그런데 천상의 회의에서 '고발자'라는 이름을 가진 사탄이 이렇게 주장합니다. "욥의 경건함은 그에게 주어진 복 때문이라구요. 욥이 누리는 복을 빼앗으면 욥은 더 이상 신실하지 않을 거예요."

욥 1:9-11 사탄이 여호와께 대답하여 이르되 욥이 어찌 까닭 없이 하나님을 경외하리이까 / 주께서 그와 그의 집과 그의 모든 소유물을 울타리로 두르심 때문이 아니니이까 주께서 그의 손으로 하는 바를 복되게 하사 그의 소유물이 땅에 넘치게 하셨음이니이다 / 이제 주의 손을 펴서 그의 모든 소유물을 치소서 그리하시면 틀림없이 주를 향하여 욕하지 않겠나이까

하나님께서는 이런 사탄의 도전에 어떻게 반응하셨을까요? 이유는 알 수 없지만, 사탄의 도전을 받아들이십니다. 사탄은 하나님의 허락하에 욥의 재물과 자녀를 빼앗고, 건강까지 빼앗습니다.

이 비극적인 소식을 듣고 친구 세 명이 찾아오는데요. 그들이 보기에 욥이 당한 고난이 너무나 끔찍해요. 그들은 7일 동안 말없이 욥과 함께 있어 줍니다. (친구들의 우정이 참 대단합니다. 7일이나 '말없이' 함께 있어 주다니요! 욥기를 읽을 때는 이 친구들의 이름을 기억해야 합니다. 엘리바스, 빌닷, 소발입니다.)

이제 3장부터 시가 시작됩니다. 욥과 친구들이 번갈아 가면서 말해요. '엘리바스-욥, 빌닷-욥, 소발-욥' 이렇게 번갈아 말하는 세트가 세 번 이어져요. (욥기 3-14장, 15-21장, 22-31장 중 마지막 세트에서만 소발의 말이 한 번 빠져 있고 욥의 연설이 이어집니다.) 그리고 엘리후라는 사람이 등장해서 욥과 친구들 모두를 비판하는데요(욥 32-37장). 전체적인 맥락에서는 욥의 친구들

과 비슷한 주장을 합니다.

이들이 논쟁하는 주제는 욥이 고난을 받는 원인입니다. 친구들은 고난은 오직 죄에 대한 하나님의 형벌로 오기 때문에 욥이 당하는 고난은 욥의 죄 때문이고, 따라서 욥의 회개가 필수적이라고 주장합니다.

엘리바스 | 욥 4:7 생각하여 보라 죄 없이 망한 자가 누구인가

빌닷 | 욥 8:4 네 자녀들이 주께 죄를 지었으므로 주께서 그들을 그 죄에 버려두셨나니

소발 | 욥 11:11 하나님은 허망한 사람을 아시나니 악한 일은 상관하지 않으시는 듯하나 다 보시느니라

엘리후 | 욥 34:31-32 그대가 하나님께 아뢰기를 내가 죄를 지었사오니 다시는 범죄하지 아니하겠나이다 / 내가 깨닫지 못하는 것을 내게 가르치소서 내가 악을 행하였으나 다시는 아니하겠나이다 하였는가

친구들의 공격에 욥은 "내가 죄를 지었기 때문은 아니다"라고 하소연하면서 하나님께 고난의 원인을 알려 달라고 간구합니다.

욥 10:2 내가 하나님께 아뢰오리니 나를 정죄하지 마시옵고 무슨 까닭으로 나와 더불어 변론하시는지 내게 알게 하옵소서

하나님께서는 토론이 오래 이어지는 동안 침묵하십니다. 그러다가 드디어 38장에서 등장하셔서 욥의 질문에 답을 해 주십니다. 그런데 욥이 원했던 답은 아니었습니다. 왜냐하면 하나님께서는 고난의 원인에 대한 직접적인 답을 주시는 대신 욥에게 우주의 기원과 질서에 대해 질문을 하시거든요. 아마도 하나님의 완전한 지혜를 가르쳐 주셔도 우리가 그것을 이해할 수 없는 존재이기 때문일 것입니다. (그리고 이것이 처음에 사탄의 도전을 허락하신 것을 우리에게 설명하지 않았던 이유이기도 합니다.)

욥 38:4–5 내가 땅의 기초를 놓을 때에 네가 어디 있었느냐 네가 깨달아 알았거든 말할지니라 / 누가 그것의 도량법을 정하였는지, 누가 그 줄을 그것의 위에 띄웠는지 네가 아느냐

우리는 고난이 닥치면 대부분 고난의 원인이 무엇인지 찾는데 집중해요. 하지만 욥기는 그것에 답을 해 주는 책이 아닙니다. 그러니 욥기에서 그 부분을 억지로 찾으려고 하면 안 됩니다. 억지로 찾으려고 하면 욥이나 욥의 친구들처럼 됩니다. 친구들처럼 내 논리 안에 하나님을 가두거나, 혹은 욥처럼 불평

하게 되거나요.

그러나 분명히 욥기는 '고난'의 문제를 다루고 있습니다. 그리고 고난의 문제에 대한 답을 줍니다. 그것은, "내게 왜 이 고난이 일어났는가?"라는 질문에 대한 답이 아니라, "고난이 올 때 어떤 자세를 가져야 하는가?"라는 질문에 대한 답이에요. 우리는 왜 이 고난이 일어났는지에 대한 완전한 설명을 요구하지만, 하나님의 대답은 그 질문에 집중하지 말고, 하나님의 지혜와 인격을 믿어야 한다는 것입니다.

이 질문과 답은, 우리를 욥기의 또 다른 중요한 주제로 이끕니다. "과연 누가 가장 지혜로운가?" 하는 주제입니다. 욥의 친구들은 고난의 원인에 집중했습니다. 그들의 답은 '인과응보'의 원칙을 따른 것이었습니다. "죄를 지으면 고난을 받는다"라는 원칙인데요. 욥의 친구들은 이 명제를 거꾸로 뒤집습니다. "고난을 겪고 있다면 그것은 죄를 지었기 때문이다."

이들의 주장은 자신들의 지혜를 내세우는 것이었습니다. 자신들이 지혜로워서, 하나님이 어떻게 통치해야 하는지도 자신들이 알 수 있다는 교만이었던 것이에요. 하나님께서는 이들의 주장이 옳지 않다고 하십니다.

욥 42:7 여호와께서 욥에게 이 말씀을 하신 후에 여호와께서 데만 사람 엘리바스에게 이르시되 내가 너와 네 두 친구에게 노하나니 이는 너희가 나를 가리켜 말한 것이 내 종 욥의 말같이 옳지 못함이니라 우리는 죄를 지으면 바로바로 벌을 받고, 의를 행하면 바로바로 상을 받는 게 옳다고 생각해요. 그러나 엄격한 정의를 따라 세상을 통치하는 것은 그렇게 간단한 문제가 아닙니다. 그래서 그 문제는 놀라운 지혜로 세상을 창조하셨고, 그리고 다스리고 계시는 하나님께 맡겨야 합니다. 우리에게 필요한 자세는 하나님의 섭리를 믿는 신뢰입니다. 왜냐하면 하나님께서 가장 지혜로운 분이시기 때문입니다.

이렇게 욥기를 읽으면 고난에 대해, 그리고 하나님의 지혜에 대해, 나아가서 하나님 앞에서의 경건에 대해서도 생각해 보게 됩니다. 욥기 처음을 보면 하나님께서 욥을 다음과 같이 자랑하세요.

욥 1:8 여호와께서 사탄에게 이르시되 네가 내 종 욥을 주의하여 보았느냐 그와 같이 온전하고 정직하여 하나님을 경외하며 악에서 떠난 자는 세상에 없느니라

'온전하고 정직하여 하나님을 경외하며 악에서 떠난 자'는 어떤 모습일까요? 욥은 정말 멋진 모습을 많이 보여 주었어요.

자녀들이 죽었다는 소식을 들었을 때 | 욥 1:21-22 이르되 내가 모태에서 알몸으로 나왔사온즉 또한 알몸이 그리로 돌아가올지라 주신 이도 여호와시요 거두신 이도 여호와시오니 여호와의 이름이 찬송을 받

으실지니이다 하고 / 이 모든 일에 욥이 범죄하지 아니하고 하나님을 향하여 원망하지 아니하니라

종기가 나서 괴로워할 때 아내가 하나님을 욕하고 죽으라고 하자 | 욥 2:10 그가 이르되 그대의 말이 한 어리석은 여자의 말 같도다 우리가 하나님께 복을 받았은즉 화도 받지 아니하겠느냐 하고 이 모든 일에 욥이 입술로 범죄하지 아니하니라라

하지만 욥도 친구들과 대화하면서 점점 다양하게 반응합니다. 때로는 세상의 부조리를 한탄하고, 때로는 하나님이 고난을 주셨다고 원망도 하고, 때로는 하나님께 직접 따지기도 해요. 어떤 때는 이렇게 말해도 되나 싶을 정도로 심하게 자신의 출생을 저주하기도 해요.

세상의 부조리 한탄 | 욥 21:7 어찌하여 악인이 생존하고 장수하며 세력이 강하냐

하나님이 고난을 주셨음을 원망

욥 7:11 그런즉 내가 내 입을 금하지 아니하고 내 영혼의 아픔 때문에 말하며 내 마음의 괴로움 때문에 불평하리이다

욥 30:19 하나님이 나를 진흙 가운데 던지셨고 나를 티끌과 재 같게 하셨구나

자신의 출생 저주

욥 3:1–4 그 후에 욥이 입을 열어 자기의 생일을 저주하니라 / 욥이 입을 열어 이르되 / 내가 난 날이 멸망하였더라면, 사내 아이를 배었다 하던 그 밤도 그러하였더라면, / 그날이 캄캄하였더라면, 하나님이 위에서 돌아보지 않으셨더라면, 빛도 그날을 비추지 않았더라면,

욥 3:11–13 어찌하여 내가 태에서 죽어 나오지 아니하였던가 어찌하여 내 어머니가 해산할 때에 내가 숨지지 아니하였던가 / 어찌하여 무릎이 나를 받았던가 어찌하여 내가 젖을 빨았던가 / 그렇지 아니하였던들 이제는 내가 평안히 누워서 자고 쉬었을 것이니

그런데 놀라운 점은, 하나님께서 하나님이 옳다고 주장한 친구들보다 하나님을 원망한 욥이 더 옳았다고 선언해 주셨다는 것입니다. "너희가 나를 가리켜 말한 것이 내 종 욥의 말같이 옳지 못함이니라."

아마도 그 이유는 욥이 하나님과 더 인격적인 관계 안에 있었기 때문일 것입니다. 욥의 친구들은 하나님을 자신들의 지혜에 가두었어요. 그리고 하나님을 전적으로 삼인칭으로 말했어요. 하나님에 '관해' 말한 것이죠. 하지만 욥은 개인적으로 하나님'께' 말했어요. 하나님을 원망하기도 했지만, 그 마음을 하나님 앞에 토로하는 정직함이 있었어요.

드디어 욥기의 에필로그에서 욥에 대한 하나님의 평가("온전하고 정직하여 하나님을 경외하며 악에서 떠난 자")가 증명됩니다.

하나님께서는 욥의 친구들에 대한 용서를 욥에게 맡기십니다.

> 욥 42:9-10 그래서 데만 사람 엘리바스와 수아 사람 빌닷과 나아마 사람 소발이 가서, 주님께서 그들에게 말씀하신 대로 하니, 주님께서 욥의 기도를 들어주셨다. / 욥이 주님께, 자기 친구들을 용서해 달라고 기도를 드리고 난 다음에, 주님께서 욥의 재산을 회복시켜 주셨는데, 욥이 이전에 가졌던 모든 것보다 배나 더 돌려주셨다.– 새번역

욥은 자신을 힘들게 만들었던 친구들을 용서해 달라고 기도합니다. 하나님께서는 그 기도에 응답해 주시고, 또 욥에게도 복을 내려 주십니다. 이러한 욥의 마지막 모습은, 욥보다 더 큰 고통을 겪으면서도 대적들을 위해 기도하신 예수님의 모습을 떠올리게 합니다.

> 눅 23:34 이에 예수께서 이르시되 아버지 저들을 사하여 주옵소서 자기들이 하는 것을 알지 못함이니이다 하시더라

/ 시편 /

두 번째 지혜서/시가서인 시편은 150편의 시 모음집입니다. 단순한 시가 아니고 찬송가 가사로 사용된 시입니다. 그래서 오늘날에도 시편 말씀을 그대로 부르는 찬송들이 많이 있어요. 그러니까 시편을 읽을 때에는 찬송으로 부르면서 묵상하는 것이 좋습니다.

특별히, 이 시들이 예배 때에 하나님께 드려진 찬송가의 가사였다는 사실을 기억해야 합니다. 시편은 모세의 시편부터 포로기 이후의 시편까지 약 1,000여 년간의 찬송들이 쌓이고 쌓인 책입니다. 각각의 시를 어떤 배경에서 지었는지를 아는 것도 의미 있는 일입니다만, 더 중요한 것은 이스라엘 백성이 시편의 모든 시들을 세대를 거쳐 공적으로, 보편적으로 불렀다는 점입니다.

(예를 들어, 우리는 송명희 시인이 가사를 쓴 〈나〉라는 찬양을 좋아

하지요. 그녀는 뇌성마비에 걸렸고 가난한 삶을 살았지만, 하나님을 인격적으로 만나고 난 뒤 "공평하신 하나님이 나 남이 가진 것 나 없지만, 공평하신 하나님이 나 남이 없는 것 갖게 하셨네"라는 가사를 썼습니다. 이 사연을 알고 이 찬양을 부르면, 훨씬 더 큰 감동을 받지요. 하지만 모르더라도 이 찬양 가사에는 여전히 감동이 있습니다. 세대를 초월해서 우리 모두의 삶에 적용되는 내용이기 때문이지요.)

시편에는 참으로 다양한 내용이 포함되어 있어요. 자신의 처지를 탄식하는 시도 있고, 원수를 갚아 달라고 간청하는 시도 있고, 하나님을 찬양하는 시도 있어요. 150편이나 되는 시를 모아 놓았으니 당연하겠지요.

성경을 보면 이 시편이 5권으로 나뉘어 있어요. '제일 권', '제이 권' 이렇게요. 각 권이 끝날 때마다 "여호와를 송축할지로다 아멘 아멘"과 같은 송영이 나오고요. (많은 분들이 모세 오경이 5권이라 시편도 5권으로 구성되어 있다고 주장합니다.) 그런데 각 권이 어떤 내용으로 묶여 있고 서로 어떻게 연결되는지에 대해서는 의견이 분분합니다. 단지 찬송집이기 때문에 통일된 구조가 없고 그저 개별적인 시들을 나누어 모은 것이라고도 하고, 치밀한 구성에 따라 배열되었다고도 합니다.

여기서는 각 권의 특징만 간단하게 알아보겠습니다.[7]

제1권(시 1-41편)은 대부분 다윗과 관련된 시편입니다. 고통스러운 상황 속에서 부르짖는 기도가 많습니다. 유일한 구원자 하나님의 도우심을 구하지요. 특별히 1편과 2편은 전체 시편의 서론입니다. 1편의 첫 구절인 '복 있는 사람은'과 2편의 마지막 구절인 '복이 있도다'가 원어로는 같은 단어입니다. 시편은 복 있는 사람이 누구인지 알려 준다고 할 수 있습니다. 1편은 율법을 강조하고 2편은 메시아를 강조합니다. 복 있는 사람은 하나님의 말씀에 순종하는 사람이고, 참된 복은 메시아를 통해 주어질 것입니다.

제2권(시 42-72편)의 전반부는 고라 자손의 시(시 42-49편)와 아삽의 시(시 50편)입니다. 탄식의 시들로 시작해서, 45편에서 다윗 왕조의 형성을 묘사한 뒤에는 왕 되신 하나님의 통치를 찬양하는 시들이 많습니다. 후반부는 다윗의 참회시(시 51편)로 시작하여 하나님의 구원을 간구하는 내용으로 이어집니다. 주로 다윗이 왕이 되기 전 사울에게 쫓기던 상황을 배경으로 합니다. 2권의 마지막 시인 72편은 '솔로몬의 시'라고 표제가 붙어 있지만, 마지막 구절은 "이새의 아들 다윗의 기도가 끝나니라"입니다. 솔로몬의 기도일 수도 있고 다윗이 아들을 위해 한 기도일 수도 있습니다. 어느 쪽이든 이상적인 왕의 모습으로 그리스도를 내다보며 2권을 마칩니다.

제3권(시 73-89편)은 아삽의 시(시 73-83편)와 고라 자손의 시(시 84-85, 87-88편), 다윗의 시(시 86편), 에스라 사람 에단의 시(시 89편)로 이루어져 있습니다. 아삽은 찬양대의 우두머리입니다. "또 레위 사람을 세워 여호와의 궤 앞에서 섬기며 이스라엘 하나님 여호와를 칭송하고 감사하며 찬양하게 하였으니 아삽은 우두머리요"(대상 16:4-5). 고라 자손은 레위의 자손 중에서 모세에게 반역했던 고라의 후손들입니다.

3권은 대체로 분위기가 어둡습니다. 나라가 망한 것을 묘사하며 비참한 현실을 토로하고 구원을 간구하는 시가 많습니다. 그래서인지 3권의 마지막인 89편은 독특한 구조입니다. 대부분의 시들이 긍정적으로 전환하여 끝나는 것과 달리 "주께서 주의 기름 부음받은 자에게 노하사 물리치셔서 버리셨으며"(시 89:38) 그래서 "많은 민족의 비방이"(시 89:50) 있는 상황에서 마칩니다. 이 시편의 응답은 4권에서 찾아야 합니다.

제4권(시 90-106편)을 시작하는 90편은 3권에서 제기된 문제들에 대한 반응으로 볼 수 있습니다. "주여 주는 대대에 우리의 거처가 되셨나이다"(시 90:1)라는 고백은 3권의 탄원에 대한 응답입니다. 4권에서는 오래전부터 하나님의 백성을 위해 일해 오신 하나님과 지금도 통치하시는 왕 되신 하나님을 찬양하는 시들이 많습니다.

99편까지는 하나님의 왕권에 초점을 맞추는 내용으로, "여호와께서 다스리시니"라는 표현을 써서 하나님의 우주적 통치를 강조합니다. 100편부터는 감사와 찬송의 시들이 많습니다. 4권의 마지막 시인 106편은 끊임없이 범죄하는 이스라엘의 역사를 회고합니다. 이스라엘은 죄악 때문에 이방 나라의 손에 넘겨지게 되었습니다. 그러나 소망의 간구로 시편을 마칩니다. "여호와 우리 하나님이여 우리를 구원하사 여러 나라로

부터 모으시고"(시 106:47).

제5권(시 107-150편)을 시작하는 107편은 106편에 응답하여 이렇게 시작합니다. "여호와께서 대적의 손에서 그들을 속량하사 동서 남북 각 지방에서부터 모으셨도다"(시 107:2-3).

5권은 다윗의 시(시 108-110편), 할렐루야로 시작하거나 마치는 시(시 111-118편), 율법의 가치를 찬양하고 율법대로 살기로 결단하는 시(시 119편), 성전에 올라가는 노래(시 120-134편), 그리고 이스라엘의 역사를 회고하는 시(시 135-137편)와 다시 다윗의 시(시 138-145편)로 구성되어 있습니다. 그리고 5권과 시편 전체는 다섯 편의 할렐루야 시편(시 146-150편)으로 끝맺습니다. 이 시들은 할렐루야로 시작해서 할렐루야로 마칩니다.

시편 전체의 주제과 관련하여 몇 가지 특징을 기억하시면 좋습니다. 첫째, 1편과 2편은 전체의 서론이자 시편 전체의 주제가 함축되어 있습니다. 율법과 메시아를 강조합니다. 누가 복 있는 사람인가? 바로 율법에 순종하는 사람입니다. 누가 참된 왕인가? 바로 하나님이시면서 동시에 메시아로 오시는 그분이십니다. 이 주제는 시편 전체에 흐르는 질문이자 답입니다.

둘째, 대찬양이라고 부르는 할렐루야 시편 146-150편은 전체의 결론이자, 역시 주제가 함축되어 있습니다. 시편은 전체적으로 초반에는 탄식시가 많이 나옵니다. 그런데 후반으로 갈수록 찬양시가 많아집니다. 그리고 결론 부분에는 오직 찬양시만 나와요. 그러니까 말씀에 순종하는 사람들, 그리고 메시아를 의지하는 사람들의 슬픔이 변하여 기쁨이 되는 소망이 시편의 흐름입니다.

셋째, 시편의 화자는 양면성을 지니고 있습니다. 시편은 한편으로는 인간의 말입니다. 하나님께 드리는 찬양이자 기도입니다. 그래서 기쁨, 슬픔, 감사, 탄식 등 인간의 다양한 반응이 드러나고 있습니다. 그러나 다른 한편으로는 그리스도 안에서 성취된 하나님의 말씀입니다. 예를 들면, 사도행전을 보면 베드로 사도가 오순절에 시편 16편을 본문으로 설교를 해요.

> **행 2:25-27** 다윗이 그를 가리켜 이르되 내가 항상 내 앞에 계신 주를 뵈었음이여 나로 요동하지 않게 하기 위하여 그가 내 우편에 계시도다 / 그러므로 내 마음이 기뻐하였고 내 혀도 즐거워하였으며 육체도 희망에 거하리니 / 이는 내 영혼을 음부에 버리지 아니하시며 주의 거룩한 자로 썩음을 당하지 않게 하실 것임이로다

> **시 16:8-10** 내가 여호와를 항상 내 앞에 모심이여 그가 나의 오른쪽에 계시므로 내가 흔들리지 아니하리로다 / 이러므로 나의 마음이 기쁘고 나의 영도 즐거워하며 내 육체도 안전히 살리니 / 이는 주께서 내 영혼을 스올에 버리지 아니하시며 주의 거룩한 자를 멸망시키지 않으실 것임이니이다

이 시는 다윗이 지은 시입니다. 그러니까 여기서 '나'는 다윗이겠지요. 그런데 베드로는 이 시편의 '나'가 사실은 그리스도라고 밝힙니다.

> **행 2:30-31** 그는 선지자라 하나님이 이미 맹세하사 그 자손 중에서 한 사람을 그 위에 앉게 하리라 하심을 알고 / 미리 본 고로 그리스도의 부활을 말하되

베드로 사도가 설명하듯이, 다윗은 선지자여서 하나님의 말씀을 받아 노래한 것이기 때문에 다윗이 '내가'라고 표현한 것은 '그[그리스도]를 가리켜' 한 말이었던 것입니다. (뒤에 나오는 선지서에서도, 선지자들이 종종 하나님과 자신을 구분하지 않고 하나님의 명령을 선포하기도 합니다.)

요약하자면, 시편을 읽을 때는 묵상보다는 노래로 부르시면 좋습니다. 그리고 시편 1편, 2편과 150편의 틀 사이에서, 슬픔에서 기쁨으로의 여정이라는 큰 주제를 생각하고 읽으세요. 시편은 인간의 말이기도 하면서 하나님의 말씀이기도 하므로 시편을 읽으며 기도하셔도 좋습니다. 시편으로 우리의 심정을 충분히 토로할 수 있습니다. 동시에 하나님의 말씀도 들을 수 있습니다. 그러는 사이, 우리의 마음이 하나님의 마음과 합해지는 지점을 발견하게 될 것입니다.

/ 잠언 /

세 번째 지혜서/시가서인 잠언의 기록 목적은, 잠언 전체의 서론인 1:1-7에 잘 나와 있습니다.

> 잠 1:2-3 이는 지혜와 훈계를 알게 하며 명철의 말씀을 깨닫게 하며 / 지혜롭게, 공의롭게, 정의롭게, 정직하게 행할 일에 대하여 훈계를 받게 하며

잠언은 지혜롭고, 공의롭고, 정의롭고, 정직하게, 그렇게 가치 있는 인생을 살고 싶은 사람들을 위한 책입니다. 일반적으로는 잠언이 지혜에 관한 책이라고 알려져 있는데요. 그런데 기록 목적을 보니 우리가 생각하는 지혜의 개념과 조금 다른 것 같지 않나요? 우리는 자신에게 유익이 되는, 더 효과적인 선택을 하는 능력을 지혜라고 생각해요. 그런데 이 서론에서는 지

혜가 공의, 정의, 정직과 병행되고 있어요.

왜냐하면 성경이 말하는 참된 지혜는 여호와 하나님으로부터 나오며, 그렇기에 참된 지혜 안에는 하나님의 성품이 담겨 있기 때문입니다. (하나님 나라의 핵심 가치인 공의와 정의가 겹쳐 보이지요?)

잠 1:7 여호와를 경외하는 것이 지식의 근본이거늘 미련한 자는 지혜와 훈계를 멸시하느니라

이렇게 잠언에서의 지혜는 여호와 하나님을 경외하는 것으로 정의됩니다. 그러니 이 지혜는 당연히 나만을 위한 지혜가 아니라 공의롭고, 정의롭고, 정직한 지혜이겠지요.

(자녀들이 좀 더 지혜로워질 것을 기대하고 잠언을 읽어 주는 부모님들이 있는데요. 참 좋은 방법입니다. 그러나 잠언에서 말하는 지혜는 학교 성적을 올리는 지혜가 아닙니다. 성적과 상관없이 더 공의롭고, 정의롭고, 정직하게 만드는 지혜라고 할 수 있습니다.)

잠언은 크게 세 부분으로 나눌 수 있습니다. 서론을 지나 1:8-9:18에는 아버지의 목소리로 들려주는 지혜와 '지혜'라고 불리는 여인의 말이 담겨 있습니다. 이 교훈들은 지혜를 추구하라고 강력하게 권고하면서, 지혜로 인한 유익과 미련함에 따르는 위험을 이야기합니다.

10:1-22:16은 솔로몬의 잠언들입니다. 이 부분은 한 절로

이루어졌고, 생명의 길과 죽음의 길을 대조합니다. 부와 가난, 말, 게으름, 권위, 성, 가족 관계, 술, 자기 절제, 미래 계획, 뇌물 등 다양한 주제를 다루지요.

22:17-31장은 여러 저자의 잠언 모음집입니다. '지혜 있는 자'(잠 22:17-24:34), '아굴'(잠 30장), '르무엘'(잠 31:1-9), 그리고 솔로몬의 잠언 중에서 히스기야 시대에 수집한 것들(잠 25:1-29:27)이 모여 있습니다.

잠언이란 짧은 격언, 교훈, 훈계 등을 뜻하는데요. 잠언서를 잘 이해하기 위해서는 두 가지 기준을 잘 기억하고 적용해야 합니다. (한자로 잠언[箴言]은 '경계하는 말'이라는 뜻입니다. '경계'는 '옳지 않은 일이나 잘못된 일들을 하지 않도록 타일러서 주의하게 함'이라는 의미이지요.)

첫째로 잠언서에는 격언과 교훈, 훈계라는 종류의 잠언이 나옵니다.[8] '격언'은 사회에서 일어나는 일을 관찰한 결과를 기록한 것이기에 그것 자체가 교훈은 아닙니다. 예를 들면, "부자의 재물은 그의 견고한 성이요 가난한 자의 궁핍은 그의 멸망이니라"(잠 10:15)는 말씀이 격언입니다. 이 격언에서 교훈을 얻으려면 그 주제와 관련된 잠언서의 다른 말씀들을 살펴야 합니다. 즉 격언은 간접적으로 가르침을 주는 문구입니다.

'교훈'은 직접적인 메시지를 전달하는 표현 방식입니다. 예를 들면, "손을 게으르게 놀리는 자는 가난하게 되고 손이 부지런한 자는 부하게 되느니라"(잠 10:4)와 같은 잠언입니다. 하지만 이러한 상벌은 약속되거나 보증된 것이 아니며, 다만 다른 요인들이 동일할 때 기대되는 결과일 뿐입니다. 어떠한 상황에서도 반드시 이루어지리라고는 기대할 수 없습니다.

'훈계'는 항상 따라야 하는 명령입니다. "너의 행사를 여호와께 맡기라"(잠 16:3)와 같은 명령은 상황에 관계없이 따라야 합니다.

잠언을 잘 이해하기 위한 두 번째 기준은 문맥에 비추어 해석해야 한다는 것입니다. 그런데 10장 이후부터는 대부분 한 절로 되어 있는, 그 자체로 독립적인 문장이라서 문맥이 없어요. 그래서 해석하기 어려울 때가 있습니다. 그럴 때는 잠언서 전체와 성경 전체의 내용을 고려하여 해석하는 것이 좋습니다. 예를 들어 볼게요.

잠 14:20 가난한 자는 이웃에게도 미움을 받게 되나 부요한 자는 친구가 많으니라

잠언 전체의 문맥 속에서 이 문장을 해석하려면 먼저 잠언에서 '가난'을 어떻게 바라보는지 확인해야 합니다. 두 가지 관점을 볼 수 있는데요. 첫째는, 게으름 때문에 가난해지는 것을 비판하는 관점입니다.

잠 6:9–11 게으른 자여 네가 어느 때까지 누워 있겠느냐 네가 어느

때에 잠이 깨어 일어나겠느냐 / 좀더 자자, 좀더 졸자, 손을 모으고 좀더 누워 있자 하면 / 네 빈궁이 강도같이 오며 네 곤핍이 군사같이 이르리라

둘째는, 가난한 이들을 도와야 한다는 관점입니다. 가난한 자의 사정을 알아주는 사람을 의인이라고 하고, 가난한 자를 여호와 하나님과 동일시하곤 합니다. 이런 말씀들은 부지런히 일해도 어쩔 수 없이 가난하게 되는 상황들이 있음을 염두에 두고, 가난한 이들을 도와야 할 책임을 우리에게 말하고 있는 것입니다.

잠 19:17 가난한 자를 불쌍히 여기는 것은 여호와께 꾸어 드리는 것이니 그의 선행을 그에게 갚아 주시리라

이제 잠언의 문맥을 넘어 성경 전체의 문맥도 염두에 두면서 해석해 봅시다. 가장 훌륭한 기준은 '예수님이라면 어떻게 하셨을까'라는 질문입니다. 예수님이야말로 지혜의 근본이며, 하나님의 지혜가 어떻게 드러나는지를 우리에게 보여 주신 분이기 때문입니다.

고전 1:24 오직 부르심을 받은 자들에게는 유대인이나 헬라인이나 그리스도는 하나님의 능력이요 하나님의 지혜니라

고전 1:30 예수는 하나님으로부터 나와서 우리에게 지혜와 의로움과 거룩함과 구원함이 되셨으니

골 2:3 그 안에는 지혜와 지식의 모든 보화가 감추어져 있느니라

지혜이신 예수님이 가난한 이들을 어떻게 대했는지 보세요.

눅 4:18 주의 성령이 내게 임하셨으니 이는 가난한 자에게 복음을 전하게 하시려고 내게 기름을 부으시고

눅 6:20 예수께서 눈을 들어 제자들을 보시고 이르시되 너희 가난한 자는 복이 있나니 하나님의 나라가 너희 것임이요

이렇게 잠언 전체와 성경 전체, 특히 예수님의 어떠하심에 비추어 보니까요. 지금 살펴보는 잠언 14:20은 교훈이나 훈계가 아닌 격언이므로, 첫 번째 기준에서 살펴보았듯이 간접적인 가르침을 줍니다. 우리가 세상 사람들처럼 부요한 이들의 친구가 되려고 하는지, 아니면 참된 지혜이신 예수님처럼 가난한 이들의 친구가 되려고 하는지 생각해 보라는 것입니다.

잠언을 읽으면서 예수님이 행하신 일들을 떠올리고, 복음서를 읽으면서 잠언의 구절들을 묵상해 보세요. 그러다 보면 정의롭고, 공의롭고, 정직하며, 지혜롭게 자라 가게 될 것입니다.

/ 전도서 /

하나님 나라 백성을 그 나라 백성답게 살아가도록 인도해 주는 지혜서/시가서의 네 번째 책은 전도서입니다. 전도서를 우리말로 풀이하면 '도를 전하는 책'이라는 뜻입니다. 영어 제목인 ecclesiastes는 교회를 뜻하는 '에클레시아'의 한 구성원을 가리킵니다. '교회 회중의 한 사람'이 책 제목이라고 할 수 있습니다. 성경이 기록된 히브리어 성경에서는 전도서를 '코헬렛'이라고 합니다. 우리말 성경에 '전도자'라고 번역된 단어가 '코헬렛'입니다. 정확한 의미를 밝히기는 어렵지만, 이 단어가 '소집하다', '불러 모으다'라는 뜻의 단어와 관련이 있으므로 집회와 연관이 있으리라고 추측됩니다. 아마도 '코헬렛'은 교회 회중 가운데서 가르치는 사람을 지칭하는 단어였을 것입니다.

전도서는 액자 구조로 이루어졌습니다. 1:12-12:7을 전도

자라는 인물이 1인칭으로 기록합니다. 이 부분에서는 "나 전도자는 보았다"라는 형식의 문구가 사용됩니다. 이 부분을 감싸고 있는 서론(전 1:1-11)과 결론(전 12:8-14)은 또 다른 저자가 3인칭으로 기록한 것입니다. 여기서는 "전도자가 이렇게 말했다"라고 합니다.[9]

혹은 서론을 1:1로 한정하고, 결론을 12:9-14로 보기도 합니다. 이렇게 구분하면 본론이 동일한 문장으로 시작하고 끝맺는 구조가 됩니다.[10]

> **전 1:2** 전도자가 이르되 헛되고 헛되며 헛되고 헛되니 모든 것이 헛되도다

> **전 12:8** 전도자가 이르되 헛되고 헛되도다 모든 것이 헛되도다

전도서의 메시지는 액자 안과 밖에서 각각 찾아볼 수 있습니다. 액자 밖의 저자는 자신의 아들에게 전도자의 말을 소개하고, 그 메시지에 대해 평가합니다. 액자 안의 내용은, 어떤 부분에서는 이 땅의 타락한 비극적인 현실을 있는 그대로 보여주기도 하고, 어떤 부분에서는 인생의 올바른 방향을 제시하기도 합니다. 그래서 액자 안에서 해석하기 어려운 부분은, 액자 밖의 또 다른 화자, 그리고 성경 전체의 문맥에 비추어 보아야 합니다.

먼저 액자 안에서 강조하는 메시지를 살펴보겠습니다. 참고로, 전도서는 잠언과 비교해서 읽을 때 그 메시지를 더 뚜렷하게 볼 수 있습니다. 두 책의 내용을 비교하기에 적합한 논어의 한 문장을 소개합니다.[11]

> "부귀는 사람들이 바라는 것이지만, 정당한 방법으로 되는 것이 아니라면 취하지 말아야 한다. 빈천은 사람들이 싫어하는 것이지만, 정당한 방법으로 되는 것이 아니라면 벗어나지 말아야 한다. 나라의 모든 일이 잘 되어 가고 있는데도 가난하고 천한 것은 부끄러운 일이요. 나라의 모든 일이 잘 되어 가고 있지 못한데도 부귀를 누린다면 부끄러운 일이다."

나라의 모든 일이 잘 되어 가고 있다면 가난한 것이 부끄러운 일이랍니다. 이때에는 오직 자신의 게으름만이 가난의 원인이 되기 때문입니다. 반대로, 모든 일이 잘 되어 가고 있지 못한데도 부귀를 누린다면 부끄러운 일이랍니다. 이때는 근면 성실하게 일해도 부유해질 수 없는 구조인데 혼자만 잘 산다면 부정하거나 정당하지 못한 방식으로 부를 축적했을 것이 틀림없기 때문입니다.

잠언과 전도서는 서로 다른 현실을 반영합니다. 잠언에는 주로 '나라의 모든 일이 잘 되어 가고 있을 때'를 반영한 격언들이 나오고, 전도서는 그 반대입니다. (물론 우리의 삶은 대부분이러한 현실들이 뒤섞인 공간에서 펼쳐지기 때문에 양자택일의 문제는 아닙니다.)

액자 안의 전도자는 '헛되다'라는 말을 계속해서 반복합니다. 쾌락, 일, 지혜, 권력, 부 등 어디에서도 인생의 의미를 찾지 못하고, 모든 것이 헛되다고 결론 내려요. 때로는 수고하고 애를 써도 그 결과를 얻지 못하는 상황 때문이기도 하고, 악인들은 형통하고 의인들은 그렇지 못한 현실 때문이기도 합니다.

> 전 2:21-23 어떤 사람은 그 지혜와 지식과 재주를 다하여 수고하였어도 그가 얻은 것을 수고하지 아니한 자에게 그의 몫으로 넘겨 주리니 이것도 헛된 것이며 큰 악이로다 / 사람이 해 아래에서 행하는 모든 수고와 마음에 애쓰는 것이 무슨 소득이 있으랴 / 일평생에 근심하며 수고하는 것이 슬픔뿐이라 그의 마음이 밤에도 쉬지 못하나니 이것도 헛되도다

> 전 8:14 세상에서 행해지는 헛된 일이 있나니 곧 악인들의 행위에 따라 벌을 받는 의인들도 있고 의인들의 행위에 따라 상을 받는 악인들도 있다는 것이라 내가 이르노니 이것도 헛되도다

그래서 액자 속의 전도자가 찾은 삶의 진정한 의미는 '카르페 디엠!'입니다. "현재를 잡아라!" 즉 지금을 누리는 것입니다. 먹고 마시는 것 같은 소소한 즐거움을 누리는 것이에요. (요즘

에 유행하는 '소확행', '워라벨' 등과 같은 맥락이라고 볼 수도 있습니다.)

전 2:24 사람이 먹고 마시며 수고하는 것보다 그의 마음을 더 기쁘게 하는 것은 없나니 내가 이것도 본즉 하나님의 손에서 나오는 것이로다

전 3:13 사람마다 먹고 마시는 것과 수고함으로 낙을 누리는 그것이 하나님의 선물인 줄도 또한 알았도다

이제 액자 밖의 목소리를 들어 보겠습니다. 이 화자는 여기서 한 발 더 나아갑니다. 이렇게 현재를 누리는 것조차 허무하다고 해요.

전 1:2–3 전도자가 이르되 헛되고 헛되며 헛되고 헛되니 모든 것이 헛되도다 / 해 아래에서 수고하는 모든 수고가 사람에게 무엇이 유익한가

그럼 아무런 소망이 없는 것일까요? 아닙니다. '해 아래'에는 소망이 없으니 '해 위'를 바라보면 됩니다. 해 위에는 바로 하나님이 계시지요.

전 5:2 하나님은 하늘에 계시고 너는 땅에 있음이니라

그러고 보니 액자 안에 나오는 전도자의 지혜는 모두 하늘 아래를 연구한 것이었어요. 그는 하늘 아래의 그 어떤 것도, 아무리 최선을 다해 연구해도, 참된 지혜가 될 수 없음을 암시합니다.

전 1:13 마음을 다하며 지혜를 써서 하늘 아래에서 행하는 모든 일을 연구하며 살핀즉

그래서 액자 밖의 화자는 이렇게 결론을 내립니다.

전 12:13 일의 결국을 다 들었으니 하나님을 경외하고 그의 명령들을 지킬지어다 이것이 모든 사람의 본분이니라

잠언에 나오듯이, 여호와 하나님을 경외하는 것이 참된 지혜의 근본입니다. 하나님을 경외하라는 것은 참된 지혜로 우리의 시선을 돌리라는 뜻입니다. 거기에 참된 행복, 참된 소망이 있기 때문입니다.

이렇게 하나님께만 참된 소망이 있는 이유가 신약으로 넘어가면 좀 더 구체적으로 밝혀지는데요. 전도서에서 말하는, 삶이 헛된 가장 강력한 이유 중의 하나는 죽음입니다. 예를 들

어, 지혜자가 우매한 자보다 나을 수 있지만, 결국은 모두 똑같이 죽기 때문에 지혜자가 되는 것도 헛되다고 해요.

전 2:16 오호라 지혜자의 죽음이 우매자의 죽음과 일반이로다

열심히 일하고, 부유함을 쌓아도, 그것을 충분히 누리기 전에 죽음을 맞게 되는 것이 우리의 현실입니다. 그러므로 액자 안의 메시지는 이렇게 요약할 수 있어요. "인생은 헛되다. 모든 인생은 결국 죽기 때문이다."

그 누구도 죽음을 피할 수 없는 우리 인간에게 예수님이 참된 소망을 보여 주셨습니다. 예수님은 십자가에서 죽음을 경험하셨지만 부활하셔서 죽음을 이기셨습니다. 바울이 그리스도의 부활과 우리의 부활을 설명하면서 내린 결론을 보세요.

고전 15:58 그러므로 내 사랑하는 형제들아 견실하며 흔들리지 말고 항상 주의 일에 더욱 힘쓰는 자들이 되라 이는 너희 수고가 주 안에서 헛되지 않은 줄 앎이라

죽음을 이긴 부활 소망은 우리의 삶과 수고가 더 이상 헛되지 않게 해 줍니다. 이 땅에서 수고의 결실을 거두지 못할지라도 영원한 삶 안에서 그 수고는 그 자체로 가치 있는 일로 판명이 될 것입니다.

이스라엘 당시에도, 또 지금 21세기의 현실에서도 세상은 언제나 공정과 불의가 뒤섞여 돌아갑니다. 잠언과 전도서를 함께 읽으면, 세상이 공정하여 우리가 평안할 때에도, 또 불공정하여 억울하고 괴로울 때에도 하나님 안에서 참된 소망을 발견할 수 있습니다.

/ 아가 /

'아가'는 하나님의 백성에게 삶의 지혜를 전해 주는 지혜서/시가서의 마지막 다섯 번째 이야기입니다. 한자로 맑고 아름다울 '아'(雅), 노래 '가'(歌)입니다. 히브리 성경이나 영어 성경은 대부분 '노래들 중의 노래'라고 부릅니다. 얼마나 아름다운 노래이면 '노래들 중의 노래이다'라고 책 이름을 지었을까요?

아가서의 아름다움을 잘 이해하기 위해서는 두 가지 관점을 동시에 가지고 읽어야 합니다. 첫째는 이 노래가 남녀 간의 사랑 노래이고, 둘째는 예수님과 우리의 사랑 노래라는 것입니다.

먼저 아가서는 연인, 그리고 마침내 부부 사이가 된 남녀의 사랑 노래입니다. 서로의 사랑 고백이 아주 아름답습니다. 또 육체에 대한 묘사도 많고요. 현실 남녀의 갈등과 회복의 과정도 잘 드러나 있습니다. 남녀 관계에는 위기와 갈등이 있기 마련입니다. 다른 세계를 살던 타인이 만나 하나가 되는 일은 쉽지가 않지요. 예를 들어, 아가서의 저자는 포도원을 허무는 여우를 잡아야 한다고 노래합니다. 여기서 여우의 정체가 무엇인지는 알기 어렵지만, 놓아두면 포도원을 허무는 것만은 분명합니다.

아 2:15 우리를 위하여 여우 곧 포도원을 허는 작은 여우를 잡으라 우리의 포도원에 꽃이 피었음이라

남녀 간의 불화의 모습도 그리고 있습니다. 이미 잠자리에 누운 여인과 늦은 밤에 찾아온 남성의 마음이 엇갈립니다. 여인은 다시 옷을 입기를 꺼려하지요.

아 5:2-3 내가 잘지라도 마음은 깨었는데 나의 사랑하는 자의 소리가 들리는구나 / 내가 옷을 벗었으니 어찌 다시 입겠으며 내가 발을 씻었으니 어찌 다시 더럽히랴마는

그러나 이 노래가 주목하는 것은 갈등 자체가 아니라 갈등을 겪은 후에 극복하는 과정입니다. 여인은 떠난 남성을 찾아 나섭니다. 그리고 예루살렘 여인들에게 도와달라고 간청합니다.

아 5:6, 8 내가 내 사랑하는 자를 위하여 문을 열었으나 그는 벌써

> 물러갔네 그가 말할 때에 내 혼이 나갔구나 내가 그를 찾아도 못 만났고 불러도 응답이 없었노라 … 예루살렘 딸들아 너희에게 내가 부탁한다 너희가 내 사랑하는 자를 만나거든 내가 사랑하므로 병이 났다고 하려무나

마침내 사랑을 이루는 아가서의 이야기는, 하나님께서 우리의 영적인 문제뿐만 아니라, 우리의 일상에 얼마나 큰 관심이 있으신지를 잘 드러내 줍니다. 어떤 종교는 영을 선한 것으로, 육체는 악한 것으로 보는 이원론적 세계관을 가지고 있어요. 그러나 기독교는 이원론을 단호히 거부합니다. 하나님께서는 우리의 교회 생활과 예배, 우리의 일터와 가정, 그리고 연애 감정과 부부 생활에 이르기까지 모든 것에 관심이 있으십니다.

아가서에 나오는 이 커플은 창세기 3장에 나오는 아담과 하와를 연상하게 합니다. 아가서에는 마치 에덴동산처럼 동산, 꽃, 나무, 동물, 시냇물이 등장하고 열렬히 사랑하는 남녀가 나오지요. 한편으로는 창세기 3장 커플과 대조되는 모습도 보여 줍니다. 타락 이후의 아담과 하와는 서로를 다스리기를 원합니다.

> **창 3:16** 너는 남편을 원하고 남편은 너를 다스릴 것이니라

그런데 아가서의 커플은 지속적으로 자신이 상대방에게 속하

였다고 고백합니다.

아 2:16 내 사랑하는 자는 내게 속하였고 나는 그에게 속하였도다 그가 백합화 가운데에서 양 떼를 먹이는구나

아 6:3 나는 내 사랑하는 자에게 속하였고 내 사랑하는 자는 내게 속하였으며 그가 백합화 가운데에서 그 양 떼를 먹이는도다

아 7:10 나는 내 사랑하는 자에게 속하였도다 그가 나를 사모하는구나

이러한 고백은 신약에서 바울 사도가 고린도 교회 성도들에게 권면한 내용과 일치합니다. 하나님의 백성 사이의 모든 관계에 적용되지만 특별히 부부간의 사랑은 더욱 상호 헌신을 요구합니다. 상대방의 헌신만을 요구하는 타락 이후의 인간관계와는 다른 지점입니다.

고전 7:4 아내는 자기 몸을 주장하지 못하고 오직 그 남편이 하며 남편도 그와 같이 자기 몸을 주장하지 못하고 오직 그 아내가 하나니

자신의 행복을 위해 상대방의 섬김을 요구하는 것은 타락한 관계의 속성입니다. 상대방의 행복을 위해 기꺼이 섬기고자

하는 것은 구원받은 관계의 속성이고요. 그래서 아가서는 하나님의 나라 백성의 부부 관계는 어떤 모습이어야 하는지 보여 주는 노래라고 할 수 있습니다.

아가서는 그리스도와 교회의 관계에 대해서도 교훈을 줍니다. 아가서는 유대인들이 출애굽을 기념하는 유월절 예배 때마다 읽는 성경이에요. 그러니까 남녀 간의 사랑 이상의 내용이 들어 있음을 알 수 있지요. 사실 구약 성경에서는 하나님과 자기 백성과의 관계를 종종 결혼 관계로 묘사합니다.

사 62:5 신랑이 신부를 기뻐함같이 네 하나님이 너를 기뻐하시리라

렘 3:14 여호와의 말씀이니라 배역한 자식들아 돌아오라 나는 너희 남편임이라 내가 너희를 성읍에서 하나와 족속 중에서 둘을 택하여 너희를 시온으로 데려오겠고

하나님과 이스라엘의 관계를 신랑과 신부의 관계로 노래하는 것은 놀라운 표현입니다. 당시의 시대적 배경을 이해하면 더 놀라운데요. 신과 인간들이 서로 사랑을 주고받는 관계라는 것은 고대 근동 지역에서는 상상할 수 없는 일이었습니다. 신들은 모두 남신과 여신이 있어서 서로 부부 사이라고 설정을 해 두었거든요. 그런데 오직 이스라엘이 섬기는 하나님만 홀로 한 분이었습니다. 여호와 하나님께는 또 다른 신이 아니라

이스라엘이 신부가 되었던 것입니다.

그리고 이제 신약 시대에서는 교회가 이 신부의 자리를 대신합니다.

엡 5:24–25, 31–32 그러므로 교회가 그리스도에게 하듯 아내들도 범사에 자기 남편에게 복종할지니라 / 남편들아 아내 사랑하기를 그리스도께서 교회를 사랑하시고 그 교회를 위하여 자신을 주심같이 하라 … 그러므로 사람이 부모를 떠나 그의 아내와 합하여 그 둘이 한 육체가 될지니 / 이 비밀이 크도다 나는 그리스도와 교회에 대하여 말하노라

그래서 남녀 간의 사랑 이야기인 아가서에서 우리는 예수님과 우리의 관계를 발견할 수 있습니다. 신분의 차이를 뛰어넘어 여인을 사랑하는 왕, 그 왕이신 그리스도께서 우리를 향해 이렇게 말씀하십니다.

아 1:15 내 사랑아 너는 어여쁘고 어여쁘다 네 눈이 비둘기 같구나

아 7:6 사랑아 네가 어찌 그리 아름다운지, 어찌 그리 화창한지 즐겁게 하는구나

아가서를 읽으면, 우리 한 사람 한 사람을 향한 예수님의 사랑

고백을 듣게 됩니다. 그래서 우리도 그 사랑에 반응하여 남편 되신 그리스도와 한 몸을 이루고 상호 헌신의 관계를 맺기를 원하게 되지요.

이렇게 욥기부터 시작하여 아가까지 다섯 권의 지혜서/시가서를 살펴보았습니다. 이 책들은 구약을 넘어 신약에서도 동일하게 적용되는, 구원받은 하나님 나라의 백성이 살아가야 할 모습을 보여 줍니다. 차이가 있다면 구약에서는 지혜서를 읽으며 지혜의 완성이신 메시아를 기다렸다는 것이고, 신약에서는 지혜의 완성이신 메시아를 통해 지혜서를 더 분명하게 해석하게 되었다는 것입니다.

선지서

OLD
TESTAMENT

선지서 개요

지금부터는 선지서를 읽습니다. 선지서는 하나님의 말씀을 전한 선지자들의 선포를 모아놓은 글입니다. 이사야부터 말라기까지 총 열일곱 권이고요. 모두 선지자의 이름이 제목입니다. 이렇게 책을 남긴 선지자들을 '문서 선지자'라고 부릅니다.

선지자들은 이스라엘 역사와 함께 늘 있어 왔습니다. 특히 왕정 시대에는 왕과 제사장, 그리고 선지자들이 함께 하나님의 나라를 다스렸습니다. 선지자는 왕이 하나님께 순종할 때는 왕과 협력 관계였다가, 불순종할 때는 왕을 견제하고 책망하는 역할을 수행하였습니다.

이스라엘이 남(유다)과 북(이스라엘)으로 갈라진 이후에는 북 이스라엘 선지자들의 활동이 활발해집니다. 북 이스라엘의 악행이 더 심했기 때문입니다. 그러나 엘리야와 엘리사가 초자연적인 능력을 발휘하여 사역했음에도 북 이스라엘은 하나님께로 돌이키지 않습니다. 결국 엘리사가 죽은 후 북 이스라엘에서 문서 선지자들이 등장하기 시작했습니다. 그리고 얼마 지나지 않아 남 유다에도 등장합니다.

하나님의 말씀을 정기적으로 가르치는 일이 제사장들의 소명이었다는 사실을 생각해 보면 선지자는 특별한 시기에 특별한 사명을 부여받고 부름받았다는 것을 알 수 있습니다.

모세가 레위에게 준 예언 | 신 33:10 주의 법도를 야곱에게, 주의 율법을 이스라엘에게 가르치며 주 앞에 분향하고 온전한 번제를 주의 제단 위에 드리리로다

호세아 선지자와 미가 선지자는 북 이스라엘의 멸망을 전후하여 사역했습니다. 북 이스라엘은 호세아 선지자의 선포에도 돌이키지 않다가 결국 멸망을 당합니다. 반면에 남 유다는 미가 선지자의 선포에 반응하여 회개함으로 나라가 보존됩니다. 이렇게 결정적인 시기마다 하나님께서는 선지자들을 보내어 기회를 주셨던 것입니다.

열일곱 권의 선지서는 분량에 따라 다섯 권의 대선지서와 열두 권의 소선지서로 분류합니다. (대선지서 다섯 권 '이사야, 예레미야, 예레미야애가, 에스겔, 다니엘' 중 예레미야애가는 분량이 적은데요. 이 책은 전통적으로 예레미야 선지자가 썼다고 알려졌기에 대선지서로 분류합니다.)

/ 이사야 /

대선지서의 첫 번째 책은 이사야입니다. 이사야는 남 유다의 선지자인데요. 웃시야 왕이 죽은 해(B.C. 742년)부터 앗수르가 예루살렘을 침공(B.C. 701년)한 후까지, 적게 잡아도 40년이 넘는 긴 기간 동안 하나님의 말씀을 선포한 선지자입니다.

이사야가 선지자로 부름을 받는 이야기가 6장에 나오는데요. 여기에 이사야서 전체의 메시지가 요약되어 있습니다. 먼저 이사야는 왕이신 하나님을 강력하게 선포합니다.

> 사 6:1 웃시야 왕이 죽던 해에 내가 본즉 주께서 높이 들린 보좌에 앉으셨는데 그의 옷자락은 성전에 가득하였고

이사야 사역의 첫 순간에 하나님의 통치와 사람의 통치가 대조됩니다. 웃시야 왕이 죽던 해에 이사야가 본 높이 들린 보좌

는 인간의 왕들이 세워지고 물러나는 역사의 반복 속에서도 여호와의 통치는 끊임없이 이어짐을 상징합니다. 그리고 이사야 예언 곳곳에서는 여호와께서 온 땅의 왕이시며, 높이 들린 왕이심을 보여 줍니다.

사 14:24 만군의 여호와께서 맹세하여 이르시되 내가 생각한 것이 반드시 되며 내가 경영한 것을 반드시 이루리라

사 33:22 대저 여호와는 우리 재판장이시요 여호와는 우리에게 율법을 세우신 이요 여호와는 우리의 왕이시니 그가 우리를 구원하실 것임이라

또한 이사야는 거룩하신 하나님을 선포합니다.

사 6:3 서로 불러 이르되 거룩하다 거룩하다 거룩하다 만군의 여호와여 그의 영광이 온 땅에 충만하도다 하더라

이사야서는 무려 스물다섯 번이나 하나님을 '이스라엘의 거룩한 자'라고 호칭합니다. 그리고 하나님께서 거룩한 분이기에 하나님 나라의 백성도 역시 거룩해야 한다는 사실을 강조합니다.

> 사 62:12 사람들이 너를 일컬어 거룩한 백성이라 여호와께서 구속하신 자라 하겠고 또 너를 일컬어 찾은 바 된 자요 버림받지 아니한 성읍이라 하리라

그런데 이사야서는 이렇게 왕 되신 하나님의 통치를 거부하며, 거룩하지 않은 삶을 살아가는 현재 하나님 나라의 백성의 모습도 적나라하게 묘사합니다.

> 사 1:4 슬프다 범죄한 나라요 허물진 백성이요 행악의 종자요 행위가 부패한 자식이로다 그들이 여호와를 버리며 이스라엘의 거룩하신 이를 만홀히 여겨 멀리하고 물러갔도다

이스라엘은 거룩하신 하나님의 통치를 거부하고 있었습니다. 그러므로 심판은 피할 수 없는 결과였지요.
이 사실을 잘 알고 있던 이사야는 소명을 받는 순간에 하나님의 거룩함 앞에서 자신의 죄악("나는 입술이 부정한 사람이요"), 그리고 동족의 죄악("입술이 부정한 백성 중에 거주하면서")을 분명하게 깨닫고 두려움으로 떱니다.

> 사 6:5 그때에 내가 말하되 화로다 나여 망하게 되었도다 나는 입술이 부정한 사람이요 나는 입술이 부정한 백성 중에 거주하면서 만군의 여호와이신 왕을 뵈었음이로다 하였더라

하나님께서는 숯을 이사야의 입술에 대는 상징을 통해 이사야의 죄를 사해 주십니다. 그리고 이사야서 전체를 통해서, 한편으로는 이스라엘 백성의 죄악을 심판하시면서, 다른 한편으로는 회복의 은혜를 약속해 주십니다.

> 사 6:13 그중에 십분의 일이 아직 남아 있을지라도 이것도 황폐하게 될 것이나 밤나무와 상수리나무가 베임을 당하여도 그 그루터기는 남아 있는 것같이 거룩한 씨가 이 땅의 그루터기니라 하시더라

이사야서는 이러한 주제를, 크게 보면 두 부분으로 나누어 전합니다. 1-39장은 유다와 예루살렘, 그리고 열방에 대한 심판의 말씀을 주로 전합니다. 중간중간 유다에 대한 구원의 말씀이 나오기는 하지만 심판의 메시지가 더 강력합니다. 40-66장은 회복의 예언이 주를 이룹니다.

(이렇게 보니까 이사야서의 구조가 성경 전체의 구조와 비슷하지요? 물론 성경의 장, 절은 후대에 나눴습니다만, 이사야서는 성경이 66권인 것처럼 66장으로 구성되어 있습니다. 또 구약이 39권에서 끝나듯이 이사야서도 39장에서 큰 주제가 마무리됩니다. 39장까지는 심판이 더 강조되고, 신약이 40번째 책으로 시작하는 것처럼 이사야서 40장부터는 회복과 위로, 그리고 구원이 더 강조됩니다.)

이사야 40장의 시작을 보세요.

사 40:1 너희의 하나님이 이르시되 너희는 위로하라 내 백성을 위로하라

그리고 신약이 세례 요한의 사역을 소개하는 것으로 시작되는 것처럼, 이사야에서도 세례 요한의 사역을 예언하는 말씀이 이어집니다.

사 40:3-5 외치는 자의 소리여 이르되 너희는 광야에서 여호와의 길을 예비하라 사막에서 우리 하나님의 대로를 평탄하게 하라 / 골짜기마다 돋우어지며 산마다, 언덕마다 낮아지며 고르지 아니한 곳이 평탄하게 되며 험한 곳이 평지가 될 것이요 / 여호와의 영광이 나타나고 모든 육체가 그것을 함께 보리라 이는 여호와의 입이 말씀하셨느니

이 구조를 기억하면 이사야서의 예언들을 이해하는 데 도움이 됩니다. 39장까지는 현재에 초점이 맞추어져 있는데요. 이사야가 남 유다에서 사역하던 시대에 북 이스라엘은 앗수르에게 멸망을 당했고, 남 유다는 앗수르의 침공을 기적적으로 막아 냈습니다. 그러니까 주요 대적이 앗수르예요. 40장부터는 미래에 초점이 맞추어져 있습니다. 여기서의 주요 대적은 바벨론입니다.

이 변화의 배경이 되는 이야기가 36-39장에 기록되어 있

습니다. 36-37장은 앗수르의 침공을 극복하는 내용이고, 38-39장은 앗수르를 점령하고 고대 근동의 강자가 된 바벨론의 침공을 예고하는 내용입니다. 그리고 40장부터는 미래의 남 유다가 바벨론에게 포로로 잡혀간 후를 내다봅니다. 이사야는 유다가 포로로 잡혀가기 훨씬 전에 활동한 선지자이지만, 유다가 포로지에서 돌아올 것과, 이를 넘어선 회복을 예언하고 있는 것입니다.

특별히 기억해야 할 이사야서의 큰 특징 중의 하나는, 그 어떤 선지서보다 메시아에 대한 예언이 많다는 점입니다. 이사야서는 '제5복음서'라는 별명이 있을 정도로 예수 그리스도에 관한 내용들로 가득합니다. (참고로, 4복음서는 신약의 첫 부분인 마태복음, 마가복음, 누가복음, 요한복음입니다.) 그래서인지, 예수님은 자신의 사역을 이사야서의 성취라고 선언하면서 공생애 사역을 시작하십니다.

눅 4:17, 21 선지자 이사야의 글을 드리거늘 책을 펴서 이렇게 기록된 데를 찾으시니 곧 … 이에 예수께서 그들에게 말씀하시되 이 글이 오늘 너희 귀에 응하였느니라 하시니

이사야서에서는 메시아가 이스라엘 백성이 실패했던 사명을 수행하리라고 수차례 예언합니다. 바로 정의와 공의가 회복되게 하는 것입니다.

사 9:7 그 정사와 평강의 더함이 무궁하며 또 다윗의 왕좌와 그의 나라에 군림하여 그 나라를 굳게 세우고 지금 이후로 영원히 정의와 공의로 그것을 보존하실 것이라 만군의 여호와의 열심이 이를 이루시리라

사 32:1 보라 장차 한 왕이 공의로 통치할 것이요 방백들이 정의로 다스릴 것이며

다음 이야기는 남 유다가 멸망하는 시기에 남 유다에서 사역했던 예레미야 선지자의 선포입니다.

/ 예레미야 /

예레미야는 요시야 왕부터 예루살렘이 멸망한 후까지 40년 이상 활동한 선지자입니다. 예레미야서는 52장으로 끝나지만 분량으로는 이사야(66장)보다 더 길어서, 낱말 수를 기준으로 할 때 성경에서 가장 긴 책이에요.

렘 1:2-3 아몬의 아들 유다 왕 요시야가 다스린 지 십삼 년에 여호와의 말씀이 예레미야에게 임하였고 / 요시야의 아들 유다의 왕 여호야김 시대부터 요시야의 아들 유다의 왕 시드기야의 십일년 말까지 곧 오월에 예루살렘이 사로잡혀 가기까지 임하니라

예레미야는 유다가 멸망하는 격동의 시대를 살았기 때문에, 당시 시대 배경을 알아 두면 예레미야서를 이해하는 데 도움이 됩니다.

먼저 예레미야는 요시야 13년에 선지자로 부름을 받는데요. 이때는 요시야 왕이 적극적으로 종교 개혁 운동을 펼쳐서 소망이 넘쳐나던 때였습니다.

> 대하 34:3 (요시야가) 아직도 어렸을 때 곧 왕위에 있은 지 팔 년에 그의 조상 다윗의 하나님을 비로소 찾고 제십이 년에 유다와 예루살렘을 비로소 정결하게 하여 그 산당들과 아세라 목상들과 아로새긴 우상들과 부어 만든 우상들을 제거하여 버리매

이렇게 요시야가 우상을 제거하며 본격적인 개혁 운동을 펼치기 시작한 다음 해에 예레미야가 선지자로서 소명을 받습니다. 그때는 남 유다를 위협하던 앗수르의 힘이 점점 약해지고 있던 시기였습니다.

내적, 외적으로 예레미야는 이렇게 소망과 기대감이 풍성했던 시대에 사역을 시작했습니다. 그러나 안타깝게도 사역은 순탄하지 않았습니다. 요시야 왕이 죽은 후 그의 아들들이 여호와 하나님을 배반합니다. 국제적으로도 격동의 시기를 보냅니다. 예레미야가 사역을 시작한 지 14년 후에 앗수르의 수도 니느웨가 바벨론에게 멸망당합니다. 그리고 그 바벨론의 칼끝이 유다를 향합니다. 니느웨가 함락당한 지 7년 만에 유다도 바벨론의 공격을 받고 많은 사람들이 포로가 되어 바벨론으로 끌려갑니다. 그로부터 채 20년이 되지 않아 유다는 바벨론에

의해 멸망당합니다. 예레미야는 이 모든 과정을 몸소 겪으며 예언 사역을 했습니다.

예레미야는 선지자 중에서, 어쩌면 가장 안타까운 선지자입니다. 예레미야는 이 시기에 민족의 죄악을 지적하고, 그로 인한 멸망을 예언하고, 그 예언이 성취되는 현실을 목도했습니다. 그는 이 상황의 어려운 마음을 이렇게 표현합니다.

> 렘 9:1 어찌하면 내 머리는 물이 되고 내 눈은 눈물 근원이 될꼬 죽임을 당한 딸 내 백성을 위하여 주야로 울리로다

그래서 예레미야는 '눈물의 선지자'라는 별명을 가지고 있습니다. 하지만 예레미야의 동족을 향한 사랑에도 불구하고, 그들의 죄악을 지적하고 회개를 선포했기 때문에, 예레미야는 동족들에게 많은 핍박을 받습니다. (거짓) 선지자한테 맞기도 하고, 감옥에 갇히기도 하고, 진창 속 구덩이에 던져지기도 하고, "네가 반드시 죽으리라"라는 협박도 수시로 받습니다.

> 렘 20:2 이에 바스훌이 선지자 예레미야를 때리고 여호와의 성전에 있는 베냐민 문 위층에 목에 씌우는 나무 고랑으로 채워 두었더니

> 렘 38:6 그들이 예레미야를 끌어다가 감옥 뜰에 있는 왕의 아들 말기야의 구덩이에 던져 넣을 때에 예레미야를 줄로 달아내렸는데 그

구덩이에는 물이 없고 진창뿐이므로 예레미야가 진창 속에 빠졌더라

렘 26:8 예레미야가 여호와께서 명령하신 말씀을 모든 백성에게 전하기를 마치매 제사장들과 선지자들과 모든 백성이 그를 붙잡고 이르되 네가 반드시 죽어야 하리라

더구나 예레미야는 유다에 임할 재앙을 상징하는 의미로 결혼을 하지 말아야 했습니다.

렘 16:2 너는 이 땅에서 아내를 맞이하지 말며 자녀를 두지 말지니라

'그래도 예레미야는 선지자니까 그런 어려움이 있어도 흔들리지 않았을 거야'라고 생각할 수도 있지만, 예레미야도 우리와 똑같은 사람이었어요. 그는 괴로워하고 외로워하며 흔들리기도 합니다.

렘 15:18 나의 고통이 계속하며 상처가 중하여 낫지 아니함은 어찌됨이니이까 주께서는 내게 대하여 물이 말라서 속이는 시내 같으시리이까

렘 20:8 내가 말할 때마다 외치며 파멸과 멸망을 선포하므로 여호와의 말씀으로 말미암아 내가 종일토록 치욕과 모욕거리가 됨이니이다

예레미야의 괴로움이 얼마나 컸는지, 이렇게까지 탄식하기도 해요.

렘 20:14, 18 내 생일이 저주를 받았더면, 나의 어머니가 나를 낳던 날이 복이 없었더면 … 어찌하여 내가 태에서 나와서 고생과 슬픔을 보며 나의 날을 부끄러움으로 보내는고 하니라

그럼에도 예레미야는 끝내 순종합니다. (부르심을 받은 하나님 백성의 삶은 의심과 회의와 원망이 없는 삶이 아니라, 그럼에도 불구하고 그것을 하나님 앞에 꺼내어 놓고 결국은 순종하는 삶이라는 것을 잘 보여 주고 있지요.)

예레미야의 선포 내용은 그가 소명을 받을 때 받았던 말씀으로 요약할 수 있습니다. 이 소명에는 하나님의 심판(뽑고, 파괴하며, 파멸하고, 넘어뜨리며)과 회복의 약속(건설하고, 심게)이 들어 있어요.

렘 1:10 보라 내가 오늘 너를 여러 나라와 여러 왕국 위에 세워 네가 그것들을 뽑고 파괴하며 파멸하고 넘어뜨리며 건설하고 심게 하였

느니라 하시니라

이 내용을 전하는 예레미야서는 크게 세 부분으로 나뉩니다. 첫 번째는 1-25장으로, 예레미야가 백성의 죄를 낱낱이 지적하고 있습니다. 그가 선포하는 심판의 강력함과 확실함을 보면 이스라엘의 죄악의 크기를 가늠할 수 있습니다.

렘 2:13 내 백성이 두 가지 악을 행하였나니 곧 그들이 생수의 근원되는 나를 버린 것과 스스로 웅덩이를 판 것인데 그것은 그 물을 가두지 못할 터진 웅덩이들이니라

렘 5:30-31 이 땅에 무섭고 놀라운 일이 있도다 / 선지자들은 거짓을 예언하며 제사장들은 자기 권력으로 다스리며 내 백성은 그것을 좋게 여기니 마지막에는 너희가 어찌하려느냐

렘 15:1 모세와 사무엘이 내 앞에 섰다 할지라도 내 마음은 이 백성을 향할 수 없나니 그들을 내 앞에서 쫓아 내보내라

두 번째는 26-45장입니다. 첫 번째 부분이 예레미야가 선포한 말씀들을 주로 기록한다면, 여기서는 예레미야의 사역을 이야기로 전합니다. 유다가 멸망을 향해 달려가는 모습이 구체적으로 그려집니다. 그리고 예루살렘이 함락되는 장면과 그 후

에 남아 있는 이들의 상황도 볼 수 있습니다.

멸망한 땅에 남아 있는 이들은 애굽으로 피할 것을 결심하고 그 결심이 옳은지 하나님께 물어 달라고 예레미야에게 부탁합니다. 예레미야는 기도한 후 하나님께 응답을 받아 대답합니다. 애굽으로 가면 절대로 안 된다는 것입니다. 하지만 백성은 그의 말을 듣지 않습니다.

백성의 요구 | **렘 42:3, 6** 당신의 하나님 여호와께서 우리가 마땅히 갈 길과 할 일을 보이시기를 원하나이다 … 우리가 당신을 우리 하나님 여호와께 보냄은 그의 목소리가 우리에게 좋든지 좋지 않든지를 막론하고 순종하려 함이라 우리가 우리 하나님 여호와의 목소리를 순종하면 우리에게 복이 있으리이다 하니라

예레미야의 대답 | **렘 42:19** 유다의 남은 자들아 여호와께서 너희를 두고 하신 말씀에 너희는 애굽으로 가지 말라 하셨고 나도 오늘 너희에게 경고한 것을 너희는 분명히 알라

백성의 반응 | **렘 43:2** 네가 거짓을 말하는도다 우리 하나님 여호와께서 너희는 애굽에서 살려고 그리로 가지 말라고 너를 보내어 말하게 하지 아니하셨느니라

세 번째는 46-52장으로, 열방에 대한 심판이 선포됩니다. 애

굽을 시작으로 블레셋, 모압, 암몬, 에돔, 다메섹, 게달과 하솔, 엘람, 그리고 바벨론에 대한 예언입니다. 하나님께서는 유다와 이웃 나라들을 심판하실 때 주로 바벨론을 심판의 도구로 사용하십니다. 그러나 바벨론도 그 죄로 인해 심판받게 될 것이라고 예언하십니다. 실제로 바벨론은 당시 고대 근동의 패권을 장악한 강력한 국가였지만, 100년도 채 되지 않는 역사를 마치고 멸망하고 맙니다.

이 중에서 애굽에 대한 심판을 눈여겨볼 필요가 있습니다. 하나님께서는 애굽이 바벨론에게 패할 것을 예언하시는데요. 그 시기가 요시야 왕의 아들 여호야김 넷째 해(B.C. 605년)입니다.

> **렘 46:2** 애굽에 관한 것이라 곧 유다의 요시야 왕의 아들 여호야김 넷째 해에 유브라데 강가 갈그미스에서 바벨론의 느부갓네살 왕에게 패한 애굽의 왕 바로느고의 군대에 대한 말씀이라

그해에 애굽을 물리친 바벨론은 유다도 침략하여 1차로 유다 백성을 포로로 잡아갑니다. '하나님의 나라인 이스라엘이 이렇게 국제 관계의 영향으로 멸망했구나'라는 생각이 드나요? 하지만 예레미야서는 이스라엘의 운명에 영향을 미친 또 다른 사건이 여호야김 넷째 해에 일어났다는 사실도 알려 줍니다.

렘 45:1 유다의 요시야 왕의 아들 여호야김 넷째 해에 네리야의 아들 바룩이 예레미야가 불러 주는 대로 이 모든 말을 책에 기록하니라

예레미야는 서기관 바룩을 불러서 하나님께서 주신 말씀을 받아 적게 하고, 바룩이 그 말씀을 여호와의 성전에서 낭독합니다. 그 소식을 들은 여호야김은 두루마리를 가져오게 하여 두루마리를 찢어서 불태워 버립니다.

렘 36:22-23 그때는 아홉째 달이라 왕이 겨울 궁전에 앉았고 그 앞에는 불 피운 화로가 있더라 / 여후디가 서너 쪽을 낭독하면 왕이 면도칼로 그것을 연하여 베어 화로 불에 던져서 두루마리를 모두 태웠더라

이러한 여호야김의 악행은 하나님의 말씀을 듣고서 회개하여 돌이킴으로 앗수르의 공격에서 구원받은 히스기야의 행동과 대조됩니다. 회개의 권고를 무시한 유다는 멸망을 피할 수 없게 됩니다. 이렇게 예레미야서는 하나님 나라의 멸망은 주변 강대국의 영향력에 의한 것이 아니라 하나님께 불순종한 결과였다는 것을 분명하게 밝힙니다.

놀랍게도, 하나님께서는 이렇게 불순종하는 하나님의 백성을 심판하시면서도 동시의 소망의 메시지를 전해 주십니다.

(예레미야가 소명을 받을 때 하나님의 심판[뽑고, 파괴하며, 파멸하고, 넘어뜨리며]뿐만 아니라 회복[건설하고, 심게]도 선포하도록 부름받았다는 것, 기억하시지요?)

예레미야는 이스라엘 백성이 바벨론에 의해 멸망당하겠지만, 70년 후에는 돌아오게 되리라고 예언합니다. 이 예언은 에스라에서 살펴본 것처럼 실제로 바사 왕 고레스 때에 성취되었습니다.

> 렘 29:10 여호와께서 이와 같이 말씀하시니라 바벨론에서 칠십 년이 차면 내가 너희를 돌보고 나의 선한 말을 너희에게 성취하여 너희를 이곳으로 돌아오게 하리라

이 약속들은 영토의 회복을 넘어 메시아로 오실 예수 그리스도를 향한 기대로 이어집니다. 예레미야서는 이사야서와 마찬가지로, 그리고 모든 선지서와 마찬가지로, 이 메시아가 이스라엘이 실패한 정의와 공의를 회복하게 될 것이라고 예언합니다.

> 렘 33:15 그날 그때에 내가 다윗에게서 한 공의로운 가지가 나게 하리니 그가 이 땅에 정의와 공의를 실행할 것이라

그리고 예레미야는 메시아로 오실 예수 그리스도께서 하나님

나라의 백성과 맺으실 새 언약을 내다봅니다. 예수님은 유월절 만찬에서 자신의 십자가로 인해 새롭게 맺게 될 언약이, 바로 하나님께서 예레미야를 통해 예언한 새 언약이라고 말씀하십니다.

> 새 언약 예언 | 렘 31:31 보라 날이 이르리니 내가 이스라엘 집과 유다 집에 새 언약을 맺으리라

> 새 언약 체결 | 눅 22:20 저녁 먹은 후에 잔도 그와 같이 하여 이르시되 이 잔은 내 피로 세우는 새 언약이니 곧 너희를 위하여 붓는 것이라

이스라엘의 심각한 죄악을 생각할 때 예레미야가 전하는 회복의 약속은 참으로 놀랍습니다. 그리고 우리의 죄악을 생각할 때 예수님의 새 언약의 은혜도 참으로 놀랍지요. 예레미야서에서 우리는 하나님 나라가 왜 멸망할 수밖에 없었는지를 깨달을 수 있고, 하나님 나라 백성에게 참된 소망이 무엇인지를 잘 이해할 수 있습니다.

/ 예레미야애가 /

예레미야애가는 바벨론에 의한 예루살렘의 멸망을 바라보며, 또 그 이후의 처참한 상황들을 보며 통곡하면서 슬픔을 노래하는 시이자 동시에 소망도 노래하는 시입니다.

예루살렘이 얼마나 처참하게 파괴되었는지 열왕기하 25장에 잘 기록되어 있는데요. 예루살렘 성전이 불타고, 성전의 성물들이 노략을 당하고, 가장 가난한 계층을 제외한 많은 사람들이 포로로 끌려갔습니다.

왕하 25:9, 11-13 여호와의 성전과 왕궁을 불사르고 예루살렘의 모든 집을 귀인의 집까지 불살랐으며 … 성 중에 남아 있는 백성과 바벨론 왕에게 항복한 자들과 무리 중 남은 자는 시위대장 느부사라단이 모두 사로잡아 가고 / 시위대장이 그 땅의 비천한 자를 남겨 두어 포도원을 다스리는 자와 농부가 되게 하였더라 / 갈대아 사람이 또

여호와의 성전의 두 놋 기둥과 받침들과 여호와의 성전의 놋 바다를 깨뜨려 그 놋을 바벨론으로 가져가고

예레미야애가에서는 이런 엄청난 일을 겪었던 이들의 상황과 반응을 잘 보여 줍니다. 세 가지로 살펴볼게요.

먼저, 나라를 잃은 슬픔과 절망이 잘 드러나 있습니다. 히브리어 성경에서 예레미야애가의 제목은 '에카'(어찌)예요. 이 단어는 예루살렘의 비참한 운명을 강조할 때마다 등장합니다.

애 1:1 슬프다(에카) 이 성이여 전에는 사람들이 많더니 이제는 어찌 그리 적막하게 앉았는고

애 2:1 슬프다(에카) 주께서 어찌 그리 진노하사 딸 시온을 구름으로 덮으셨는가

애 4:1 슬프다(에카) 어찌 그리 금이 빛을 잃고 순금이 변질하였으며 성소의 돌들이 거리 어귀마다 쏟아졌는고

절망적인 현실을 바라보는 시인의 슬픔이 잘 표현되어 있지요. 이들의 슬픔은 단지 예루살렘이 멸망하고 포로로 잡혀가는 외적인 처참함 때문만은 아니었습니다. 이들은 하나님이 우리 편이라고 생각하고 있었는데, 다름 아닌 바로 하나님께

서 이 일을 주도하셨다는 인식 때문에 더 절망하고 있습니다.

> 애 2:5, 21 주께서 원수같이 되어 이스라엘을 삼키셨음이여 그 모든 궁궐들을 삼키셨고 견고한 성들을 무너뜨리사 딸 유다에 근심과 애통을 더하셨도다 … 주께서 주의 진노의 날에 죽이시되 긍휼히 여기지 아니하시고 도륙하셨나이다

(예레미야애가의 이 고백들은 우리에게도 유익을 줍니다. 어떤 사람들은 하나님 앞에서는 거룩하고 경건한 표현들만 해야 한다고 생각해요. 그러나 이 책은 외로움을 느끼거나 하나님께 버림받았다고 느끼는 모든 사람에게 그런 감정들을 솔직하게 표현해도 괜찮다고 알려 줍니다.)

두 번째로 예레미야애가에는 진단과 처방이 잘 기록되어 있습니다. 우리 몸에 문제가 생겼을 때에도 진단을 제대로 해야 치료도 제대로 할 수 있잖아요. 예레미야애가는 예루살렘 성의 함락 원인을 정확하게 지적합니다.

> 애 1:18 여호와는 의로우시도다 그러나 내가 그의 명령을 거역하였도다

> 애 4:13 그의 선지자들의 죄들과 제사장들의 죄악들 때문이니 그들이 성읍 안에서 의인들의 피를 흘렸도다

만약 '이 모든 것이 바벨론은 군사력이 강하고, 우리는 약했기 때문이다'라고 진단했다면, 처방도 다르게 제시했겠지요. 하지만 이 모든 것을 하나님께서 주도하셨고, 그 이유는 이스라엘 백성이 죄를 지었기 때문이라고 진단을 바르게 했기에 처방도 올바르게 내릴 수 있었습니다.

애 3:40-41 우리가 스스로 우리의 행위들을 조사하고 여호와께로 돌아가자 / 우리의 마음과 손을 아울러 하늘에 계신 하나님께 들자

문제 해결의 출발은 스스로의 행위를 조사하는 것입니다. 그러면 여호와께로 돌아가는 것만이 유일한 회복의 길임을 알게 됩니다. 그동안은 손만 하나님께 들었다면, 이제는 마음과 손을 아울러 들어야 한다는 것을 깨닫게 된 것이죠.

세 번째로 예레미야애가에는 회복의 소망도 풍성히 드러나고 있습니다.

애 3:22-25 여호와의 인자와 긍휼이 무궁하시므로 우리가 진멸되지 아니함이니이다 / 이것들이 아침마다 새로우니 주의 성실하심이 크시도소이다 / 내 심령에 이르기를 여호와는 나의 기업이시니 그러므로 내가 그를 바라리라 하도다 / 기다리는 자들에게나 구하는 영혼들에게 여호와는 선하시도다

어떤 상황에서도 여호와께 돌아가기만 하면, 여호와 하나님을 기다리는 자들에게나 구하는 자들에게 우리 하나님은 선하시다는 확신을 표현하고 있어요. 마치 누가복음 15장의 비유에 등장하는, 아들을 품어 주는 아버지처럼, 아무리 큰 죄를 범했다고 할지라도 돌이키는 이들에게 우리 하나님은 한없이 선하신 분이십니다. 나라는 망했지만 끝날 때까지 끝난 것이 아니라는 메시지가 표현되어 있는 것입니다.

예레미야애가는 그 구조를 통해서도 이 소망의 메시지를 강조합니다. 3장을 제외하고 1-5장에서는 모두 스물두 개의 히브리어 알파벳을 따라 각 절의 첫 음절이 시작되는데요. 오직 3장만 66절로 구성되어 있어요. 3장에서는 각 알파벳이 세 번씩 사용됩니다. 그런데 바로 3장에 소망의 메시지가 집중되어 있거든요. 이런 정교한 문학적인 기법을 통해 3장에 나오는 구원에 대한 소망을 더욱 강조하고 있는 것입니다.

/ 에스겔 /

남 유다가 바벨론에게 세 차례의 침공을 받습니다. 그때마다 다수의 포로가 잡혀갔는데요. 제사장 가문 출신인 에스겔은 여호야긴 왕과 함께 2차 포로로 끌려갑니다. 그리고 그곳에서, 조국에 남아 있었다면 제사장 직분을 시작할 나이인 서른 살에, 선지자로 부르심을 받습니다

겔 1:1 서른째 해 넷째 달 초닷새에 내가 그발 강가 사로잡힌 자 중에 있을 때에 하늘이 열리며 하나님의 모습이 내게 보이니

아마도 에스겔은 어릴 때 요시야 왕의 종교 개혁을 경험하고, 예레미야와 하박국 선지자의 메시지를 들으며 자랐을 거예요. 요시야 왕의 노력과 선지자들의 예언에도 불구하고 회개하지 않는 조국을 보며, 또 그 결과로 포로로 잡혀 온 자신의 처지

를 보며, 이런 질문을 하지 않을 수 없었겠지요. "나라가 망한 우리에게 여전히 소망이 있는가?" 에스겔서는 그 질문에 대답하는 책이라고 할 수 있습니다.

포로 에스겔이 예루살렘 성의 함락과 파괴 소식을 듣습니다. 포로의 신분이었지만 나라가 망할 것이라고는 생각지 않았던 이들에게 아마 이 소식은 매우 충격적이었을 것입니다.

> 겔 33:21 우리가 사로잡힌 지 열두째 해 열째 달 다섯째 날에 예루살렘에서부터 도망하여 온 자가 내게 나아와 말하기를 그 성이 함락되었다 하였는데

이 시점을 기준으로 에스겔서의 전반부는 하나님의 강력한 심판을 주로 예언하고, 그 후에는 회복의 은혜를 주로 예언합니다.

먼저 전반부에서, 에스겔은 다른 선지자들보다 더 많은 비유와 상징 행위를 통해 메시지를 전달합니다. 이 비유와 행동은 대부분 유다의 극심한 죄와 그에 대한 심판으로 인해 예루살렘이 멸망하게 될 것을 경고하는 것입니다. 몇 가지만 예를 들어 볼게요.

에스겔은 이스라엘의 범죄의 기간을 상징하는 430일 동안 누워 있어야 했어요. 그리고 누워서 쇠똥에다 떡을 구워 먹어야 했어요. 원래는 하나님께서 인분 불을 사용하라고 하셨는

데요. 에스겔이 너무 심하다고 사정을 해서 쇠똥으로 대신하게 되었답니다.

> **겔 4:4–6** 너는 또 왼쪽으로 누워 이스라엘 족속의 죄악을 짊어지되 네가 눕는 날수대로 그 죄악을 담당할지니라 / 내가 그들의 범죄한 햇수대로 네게 날수를 정하였나니 곧 삼백구십 일이니라 너는 이렇게 이스라엘 족속의 죄악을 담당하고 / 그 수가 차거든 너는 오른쪽으로 누워 유다 족속의 죄악을 담당하라 내가 네게 사십 일로 정하였나니 하루가 일 년이니라

> **겔 4:13, 15** 또 여호와께서 이르시되 내가 여러 나라들로 쫓아내어 흩어 버릴 이스라엘 자손이 거기서 이같이 부정한 떡을 먹으리라 하시기로 … 여호와께서 내게 이르시되 보라 쇠똥으로 인분을 대신하기를 허락하노니 너는 그것으로 떡을 구울지니라

그러니까 쇠똥을 구워 먹는 행동은 예루살렘이 포위당하였을 때 유다 백성이 부족한 음식과 물로 인해 어려움을 겪게 될 것과 그들이 장차 이방에 흩어져서 '부정한 떡'을 먹게 될 것을 상징하는 것이었습니다.

또 다른 상징 행위는 에스겔이 칼을 가져다가 머리털과 수염을 깎아 세 부분으로 나누고 첫 번째 것은 성읍에서 불로 태우고, 두 번째 것은 칼로 치며, 세 번째 것은 바람에 흩날리게

하는 것이었습니다.

겔 5:1-4 너 인자야 너는 날카로운 칼을 가져다가 삭도로 삼아 네 머리털과 수염을 깎아서 저울로 달아 나누어 두라 / 그 성읍을 에워싸는 날이 차거든 너는 터럭 삼분의 일은 성읍 안에서 불사르고 삼분의 일은 성읍 사방에서 칼로 치고 또 삼분의 일은 바람에 흩으라 내가 그 뒤를 따라 칼을 빼리라 / 너는 터럭 중에서 조금을 네 옷자락에 싸고 / 또 그 가운데에서 얼마를 불에 던져 사르라 그 속에서 불이 이스라엘 온 족속에게로 나오리라

이것은 예루살렘 사람들에게 임할 심판, 즉 성읍 사람 중 1/3은 온역과 기근으로 죽고, 1/3은 칼에 죽고, 1/3은 사방에 흩어지게 된다는 것을 상징합니다. 특히 '터럭 중에서 조금을 옷자락에 싸라'는 명령은 소수의 사람만 구원을 얻게 될 것을 암시합니다.

한 가지 예만 더 찾아볼게요. 17장에 나오는 두 독수리와 포도나무 비유입니다.

겔 17:3, 7 여호와께서 이같이 말씀하여 이르시되 색깔이 화려하고 날개가 크고 깃이 길고 털이 숱한 큰 독수리가 레바논에 이르러 백향목 높은 가지를 꺾되 … 또 날개가 크고 털이 많은 큰 독수리 하나가 있었는데 그 포도나무가 이 독수리에게 물을 받으려고 그 심어진

두둑에서 그를 향하여 뿌리가 뻗고 가지가 퍼졌도다

뒤에서 이 독수리가 무엇을 의미하는지 설명해 줍니다.

겔 17:12 너는 반역하는 족속에게 묻기를 너희가 이 비유를 깨닫지 못하겠느냐 하고 그들에게 말하기를 바벨론 왕이 예루살렘에 이르러 왕과 고관을 사로잡아 바벨론 자기에게로 끌어 가고

겔 17:15 그가 사절을 애굽에 보내 말과 군대를 구함으로 바벨론 왕을 배반하였으니 형통하겠느냐 이런 일을 행한 자가 피하겠느냐 언약을 배반하고야 피하겠느냐

첫 번째 큰 독수리는(3절) 바벨론 왕이고(12절), 두 번째 큰 독수리는(7절) 애굽 왕입니다(15절). 그러니까 이 비유는, 바벨론 왕을 배반하고 애굽 왕을 의지하려던 시드기야의 시도가 실패한다는 예언입니다.

이런 비유와 상징 행위들은 기괴하기는 하지만 이스라엘 백성의 주의는 끌 수 있었지요. 에스겔 선지자는 강력한 말씀과 강력한 상징 행위들을 통해 이스라엘의 죄악과 임박한 심판을 선언했습니다.

이렇게 단호하게 심판을 선언하던 에스겔이 예루살렘이 함락되고 성전이 파괴된 이후부터는 회복에 대한 말씀을 전하

기 시작합니다. 심판의 경고가 강력했던 만큼이나 회복의 말씀들도 아주 강력하고 풍성합니다.

특별히 이 회복의 예언들은 메시아를 통하여 이루어질 회복을 강조합니다. 두 가지만 살펴볼게요. 먼저, 한 목자에 대한 예언입니다.

> 겔 34:23-24 내가 한 목자를 그들 위에 세워 먹이게 하리니 그는 내 종 다윗이라 그가 그들을 먹이고 그들의 목자가 될지라 / 나 여호와는 그들의 하나님이 되고 내 종 다윗은 그들 중에 왕이 되리라 나 여호와의 말이니라

다윗, 목자, 왕이라는 단어들은 다윗의 후손이자, 왕이면서, 참된 목자이신 예수님을 가리킵니다. (이 예언대로 예수님은 자신을 목자라고 밝히셨어요. "나는 선한 목자라 선한 목자는 양들을 위하여 목숨을 버리거니와"[요 10:11].)

다음으로, 임마누엘로 오실 그리스도에 대한 예언입니다. 에스겔 1장은, 바벨론 땅에 있는 에스겔이 하나님의 영광을 마주하는 장면으로 시작합니다. 하나님의 영광은 성전에 머물러야 하는데, 왜 이방 땅인 바벨론에 임하셨을까요?

이 질문에 대한 대답이 8-11장에 나와요. 에스겔은 환상 중에 예루살렘 백성이 하나님의 성전 안에서 이방의 각종 거짓 신들을 숭배하는 가증스러운 장면을 봅니다. 하나님의 성전에

하나님은 없고 이방 우상들만 가득합니다. 그래서 하나님께서 예루살렘을 떠나신 것입니다.

이렇게 성전을 떠났던 여호와의 영광이, 이 회복의 메시지 안에서 다시 성전으로 돌아옵니다.

> 겔 43:4-5 여호와의 영광이 동문을 통하여 성전으로 들어가고 / 영이 나를 들어 데리고 안뜰에 들어가시기로 내가 보니 여호와의 영광이 성전에 가득하더라

그리고 에스겔의 마지막 절에 나오는 '여호와 삼마'는 '여호와께서 거기 계시다'라는 뜻입니다. 성전이 회복되리라는 약속을 넘어 새 언약 안에서 성전으로 우리에게 임하실 임마누엘 되신 그리스도를 내다보고 있습니다. (놀랍게도, '여호와 삼마'는 그 '성전'의 이름이 아니라 그 '성읍'[도시]의 이름입니다. 에스겔의 환상 속에서 회복된 이스라엘의 성전은 도시와 구분된 곳에 위치합니다. 그러니까 여호와께서 성전뿐만 아니라 우리의 일상의 터전에도 함께하신다는 것을 말씀하시는 것입니다.)

> 겔 48:35 그날 후로는 그 성읍의 이름을 여호와삼마라 하리라

에스겔의 이 성전 환상은 신약의 예수 그리스도를 예언하고 있습니다. 예를 들어, 요한복음에서 예수님이 사마리아 여인에

게 설명하신 생수 이야기는 에스겔에 나오는, 회복된 성전에서 나온 물이 만국을 살아나게 한다는 예언이 어떻게 성취되는지를 보여 줍니다. 그리고 마지막 때 우리가 경험할 새 하늘과 새 땅에서의 온전한 생명의 강물도 미리 보여 줍니다.

회복된 성전 | **겔 47:1, 9** 그가 나를 데리고 성전 문에 이르시니 성전의 앞면이 동쪽을 향하였는데 그 문지방 밑에서 물이 나와 동쪽으로 흐르다가 성전 오른쪽 제단 남쪽으로 흘러 내리더라 … 이 강물이 이르는 곳마다 번성하는 모든 생물이 살고 또 고기가 심히 많으리니 이 물이 흘러 들어가므로 바닷물이 되살아나겠고 이 강이 이르는 각처에 모든 것이 살 것이며

참된 성전이신 예수님 | **요 4:14** 내가 주는 물을 마시는 자는 영원히 목마르지 아니하리니 내가 주는 물은 그 속에서 영생하도록 솟아나는 샘물이 되리라라

새 하늘과 새 땅에서 완성된 성전 | **계 22:1-2** 또 그가 수정같이 맑은 생명수의 강을 내게 보이니 하나님과 및 어린 양의 보좌로부터 나와서 / 길 가운데로 흐르더라 강 좌우에 생명나무가 있어 열두 가지 열매를 맺되 달마다 그 열매를 맺고 그 나무 잎사귀들은 만국을 치료하기 위하여 있더라

이렇게 이사야, 예레미야, 예레미야애가, 에스겔에서는 북 이스라엘이 멸망하던 시기의 남 유다부터 그 남 유다의 멸망까지의 이야기를 전해 줍니다. 그럼 포로로 잡혀간 남 유다인들은 어떻게 되었을까요?

/ 다니엘 /

다니엘은 바벨론으로 잡혀갔던 1차 포로 중 한 명입니다. 바벨론의 느부갓네살 왕부터 바사(페르시아)의 고레스 왕 시대까지 이방 정부에서 일했습니다.

다니엘서를 읽을 때 주의할 점이 있습니다. 이 책을 '다니엘'이라는 인물의 성공 스토리로 보고, '어떻게 하면 우리도 다니엘처럼 성공할 수 있을까'라고 질문하며 읽으면 안 된다는 것입니다. 특히, 열심히 기도하면서 신앙을 잘 지키면 우리도 성공할 수 있다고 적용해서는 안 됩니다. 다니엘은 열심히 기도하고 또 열심히 공부했기에 높은 자리에 앉은 것이 아닙니다.

다니엘이 지혜로웠던 이유는 하나님께서 필요하신 일에 사용하려고 다니엘을 선택하셨기 때문입니다. "하나님이 이 네 소년에게 학문을 주시고 모든 서적을 깨닫게 하시고 지혜를 주셨으니 다니엘은 또 모든 환상과 꿈을 깨달아 알더라"(단 1:17).

다니엘의 주제는 한마디로 역사의 주인은 하나님이라는 사실을 밝히는 것입니다. 그리고 그 역사의 주인인 하나님께서 그분의 백성이 영토를 잃고 포로로 잡혀 있는 곳에서도 하나님의 뜻에 순종하는 백성을 지키고 돌보아 주신다는 것입니다.

이 당시 바벨론 왕은 대제국이었던 앗수르와 애굽을 모두 물리치고 고대 근동의 패권을 장악했습니다. 그래서 다니엘도 포로로 끌려오게 되었고요. 아마도 포로의 신분에서는 온 세상의 주인이 바벨론의 왕인 것처럼 보였을 것 같아요. 그런 상황에서, 다니엘서는 온 세상의 주인은 바벨론 왕이 아니라 바로 하나님임을 다니엘에게, 그리고 다니엘을 통해 이스라엘에게, 그리고 우리 모두에게 선언합니다.

다니엘 1장은 다니엘과 친구들이 어떻게 바벨론 궁정에서 일하게 되었는지를 알려 줍니다. 2-7장은 세 개의 짝으로 묶을 수 있는데요. 2, 7장은 네 개의 왕국에 대한 환상, 3, 6장은 하나님의 백성이 위험에서 구원받은 이야기, 그리고 4, 5장은 이방 왕에 대한 심판이 주제입니다.

4, 5장 짝에서 4장은 아버지 느부갓네살, 5장은 아들 벨사살에 대한 심판입니다. 이 세상을 다 가진 것 같았던 바벨론의 왕들도 하나님의 심판 아래에 있음을 알려 주지요.

단 5:20 그[느부갓네살]가 마음이 높아지며 뜻이 완악하여 교만을 행하므로 그의 왕위가 폐한 바 되며 그의 영광을 빼앗기고

단 5:22 벨사살이여 왕은 그의 아들이 되어서 이것을 다 알고도 아직도 마음을 낮추지 아니하고

3, 6장 짝에서 3장은 느브갓네살이 세운 금 신상에 절하지 않아 다니엘의 세 친구 사드락, 메삭, 아벳느고가 풀무불 가운데 던져지지만 죽지 않고 구원받은 이야기예요. 6장은 다리오 왕의 금령을 어기고 다니엘이 하나님께 기도했다는 이유로 사자굴에 던져지지만 역시 죽지 않고 구원받은 이야기입니다.

2, 7장은 환상을 통해 좀 더 직접적으로 세상의 권세와 하나님의 권세를 비교합니다. 2장에서는 큰 신상의 네 부분으로, 7장에서는 네 마리의 짐승으로 앞으로의 역사를 예언해요. (다양한 해석들이 있지만, 일반적으로는 바벨론, 메대/페르시아 연합국, 그리스, 로마, 이렇게 네 나라를 상징하는 것으로 봅니다.) 이 환상 역시 진짜 권세는 세상 나라들에 있지 않다는 것을 나타내 줍니다.

단 2:34, 44 또 왕이 보신즉 손대지 아니한 돌이 나와서 신상의 쇠와 진흙의 발을 쳐서 부서뜨리매 … 이 여러 왕들의 시대에 하늘의 하나님이 한 나라를 세우시리니 이것은 영원히 망하지도 아니할 것이요 그 국권이 다른 백성에게로 돌아가지도 아니할 것이요 도리어 이

모든 나라를 쳐서 멸망시키고 영원히 설 것이라

단 7:13-14 내가 또 밤 환상 중에 보니 인자 같은 이가 하늘 구름을 타고 와서 옛적부터 항상 계신 이에게 나아가 그 앞으로 인도되매 / 그에게 권세와 영광과 나라를 주고 모든 백성과 나라들과 다른 언어를 말하는 모든 자들이 그를 섬기게 하였으니 그의 권세는 소멸되지 아니하는 영원한 권세요 그의 나라는 멸망하지 아니할 것이니라

2장에서 신상을 부서뜨리는 것은 '손대지 아니한 돌'입니다. 7장에서 짐승들의 권세를 취하는 존재는 '인자 같은 이'입니다. 둘 다 세상 권세를 무너뜨리는 존재를 상징합니다.

'인자 같은 이'는 신약에서 예수 그리스도를 묘사하는 표현이기도 합니다. 예수님은 자신의 정체를 '인자'라고 표현하면서 '인자 같은 이가 하늘 구름을 타고' 오는 다니엘서의 예언을 자신에게 적용시키십니다. 구약에서 구름을 타시는 분은 언제나 하나님을 나타내므로 자기 자신을 하나님이라고 지칭하신 것입니다. 그래서 유대인들은 예수님이 사형에 해당하는 신성 모독죄를 지었다고 생각합니다.

막 14:61-62 침묵하고 아무 대답도 아니하시거늘 대제사장이 다시 물어 이르되 네가 찬송 받을 이의 아들 그리스도냐 / 예수께서 이르시되 내가 그니라 인자가 권능자의 우편에 앉은 것과 하늘 구름을

타고 오는 것을 너희가 보리라 하시니

막 14:64 그 신성 모독 하는 말을 너희가 들었도다 너희는 어떻게 생각하느냐 하니 그들이 다 예수를 사형에 해당한 자로 정죄하고

또 2장에 나오는, 신상을 부서뜨린 돌도 예수님에 대한 상징입니다. 예수님은 건축자들이 버린 돌 비유를 들어 자신을 설명하시는데요. 그때 사용하신 말씀이 신상을 부순 돌 내용과 매우 비슷합니다.

눅 20:17–18 그들을 보시며 이르시되 그러면 기록된 바 건축자들의 버린 돌이 모퉁이의 머릿돌이 되었느니라 함이 어찜이냐 / 무릇 이 돌 위에 떨어지는 자는 깨어지겠고 이 돌이 사람 위에 떨어지면 그를 가루로 만들어 흩으리라 하시니라

단 2:34–35 또 왕이 보신즉 손대지 아니한 돌이 나와서 신상의 쇠와 진흙의 발을 쳐서 부서뜨리매 / 그때에 쇠와 진흙과 놋과 은과 금이 다 부서져 여름 타작 마당의 겨같이 되어 바람에 불려 간 곳이 없었고 우상을 친 돌은 태산을 이루어 온 세계에 가득하였나이다

이렇게 다니엘의 전반부는 땅을 잃고 포로로 잡혀 온 하나님의 백성에게 하나님께서 온 세상의 주인이심을 분명하게 밝힙

니다. 하나님 나라의 주인인 하나님께 문제가 있어서 나라가 망한 것이 아니라 하나님 나라의 백성에게 문제가 있었기 때문임을 알려 주는 것입니다. 땅을 잃고 헤매어 다녀도 하나님께 순종하는 백성은 하나님께서 어디서나 돌보아 주시며, 또한 세상 나라는 흥망성쇠를 계속하지만 하나님 나라는 영원히 계속된다는 메시지를 전하고 있습니다.

다니엘 7-12장은 다니엘이 본 환상을 통해 장차 다가올 세상의 역사도 하나님의 주권 아래에 놓여 있음을 밝힙니다. (7장은 네 개의 왕국이라는 주제로 2장과 짝을 이루기도 하고, 동시에 미래의 일에 대한 다니엘의 환상들과 짝을 이루기도 합니다.)

7, 8장은 바벨론의 벨사살 왕 때에 다니엘이 본 환상이에요. 7장의 네 짐승이 바벨론, 메데/페르시아 연합국, 그리스, 로마를 상징한다면, 8장에 나오는 숫양과 숫염소는 페르시아 왕국과 그리스 왕국을 나타냅니다. 9장은 메대의 다리오 왕 때 본 환상인데요. 이 환상에서는 다니엘의 기도와 응답 과정을 묘사합니다. 그리고 10장부터 12장까지 나오는 환상들에 대해서 천사는 이렇게 말합니다. "이제 내가 마지막 날에 네 백성이 당할 일을 네게 깨닫게 하러 왔노라"(단 10:14). 이때는 페르시아와 그리스, 그리고 그리스가 남쪽 프톨레마이오스 왕조와 북쪽 셀레우코스 왕조로 나뉘는 시기와 그 후 이 세상의 마지막 때까지를 배경으로 합니다.[12]

이렇게 다니엘서는 포로로 잡혀간 하나님 백성의 이야기를 들려 주고 있습니다. 그리고 환상을 통해 미래를 예언하며 그 모든 역사를 주관하시는 분이 하나님이심을 선포합니다.

지금까지 이사야부터 다니엘까지 다섯 권의 대선지서를 살펴보았습니다. 북 이스라엘이 멸망하던 시기의 남 유다 선지자로부터(이사야), 남 유다의 멸망 시기에 활동했던 선지자들(예레미야, 예레미야애가), 그리고 1차 포로로 잡혀간 선지자(다니엘)와 2차 포로로 잡혀간 선지자(에스겔)를 통해 하나님의 나라 이스라엘이 망해 가는 시기에 하나님의 안타까운 심정과 회복의 계획을 확인할 수 있었습니다.

이제 열두 권의 소선지서인 호세아부터 말라기까지를 여행할 차례입니다. 대선지서와 비슷한 시기를 다루면서 하나님 나라의 이야기를 좀 더 풍성하게 들려주는 책들입니다.

/ 호세아 /

여로보암 2세 때부터 북 이스라엘이 멸망할 때까지 하나님의 말씀을 전한 호세아 선지자의 이야기입니다.

호 1:1 웃시야와 요담과 아하스와 히스기야가 이어 유다 왕이 된 시대 곧 요아스의 아들 여로보암이 이스라엘 왕이 된 시대에 브에리의 아들 호세아에게 임한 여호와의 말씀이라

호세아는 두 아들과 한 딸의 아버지입니다. 그는 하나님의 명령으로, 정숙하지 않은 여인 고멜과 결혼했습니다.

호 1:2 여호와께서 처음 호세아에게 말씀하실 때 여호와께서 호세아에게 이르시되 너는 가서 음란한 여자를 맞이하여 음란한 자식들을 낳으라 이 나라가 여호와를 떠나 크게 음란함이니라 하시니

하나님께서는 왜 이런 이상한 명령을 하신 것일까요? 이 선지자의 삶을 통해 하나님과 이스라엘 백성과의 관계를 보여 주고 싶으셨기 때문입니다. 고멜이 호세아와 결혼한 것처럼, 이스라엘도 하나님과 언약을 맺었어요. 그런데 고멜이 다른 남자를 쫓아간 것처럼, 이스라엘도 다른 신들을 쫓아갔음을 나타내 주는 것입니다.

이렇게 호세아와 고멜의 관계는, 호세아가 소명을 받을 당시 하나님과 이스라엘 백성의 관계와 비슷했습니다. 호세아가 활동하던 시기의 왕 여로보암 2세는 악한 왕이었어요. 이스라엘의 역사에서 왕의 악함과 백성의 악함은 언제나 비례했습니다. (북 이스라엘에 두 명의 여로보암 왕이 등장합니다. 한 명은 북 이스라엘을 세운 느밧의 아들 여로보암[1세]이고, 다른 한 명은 호세아 선지자가 활동한 시대의 왕인 요아스의 아들 여로보암[2세]입니다.)

왕하 14:24 여호와 보시기에 악을 행하여 이스라엘에게 범죄하게 한 느밧의 아들 여로보암의 모든 죄에서 떠나지 아니하였더라

그런데 하나님께서 은혜를 베풀어 주십니다. 그가 다스리던 때에 북 이스라엘 역사상 가장 큰 영토를 차지하게 해 주세요.

왕하 14:25 여로보암이 이스라엘 영토를 회복하되 하맛 어귀에서부터 아라바 바다까지 하였으니

이스라엘의 악행에도 불구하고, 그들을 긍휼히 여기셨지요. 선하지 않은 여로보암 왕이었지만, 하나님께서는 다시 한 번 기회를 주십니다. 그러나 이스라엘은 그 은혜를 깨닫지 못해요.

호 2:8 곡식과 새 포도주와 기름은 내가 그에게 준 것이요 그들이 바알을 위하여 쓴 은과 금도 내가 그에게 더하여 준 것이거늘 그가 알지 못하도다

고멜이 호세아의 사랑을 받고도 다른 남자에게 간 것처럼, 하나님께서 필요한 것을 주셨는데, 그것도 넘치도록 베풀어 주셨는데 이스라엘 백성은 그것을 들고 우상인 바알을 찾아갑니다.

이것뿐만이 아니에요. 이스라엘은 여러 모습으로 하나님의 마음을 참 아프게 했습니다. 먹고살 만하니까 하나님께 감사하기는커녕 더 교만해지고 하나님을 아예 잊어버렸습니다.

호 13:5-6 내가 광야 마른 땅에서 너를 알았거늘 / 그들이 먹여 준 대로 배가 불렀고 배가 부르니 그들의 마음이 교만하여 이로 말미암아 나를 잊었느니라

이렇게 하나님과의 관계가 올바로 세워지지 않으니, 이웃과의 관계도 당연히 올바로 맺지 못하겠지요.

호 12:7–8 그는 상인이라 손에 거짓 저울을 가지고 속이기를 좋아하는도다 / 에브라임이 말하기를 나는 실로 부자라 내가 재물을 얻었는데 내가 수고한 모든 것 중에서 죄라 할 만한 불의를 내게서 찾아낼 자 없으리라 하거니와

(거짓과 속임수로 재물을 얻고서도, 양심이 딱딱하게 굳어서 자신에게는 불의가 없다고 자랑하는 모습. 오늘날의 교회 어딘가에서 볼 수 있는 모습 아닌가요?)

이렇게 하나님의 사랑을 거부하며 죄악 중에 거하던 북 이스라엘은 결국 멸망하고 맙니다. (아이러니하게도, 북 이스라엘의 마지막 왕의 이름은 호세아였습니다.) 그런데요. 하나님께서는 이스라엘에 대한 사랑을 포기하신 걸까요? 그렇지 않습니다.

호세아서는 크게 1-3장, 4-11장, 12-14장으로 나눌 수 있습니다. 각 부분에는 심판과 회복의 메시지가 다 들어 있습니다. 각 부분의 전반부에서는 이스라엘의 죄악을 고발하고 심판을 경고하면서도, 후반부에서는 신실하신 하나님의 사랑을 보여 줍니다.

예를 들면, 1-3장의 전반부에서 하나님께서는 호세아의 자식들의 이름을 지어 주시면서 이스라엘과 관계를 끊겠노라고 말씀하세요. 딸의 이름은 '로루하마'로, '내가 다시는 이스라엘 족속을 긍휼히 여겨서 용서하지 않겠다'라는 뜻입니다. 아들의 이름은 '로암미'로, '너희는 내 백성이 아니다'라는 뜻입니

다. 하나님께서 이런 이름들을 통해 심판을 예언하신 것입니다.

하지만 1-3장의 후반부에서는 호세아가 고멜을 다시 불러들인 것처럼, 여호와께서도 백성을 영원히 버리지 않으시고 다시 회복시키겠다고 약속하십니다.

> 호 2:1, 23 너희 형제에게는 암미라 하고 너희 자매에게는 루하마라 하라 … 내가 나를 위하여 그를 이 땅에 심고 긍휼히 여김을 받지 못하였던 자를 긍휼히 여기며 내 백성 아니었던 자에게 향하여 이르기를 너는 내 백성이라 하리니 그들은 이르기를 주는 내 하나님이시라 하리라 하시니라

하나님께서 이제 이스라엘을 '암미'와 '루하마'라고 부르세요. 이 이름들은 호세아의 자녀들의 이름과는 반대의 뜻을 가졌어요. '로암미'는 '내 백성이 아니다'였는데 '암미'는 '내 백성이다'라는 뜻이에요. '로루하마'는 '긍휼히 여김을 받지 못한 자'였는데 '루하마'는 '긍휼히 여김을 받은 자'라는 뜻입니다. 이렇게 하나님께서는 심판의 말씀에 이어 회복의 약속도 주셨어요.

앞에서 하나님께서는 호세아가 음란한 여자와 결혼한 것을 통해서 하나님과 이스라엘 백성과의 관계를 나타내고 계신다고 했잖아요. 이제는 이스라엘과 결혼을 확정하는 약속의 말

씀을 주십니다.

> 호 2:16, 19-20 여호와께서 이르시되 그날에 네가 나를 내 남편이라 일컫고 다시는 내 바알이라 일컫지 아니하리라 … 내가 네게 장가 들어 영원히 살되 공의와 정의와 은총과 긍휼히 여김으로 네게 장가 들며 / 진실함으로 네게 장가 들리니 네가 여호와를 알리라

이러한 심판과 회복의 약속이 4-11장, 12-14장에도 계속 나옵니다. 이스라엘의 죄들과 하나님의 절절한 사랑 노래를 비교해 보세요.

> 우상 숭배의 죄 | 호 4:13, 17-18 그들이 산 꼭대기에서 제사를 드리며 작은 산 위에서 분향하되 참나무와 버드나무와 상수리나무 아래에서 하니 이는 그 나무 그늘이 좋음이라 이러므로 너희 딸들은 음행하며 너희 며느리들은 간음을 행하는도다 … 에브라임이 우상과 연합하였으니 버려 두라 / 그들이 마시기를 다 하고는 이어서 음행하였으며 그들은 부끄러운 일을 좋아하느니라

> 열방을 의지하는 죄 | 호 7:11 에브라임은 어리석은 비둘기같이 지혜가 없어서 애굽을 향하여 부르짖으며 앗수르로 가는도다

> 하나님의 절절한 사랑 노래 | 호 11:1-3, 8 이스라엘이 어렸을 때에 내가

사랑하여 내 아들을 애굽에서 불러냈거늘 / 선지자들이 그들을 부르수록 그들은 점점 멀리하고 바알들에게 제사하며 아로새긴 우상 앞에서 분향하였느니라 / 그러나 내가 에브라임에게 걸음을 가르치고 내 팔로 안았음에도 내가 그들을 고치는 줄을 그들은 알지 못하였도다 … 에브라임이여 내가 어찌 너를 놓겠느냐 이스라엘이여 내가 어찌 너를 버리겠느냐 내가 어찌 너를 아드마같이 놓겠느냐 어찌 너를 스보임같이 두겠느냐 내 마음이 내 속에서 돌이키어 나의 긍휼이 온전히 불붙듯 하도다

하나님의 백성을 향한 하나님의 사랑이 잘 드러나 있지요? 그런데요. 이렇게 사랑을 노래하신 하나님께서 북 이스라엘을 멸망하게 하십니다. 결코 포기하지 않겠다는 하나님의 사랑의 약속은 어떻게 된 것일까요?

신약의 관점에서 보면 이 하나님의 약속은 궁극적으로 '민족'으로서의 이스라엘이 아니라 '하나님의 백성'으로서의 이스라엘을 향한 것임을 알게 됩니다. 그래서 바울 사도는, 호세아서를 인용하면서 이 약속이 유대인뿐 아니라 이방인을 포함한 모든 영적 '하나님의 백성'에게 적용된다고 설명합니다.

롬 9:24-26 이 그릇은 우리니 곧 유대인 중에서뿐 아니라 이방인 중에서도 부르신 자니라 / 호세아의 글에도 이르기를 내가 내 백성 아닌 자를 내 백성이라, 사랑하지 아니한 자를 사랑한 자라 부르리라

/ 너희는 내 백성이 아니라 한 그곳에서 그들이 살아 계신 하나님의 아들이라 일컬음을 받으리라 함과 같으니라

이렇게 구약의 이스라엘 백성 중에서, 그리고 신약의 교회에서 하나님의 사랑을 깨달은 이들은 어떤 반응을 보여야 할까요? 호세아에서 계속 반복되는 단어가 '인애'(헤세드), 그리고 '정의'와 '공의'입니다.

호 6:6 나는 인애를 원하고 제사를 원하지 아니하며 번제보다 하나님을 아는 것을 원하노라

호 10:12 너희가 자기를 위하여 공의를 심고 인애를 거두라 너희 묵은 땅을 기경하라 지금이 곧 여호와를 찾을 때니 마침내 여호와께서 오사 공의를 비처럼 너희에게 내리시리라

호 12:6 그런즉 너의 하나님께로 돌아와서 인애와 정의를 지키며 항상 너의 하나님을 바랄지니라

이러한 인애(헤세드)와 정의, 공의는 우리가 앞에서 살펴보았듯이 하나님 나라의 중요한 특징이었지요. 모든 선지서는 한편으로는 하나님의 나라 이스라엘이 이 사명을 수행할 것을 촉구하고, 다른 한편으로는 이 사명을 수행하지 못했기 때문

에 구원자 메시아가 필요하다는 사실을 알려 줍니다.

다음 선지서는 메뚜기 떼를 통하여 심판의 무서움을 선언하고, 성령님께서 임하셔서 하나님 나라의 사명을 수행하게 해 주실 그날을 예언하고 있는 요엘입니다.

/ 요엘 /

요엘은 다른 선지서들과 달리, 당대의 왕이 누구인지 언급하지 않습니다. (참고로, 오바댜에도 언급이 없어요.) 그래서 이 책이 언제 쓰였는지 확정하기가 어렵습니다. (그런데 이 책이 언제 기록되었는지 알려고 애쓸 필요는 없습니다. 성경에 그 시대에 대한 기록이 없는 이유는, 메시지를 이해하기 위해서 시대 배경을 꼭 알아야 하는 것은 아니기 때문입니다.)

기록 시대를 알 수 없는 책이 호세아 뒤에 위치한 이유는 내용 때문인데요. 호세아는 땅의 회복을 예언하면서 마치고, 요엘은 땅의 황무함을 묘사하는 것으로 시작하거든요. 이렇게 요엘은 호세아 뒤에 위치해서 이스라엘 백성이 회개하고 돌이키지 않을 때에 받을 심판을 강조합니다.[13]

호 14:7 그 그늘 아래에 거주하는 자가 돌아올지라 그들은 곡식같이

풍성할 것이며 포도나무같이 꽃이 필 것이며 그 향기는 레바논의 포도주같이 되리라

욜 1:10 밭이 황무하고 토지가 마르니 곡식이 떨어지며 새 포도주가 말랐고 기름이 다하였도다

요엘을 이해하기 위한 핵심 키워드는 '여호와의 날'입니다. 매 장마다 '여호와의 날'이 가까이 왔다고 경고하고 있습니다. 일반적으로 유대인들에게 이날은 하나님 나라의 완성을 의미하는 마지막 때를 가리키는 날로 알려져 있었습니다. 유대인들은 이날이 오면 여호와 하나님께서 임하셔서, 모든 대적을 심판하시고, 하나님의 백성에게 승리와 구원을 베푸신다고 믿었습니다.

그런데 요엘에서 (그리고 다른 여러 선지서에서) 이날에 관한 메시지가 충격적인 것은, 이날이 하나님의 백성이라고 믿는 유대인들 자신들에게도, 구원이 아닌 심판의 날로 먼저 선포되기 때문입니다.

자신들의 죄악은 생각하지도 않고, 자신들이 선택된 민족이라는 믿음만 붙들고, 자신들에게는 당연히 구원과 승리의 날이 될 것이라고 여겼던 여호와의 날을, 요엘 선지자는 심판의 날로 선언합니다.

욜 1:15 슬프다 그날이여 여호와의 날이 가까웠나니 곧 멸망같이 전능자에게로부터 이르리로다

욜 2:1 시온에서 나팔을 불며 나의 거룩한 산에서 경고의 소리를 질러 이 땅 주민들로 다 떨게 할지니 이는 여호와의 날이 이르게 됨이니라 이제 임박하였으니

욜 3:14 사람이 많음이여, 심판의 골짜기에 사람이 많음이여, 심판의 골짜기에 여호와의 날이 가까움이로다

요엘은 이 심판의 무시무시함을 특히 메뚜기 재앙으로 묘사합니다. 다음 구절에 등장하는 곤충 이름들은 다 메뚜기의 종류들입니다. (이 심판은 실제로 메뚜기 떼를 사용한 심판일 수도 있고, 흡사 메뚜기 떼처럼 몰려드는 적군의 군사들을 사용한 심판일 수도 있습니다.)

욜1:4 팥중이가 남긴 것을 메뚜기가 먹고 메뚜기가 남긴 것을 느치가 먹고 느치가 남긴 것을 황충이 먹었도다

이러한 메뚜기 심판은 그 옛날 이집트에 내려졌던 열 가지 재앙 중 여덟 번째 재앙을 떠오르게 합니다.

> 출 10:14-15 메뚜기가 애굽 온 땅에 이르러 그 사방에 내리매 그 피해가 심하니 이런 메뚜기는 전에도 없었고 후에도 없을 것이라 / 메뚜기가 온 땅을 덮어 땅이 어둡게 되었으며 메뚜기가 우박에 상하지 아니한 밭의 채소와 나무 열매를 다 먹었으므로 애굽 온 땅에서 나무나 밭의 채소나 푸른 것은 남지 아니하였더라

또한 이 심판은 하나님의 백성이 불순종할 때 받는 저주 목록에 포함되어 있습니다.

> 신 28:38, 42 네가 많은 종자를 들에 뿌릴지라도 메뚜기가 먹으므로 거둘 것이 적을 것이며 … 네 모든 나무와 토지 소산은 메뚜기가 먹을 것이며

이전에는 이스라엘을 이집트의 압제로부터 구원하는 데 사용되었던 메뚜기가, 이제는 이스라엘의 죄 때문에 그들을 심판하는 데 사용되고 있습니다. 그만큼 이스라엘의 죄가 크다는 것을 상징하지요.

그렇다면, 이러한 심판 앞에서, 범죄한 이스라엘에게는 아무런 소망이 없는 것일까요? 아닙니다. 요엘 선지자는 소망의 메시지도 함께 전합니다. 첫 번째 소망의 메시지는 회개하면 재앙을 내리지 않으실 것이라는 하나님의 약속입니다.

욜 2:12-13 여호와의 말씀에 너희는 이제라도 금식하고 울며 애통하고 마음을 다하여 내게로 돌아오라 하셨나니 / 너희는 옷을 찢지 말고 마음을 찢고 너희 하나님 여호와께로 돌아올지어다 그는 은혜로우시며 자비로우시며 노하기를 더디하시며 인애가 크시사 뜻을 돌이켜 재앙을 내리지 아니하시나니

이스라엘 백성은 회개할 때 옷을 찢는 행동을 하면서 마음을 찢는 것 같은 슬픔, 애통, 탄식 등을 표현했거든요. 그런데 나중에는 마음은 찢지 않으면서 옷만 찢었어요. 요엘 선지자는 이렇게 외적이고 형식적인 회개가 아니라, 마음을 찢는 참된 회개가 필요하다고 외치고 있는 것입니다.

이 회개에 대한 하나님의 응답은 메뚜기 떼를, 혹은 흡사 메뚜기 떼와 같은 이방 군사들을 물리쳐 주신다는 약속입니다. 더불어 그들로 인한 피해를 회복하여 풍족하게 누리게 해 준다고 하십니다.

메뚜기 떼[이방 군대]를 추방 | 욜 2:20 내가 북쪽 군대를 너희에게서 멀리 떠나게 하여 메마르고 적막한 땅으로 쫓아내리니 그 앞의 부대는 동해로, 그 뒤의 부대는 서해로 들어갈 것이라 상한 냄새가 일어나고 악취가 오르리니 이는 큰 일을 행하였음이니라 하시리라

물질적 풍요의 회복 | 욜 2:25-26 내가 전에 너희에게 보낸 큰 군대 곧

메뚜기와 느치와 황충과 팥중이가 먹은 햇수대로 너희에게 갚아 주리니 / 너희는 먹되 풍족히 먹고 너희에게 놀라운 일을 행하신 너희 하나님 여호와의 이름을 찬송할 것이라 내 백성이 영원히 수치를 당하지 아니하리로다

두 번째 소망의 메시지는 성령님께서 임하실 날에 대한 약속입니다.

욜 2:28-29 그 후에 내가 내 영을 만민에게 부어 주리니 너희 자녀들이 장래 일을 말할 것이며 너희 늙은이는 꿈을 꾸며 너희 젊은이는 이상을 볼 것이며 / 그때에 내가 또 내 영을 남종과 여종에게 부어 줄 것이며

참으로 놀라운 회복입니다. 하나님의 영이 젊은이와 늙은이에게, 여자와 남자에게, 자유인과 노예에게, 빈부와 귀천에 상관없이 모두에게 동일하게 임한다고 합니다. 이 약속은 신약에서 확실하게 성취됩니다. 오순절 날 성령이 임한 뒤에 3,000명을 회심시킨 베드로의 설교 중 이 말씀이 언급됩니다.

행 2:16-18 이는 곧 선지자 요엘을 통하여 말씀하신 것이니 일렀으되 / 하나님이 말씀하시기를 말세에 내가 내 영을 모든 육체에 부어 주리니 너희의 자녀들은 예언할 것이요 너희의 젊은이들은 환상을

보고 너희의 늙은이들은 꿈을 꾸리라 / 그때에 내가 내 영을 내 남종과 여종들에게 부어 주리니 그들이 예언할 것이요

베드로의 설교에서, 요엘 선지자가 예언한 그때가 바로 오순절 성령 강림의 그날임을 알 수 있습니다. 이 약속이 오순절 날 성취되었다는 사실은 의미심장합니다. 오순절은 맥추절이라고도 부르는데 밀 추수의 첫 열매를 기념하는 명절이에요. 메뚜기 떼로 인해 황폐해진 땅을 회복해 주시겠다는 약속 뒤에 하나님의 영을 부어 주겠다는 약속을 하셨는데 이것이 오순절에 이루어진 것입니다. 하나님께서 우리의 육체와 영혼, 물질과 정신을 함께 회복해 주실 것을 약속하시고 성취하신 것입니다.

여기서 잠깐! 요엘에 계속 반복해서 나오는 '여호와의 날'의 심판은 어디로 가고, 신약 시대에 하나님의 영이 부어지는 약속만 이루어진 것일까요?

이 심판은, 바로 예수 그리스도의 십자가 위에서 모두 실행되었습니다. 십자가에 쏟아부어진 진노가 바로 여호와의 날, 우리에게 쏟아져야 했던 진노였습니다. 예수님이 그것을 모두 담당하셨기에, 이제 십자가의 은혜를 붙잡는 우리는 하나님께서 차별 없이 부어 주시는 성령님의 임재를 누리게 됩니다.

호세아에서 살펴보았듯이 이 약속은 민족적인 이스라엘이 아니라 하나님의 백성 모두에게 주어진 약속이라고 요엘도 설

명합니다. 그리고 신약에서는 바로 그 사실을 선언하기 위하여 요엘의 말씀을 인용합니다.

> 욜 2:32 누구든지 여호와의 이름을 부르는 자는 구원을 얻으리니 이는 나 여호와의 말대로 시온 산과 예루살렘에서 피할 자가 있을 것임이요 남은 자 중에 나 여호와의 부름을 받을 자가 있을 것임이니라

> 롬 10:12-13 유대인이나 헬라인이나 차별이 없음이라 한 분이신 주께서 모든 사람의 주가 되사 그를 부르는 모든 사람에게 부요하시도다 / 누구든지 주의 이름을 부르는 자는 구원을 받으리라

유대인인지 이방인인지가 중요한 것이 아니라 주의 이름을 부르는지 부르지 않는지가 중요합니다. 하나님의 백성이 되기를 원하는지 거부하는지가 중요합니다. 요엘은 하나님 나라의 백성의 범위를 '누구든지'라고 확장하여 제시합니다.

/ 아모스 /

아모스는 남 유다 출신이지만 북 이스라엘에서 말씀을 선포한 선지자였습니다. 호세아와 요엘의 앞뒤가 연결되는 것처럼, 아모스도 요엘의 마지막 내용인 '시온에서 부르짖고 예루살렘에서 내는 소리'로 연결되면서 시작합니다.[14]

> **욜 3:16** 여호와께서 시온에서 부르짖고 예루살렘에서 목소리를 내시리니 하늘과 땅이 진동하리로다

> **암 1:2** 그가 이르되 여호와께서 시온에서부터 부르짖으시며 예루살렘에서부터 소리를 내시리니 목자의 초장이 마르고 갈멜 산 꼭대기가 마르리로다

그리고 이스라엘의 주변 나라들에 대해 심판을 선포합니다.

예를 들면 다음과 같은 문구가 반복됩니다.

> 암 1:3 여호와께서 이와 같이 말씀하시되 다메섹의 서너 가지 죄로 말미암아 내가 그 벌을 돌이키지 아니하리니

심판이 다메섹부터 가사, 두로, 에돔, 암몬, 모압으로 이어집니다. 이스라엘과 인접한 나라들은 모두 예외 없이 죄악을 지적받습니다. 심지어 남 유다에게도 심판이 동일하게 선포됩니다. 이렇게 여러 나라를 향해 심판이 선포될 때마다, 북 이스라엘의 청중들은 즐거워하고 다른 민족들이 받을 형벌을 고소해했을 것입니다.

그런데요. 하나님께서는 이스라엘에게도 심판을 선언하십니다.

> 암 2:6 여호와께서 이와 같이 말씀하시되 이스라엘의 서너 가지 죄로 말미암아 내가 그 벌을 돌이키지 아니하리니

이스라엘 백성은 이 선포를 받아들이기 어려웠을지 모르겠습니다. 그들은 절기를 잘 지키고, 번제나 소제, 화목제도 열심히 드리고 있었거든요. 그래서 자신들의 신앙은 훌륭하다고 생각하고 있었겠지요. 그런데 하나님께서 그들의 제사를 받지 않겠다고 하십니다.

> **암 5:21-22** 내가 너희 절기들을 미워하여 멸시하며 너희 성회들을 기뻐하지 아니하나니 / 너희가 내게 번제나 소제를 드릴지라도 내가 받지 아니할 것이요 너희의 살진 희생의 화목제도 내가 돌아보지 아니하리라

호세아에서 이스라엘이 배가 부르니 하나님을 잊었다고 했던 것을 기억하시나요? "그들이 먹여 준 대로 배가 불렀고 배가 부르니 그들의 마음이 교만하여 이로 말미암아 나를 잊었느니라"(호 13:6). 아모스도 호세아와 비슷한 시기인 여로보암 2세 때, 즉 이스라엘이 이전에 없던 번영을 누린 시기에 활동했습니다.

> **암 1:1** 유다 왕 웃시야의 시대 곧 이스라엘 왕 요아스의 아들 여로보암의 시대 지진 전 이 년에 드고아 목자 중 아모스가 이스라엘에 대하여 이상으로 받은 말이라

그런데 이러한 경제 발전의 혜택을 지배층만 독점하여 누렸습니다. 그 결과 가진 자와 그렇지 못한 자 사이의 양극화 현상이 심화되었고요. 게다가 부유층은 불의한 방법으로 더욱 부를 축적하고, 사치와 향락을 일삼았습니다. 가난한 이들은 부유한 이들의 탐욕에 무참히 희생되었지요.

문제는 부익부 빈익빈 자체보다 그러한 양극화가 생겨나게

된 원인입니다. 아모스 선지자의 고발을 들어 볼까요?

> **암 2:6, 8** 이는 그들이 은을 받고 의인을 팔며 신 한 켤레를 받고 가난한 자를 팔며 … 모든 제단 옆에서 전당 잡은 옷 위에 누우며 그들의 신전에서 벌금으로 얻은 포도주를 마심이니라

은을 받고 의인을 팔았다는 것은 죄 없는 사람을 뇌물 때문에 죄인으로 판결하는 불의를 지적하는 것이에요. 신 한 켤레를 받고 궁핍한 자를 팔았다는 것은 신 한 켤레 정도의 작은 빚도 갚지 못하는 가난한 이들을 노예로 넘기는 무자비함을 지적하는 것입니다.

"모든 단 옆에서 전당 잡은 옷 위에 누우며"라는 말씀은 더 심각한 문제를 지적합니다. 성경이 집필되던 당시에는 자신의 물품을 잠시 맡겨 놓고 돈을 빌리는 제도가 있었는데요. 하나님께서는 이러한 과정에 원칙을 세워 두셨어요. (오늘날에는 급하게 돈이 필요하면 은행에 가서 신용을 담보로 돈을 빌리잖아요. 예전에는 전당포에 가서 물건을 맡기고 돈을 빌렸답니다. 영화 〈아저씨〉에서 원빈 씨가 전당포에서 일을 했지요.)

> **출 22:26-27** 네가 만일 이웃의 옷을 전당 잡거든 해가 지기 전에 그에게 돌려보내라 / 그것이 유일한 옷이라 그것이 그의 알몸을 가릴 옷인즉 그가 무엇을 입고 자겠느냐 그가 내게 부르짖으면 내가 들으

리니 나는 자비로운 자임이니라

가난한 사람들은 전당 잡힐 물건이 옷밖에 없었습니다. 그런데 이 당시 옷은 밤에는 이불의 역할도 했거든요. 그러니 밤에는 추위를 견딜 수 있도록 옷을 돌려주라는 거예요. 이것이 바로 율법의 정신입니다. 우리가 계속 들어 왔던 하나님 나라의 통치 원리, 바로 '정의와 공의'가 실현되는 구체적인 모습입니다.

그러나 아모스 시대에는 언약 공동체가 지켜야 할 이런 자비의 정신이 사라지고 말았던 것입니다. 오히려 부자들은 가난한 자들의 전당 잡은 옷 위에 누웠어요. 그것도 제단 옆에서 말이에요! 그러면서 번제나 소제, 화목제를 열심히 드리고 있었던 거지요. 그래서 하나님께서는 이런 제사는 받지 않겠다고 하신 것입니다.

'정의와 공의'가 전혀 실현되지 않는, 그래서 하나님 나라의 정체성을 잃어버린 이스라엘의 이러한 죄 때문에 하나님께서는 강력한 심판을 선포하십니다.

암 5:18 화 있을진저 여호와의 날을 사모하는 자여 너희가 어찌하여 여호와의 날을 사모하느냐 그날은 어둠이요 빛이 아니라

암 6:1 화 있을진저 시온에서 교만한 자와 사마리아 산에서 마음이

든든한 자 곧 백성들의 머리인 지도자들이여 이스라엘 집이 그들을 따르는도다

아모스의 심판은 7-9장에 나오는 다섯 개의 환상에서 더 강력하게 선포됩니다. 처음 두 환상은 메뚜기 재앙과 불로 징벌하는 심판입니다. 이 심판에서는 아모스가 중재자로 나서서 하나님께서 심판을 돌이키시도록 하는 데 성공합니다. 메뚜기 재앙에 대한 아모스의 간구와 하나님의 응답을 보세요. (요엘에 나오는 메뚜기 심판이 생각나네요.)

암 7:2-3 메뚜기가 땅의 풀을 다 먹은지라 내가 이르되 주 여호와여 청하건대 사하소서 야곱이 미약하오니 어떻게 서리이까 하매 / 여호와께서 이에 대하여 뜻을 돌이키셨으므로 이것이 이루어지지 아니하리라 여호와께서 말씀하셨느니라

세 번째와 네 번째는 다림줄과 여름 과일 광주리 환상을 통해 나타나는 심판입니다. (다림줄은 추를 달아서 늘어뜨린 줄을 말합니다. 건물이 똑바로 지어졌는지를 확인하는 도구로, 다림줄로 재어서 수직이 아니면 벽을 헐어야 했습니다.) 잘 익은 여름 과일은 빨리 먹지 않으면 상하고 말지요. 종말이 곧 다가왔음을 알리는 환상입니다. (참고로, 여름 과일이라는 단어는 히브리어로 '끝', '종말'이라는 단어와 자음이 같습니다.) 그런데 이 심판에서는 하나님께서

이스라엘을 용서하지 않겠다고 하십니다.

암 8:2 그가 말씀하시되 아모스야 네가 무엇을 보느냐 내가 이르되 여름 과일 한 광주리니이다 하매 여호와께서 내게 이르시되 내 백성 이스라엘의 끝이 이르렀은즉 내가 다시는 그를 용서하지 아니하리니

환상이 거듭될수록 이스라엘 백성의 죄악이 용서받을 수 없을 정도로 더 심각해지고 있음을 알 수 있습니다. 마지막 다섯 번째 환상은 더 직접적입니다. 가식적인 제사를 드리는 이스라엘 백성을 기둥을 무너뜨리게 해서 멸하시겠다는 환상입니다. 이렇게 아모스는 이스라엘에게 무서운 심판의 메시지를 전하고 있습니다.

암 9:1 내가 보니 주께서 제단 곁에 서서 이르시되 기둥 머리를 쳐서 문지방이 움직이게 하며 그것으로 부서져서 무리의 머리에 떨어지게 하라 내가 그 남은 자를 칼로 죽이리니 그중에서 한 사람도 도망하지 못하며 그중에서 한 사람도 피하지 못하리라

그렇다면 이 심판을 피하려면 어떻게 해야 할까요?

암 5:14–15 너희는 살려면 선을 구하고 악을 구하지 말지어다 만군

의 하나님 여호와께서 너희의 말과 같이 너희와 함께 하시리라 / 너희는 악을 미워하고 선을 사랑하며 성문에서 정의를 세울지어다 만군의 하나님 여호와께서 혹시 요셉의 남은 자를 불쌍히 여기시리라

암 5:24 오직 정의를 물같이, 공의를 마르지 않는 강같이 흐르게 할지어다

아모스에서 제시하는 해결책은 하나님 나라의 핵심 가치인 '정의와 공의'를 회복하는 것입니다. 그러나 이스라엘은 이 선포에 응답하지 않았고, 결국 멸망의 길로 들어서고 맙니다.

아모스의 메시지는 회개의 촉구에서 멈추지 않습니다. 아모스의 마지막 단락인 9:11-15에서는 구원의 약속도 선포됩니다.

암 9:11-12 그날에 내가 다윗의 무너진 장막을 일으키고 그것들의 틈을 막으며 그 허물어진 것을 일으켜서 옛적과 같이 세우고 / 그들이 에돔의 남은 자와 내 이름으로 일컫는 만국을 기업으로 얻게 하리라 이 일을 행하시는 여호와의 말씀이니라

이 구절은 신약에서 아주 중요한 역할을 합니다. 사도행전 15장을 보면, 이방인 회심자가 꼭 할례를 받아야 하는지의 문제를 놓고 예루살렘에서 회의가 열려요. 거기서 야고보 사도

가 이 말씀에 근거해서 이방인이 하나님의 백성이 되는 데 장애물을 놓아서는 안 된다고 말합니다. 그럴 정도로 이 구절은 북 이스라엘을 넘어 온 열방을 하나님의 백성으로 받아들이는 하나님의 은혜를 강력하게 설명하는 내용입니다.

그런데 "그들이 에돔의 남은 자와 내 이름으로 일컫는 만국을 기업으로 얻게 하리라"라는 12절을 야고보는 약간 수정해서 인용합니다. "이는 그 남은 사람들과 내 이름으로 일컬음을 받는 모든 이방인들로 주를 찾게 하려 함이라 하셨으니"(행 15:17)라고요. 아모스에서 '에돔'은 '모든 이방인'을 대표하는 민족이라고 해석했기 때문입니다.

그래서 다음 이야기는 이방을 대표하는 에돔을 향한 심판을 다룬 오바댜로 이어집니다.

/ 오바댜 /

오바댜는 구약 성경에서 가장 짧은 책입니다. 다른 선지서들이었다면 여러 이방 나라에 대한 심판을 다루는 내용 중 하나 정도에 해당했을 분량입니다. 그런데도 한 권의 책으로 구분된 것은 그만큼 의미가 있기 때문이겠지요.

오바댜는 에돔에 대한 심판과 소망을 기록한 책이에요. 에돔은 에서(야곱의 형)의 후예들로 이루어진 민족입니다.

창 36:43 막디엘 족장, 이람 족장이라 이들은 그 구역과 거처를 따른 에돔 족장들이며 에돔 족속의 조상은 에서더라

(에서는 야곱의 쌍둥이 형입니다. 야곱의 후손들이 이스라엘 민족이 되고, 에서의 후손들이 에돔 민족이 됩니다. 이 민족들은 형제간이었지만, 안타깝게도 사이가 그리 좋지 못했어요. 에서와 야곱이 오랜 시간 갈등

한 것과 같이, 두 민족도 오랜 기간 갈등했어요.)

에돔이 어떤 죄를 지었기에 이렇게 오바댜 선지자가 하나님의 심판을 대언한 것일까요? 에돔의 첫 번째 죄는 '교만'입니다.

옵 1:3 너의 마음의 교만이 너를 속였도다 바위 틈에 거주하며 높은 곳에 사는 자여 네가 마음에 이르기를 누가 능히 나를 땅에 끌어내리겠느냐 하니

사실, 이 죄는 예레미야서 49장에도 기록되어 있어요.

렘 49:7, 16 에돔에 대한 말씀이라 … 바위 틈에 살며 산꼭대기를 점령한 자여 스스로 두려운 자인 줄로 여김과 네 마음의 교만이 너를 속였도다 네가 독수리같이 보금자리를 높은 데에 지었을지라도 내가 그리로부터 너를 끌어내리리라 이는 여호와의 말씀이니라라

이 구절들이 동일하게 말해 주듯이, 에돔의 교만은 아마도 그들이 난공불락의 요새에 거했기 때문에 더 심했던 것 같아요. (영화 〈인디아나 존스〉의 촬영지로 잘 알려진 '페트라'라는 지역이 바로 에돔 족속이 살았던 곳입니다. '페트라'는 '바위'라는 뜻인데요. 협곡 사이에 건설된 도시여서 '바위 틈'이라는 성경의 설명이 딱 들어맞는다고 해요.)

이 '교만'의 죄는 다른 모든 열방을 심판할 때도 자주 나오는 내용인데요. 바로 마귀가 저질렀던 죄악이지요.

> **딤전 3:6** 새로 입교한 자도 말지니 교만하여져서 마귀를 정죄하는 그 정죄에 빠질까 함이요

(예수님이 율법을 열심히 지킨다고 자부하던 바리새인들과 종교 지도자들을 심하게 질책하신 이유도 그들이 다른 사람들보다 더 열심히 종교 생활을 한다는 생각으로 교만했기 때문입니다.)

오바댜가 지적하는 에돔의 또 다른 죄는 형제에 대한 악행입니다. 다음 구절들은 유다가 바벨론에 의해 멸망당할 때를 말하고 있습니다. 참고로 시편 기자의 고발을 보면, 예루살렘이 바벨론에게 공격받을 때, 에돔이 옆에서 바벨론을 응원했던 것 같아요. 오바댜에서도 그러한 에돔의 태도를 강력하게 책망합니다.

> **시 137:7** 여호와여 예루살렘이 멸망하던 날을 기억하시고 에돔 자손을 치소서 그들의 말이 헐어 버리라 헐어 버리라 그 기초까지 헐어 버리라 하였나이다

> **옵 1:10, 12** 네가 네 형제 야곱에게 행한 포학으로 말미암아 부끄러움을 당하고 영원히 멸절되리라 … 네가 형제의 날 곧 그 재앙의 날

에 방관할 것이 아니며 유다 자손이 패망하는 날에 기뻐할 것이 아니며 그 고난의 날에 네가 입을 크게 벌릴 것이 아니며

유다가 재앙을 당할 때 방관하고, 또 패망하니까 기뻐하면서 입을 크게 벌려 웃었다고 해요. 흥미롭게도, 오바댜는 에돔이 열방 중에서 멸시를 받게 될 것이라고 심판을 선언하는데요. 이 단어는, 에서가 자신의 장자권을 무시했을 때 사용한 단어와 같습니다.[15]

옵 1:2 보라 내가 너를 나라들 가운데에 매우 작게 하였으므로 네가 크게 멸시를 받느니라(בְּזֹה)

창 25:34 야곱이 떡과 팥죽을 에서에게 주매 에서가 먹으며 마시고 일어나 갔으니 에서가 장자의 명분을 가볍게 여김이었더라라(בְּזֹה)

그 옛날 장자권을 무시했던 에서, 그리고 그의 후손들이, 이제는 다른 나라들로부터 무시를 당하는 심판을 받게 되는 것입니다. 왜 이런 심판을 받게 되는 걸까요? 하나님께서는 이스라엘을 복의 통로로 사용하고자 부르셨습니다. 그러니까 이스라엘을 무시한 것은 하나님을 무시한 것과 같아요. 하나님으로부터 오는 복을 무시했던 에서처럼 이스라엘을 무시한 에돔에게는 바로 자신들이 무시를 당하게 되는 심판이 임한

것입니다.

이러한 에돔의 죄악 때문에, 오바댜는 에돔에 대한 강력한 심판을 선포합니다. 그래서 어떻게 보면 이 책 안에서는 에돔을 향한 소망이 전혀 없는 것 같기도 해요. 하지만 아예 소망의 단서가 없다고 할 수는 없습니다.[16]

열두 소선지서는 기본적으로 연대기적인 순서를 바탕으로 배열되어 있어요. 그런데 예언이 주어진 시기를 명확하게 밝히지 않는 오바댜는 왜 현재의 위치에 놓이게 된 것일까요? 많은 학자들은, 바로 앞 성경인 아모스의 마지막 구절을 추가로 더 설명하기 위해서 이 위치에 놓인 것이라고 결론을 내립니다. 아모스의 마지막 부분을 볼까요?

> **암 9:11-12** 그날에 내가 다윗의 무너진 장막을 일으키고 그것들의 틈을 막으며 그 허물어진 것을 일으켜서 옛적과 같이 세우고 / 그들이 에돔의 남은 자와 내 이름으로 일컫는 만국을 기업으로 얻게 하리라 이 일을 행하시는 여호와의 말씀이니라

아모스가 에돔을 콕 찍어서 '내 이름으로 일컫는 만국'을 대표하는 나라로 지목한 것은 매우 특별한 기록입니다.

무너졌던 다윗의 장막이 재건되는 것을 통해, 남 유다와 북이스라엘이 회복될 것입니다. 그리고 에돔으로 대표되는 모든 이방 나라들도 회복될 것입니다. 에돔처럼 희망이 보이지

않던 나라가 이방 나라의 대표가 되어 이름을 올린 것은, 지구상의 어떠한 민족도, 어떠한 사람도 이 구원의 역사에서 배제되지 않는다는 것을 상징합니다.

그래서 오바댜의 마지막 구절인 "나라가 여호와께 속하리라"라는 말씀은, 이제 이 세상 전체가 여호와께 속하게 될 미래를 그리고 있는 것입니다.

> **옵 1:21** 구원 받은 자들이 시온 산에 올라와서 에서의 산을 심판하리니 나라가 여호와께 속하리라

이렇게 오바댜에서는 하나님이 이스라엘만의 하나님이 아니라 이방 민족도 심판하시는 온 세상의 주인이심을 드러냅니다. 동시에 그들도 구원 역사에서 제외되지 않음을 보여 줍니다. 신약 이후에 더 분명하게 확장될 하나님의 나라를 내다보고 있는 것입니다.

/ 요나 /

요나는 오바댜 선지자처럼 이스라엘이 아닌 이방 민족에게 심판의 메시지를 전한 선지자입니다. 요나가 앗수르의 수도인 니느웨에 가서 심판이 올 것을 외치자 그곳 백성이 회개함으로 하나님께 용서를 받습니다. 그래서 요나서 역시 오바댜서처럼 하나님께서 온 세상의 주인이시며 그 누구도 그분의 구원의 손길에서 제외되지 않음을 선포합니다.

그런데 요나에는 심판의 메시지가 달랑(?) 한 절밖에 나오지 않아요.

> 욘 3:4 요나가 그 성읍에 들어가서 하루 동안 다니며 외쳐 이르되 사십 일이 지나면 니느웨가 무너지리라 하였더니

오히려 니느웨에 전해진 이 한 절의 메시지를 전후로 요나 선

지자의 반응을 통해 이방 민족뿐만 아니라 요나로 대표되는 이스라엘 민족의 죄도 지적하고 회개를 촉구하는 내용을 담고 있습니다.

요나서는 크게 1, 2장과 3, 4장으로 나눌 수 있습니다. 1, 2장은 요나가 하나님의 명령을 받지만 순종하지 않고 도망 다니는 장면을, 3, 4장은 다시 명령을 받아 결국 그 명령을 수행하는 장면을 그립니다.

재미있게도 두 이야기는 거의 완전한 평행 구조로 전개됩니다. 예를 들어 보면, 1:1-2과 3:1-2에서는 하나님이 요나에게 명령하시는 내용이 반복됩니다.

> 욘 1:1, 2 여호와의 말씀이 아밋대의 아들 요나에게 임하니라 이르시되 / 너는 일어나 저 큰 성읍 니느웨로 가서 그것을 향하여 외치라 그 악독이 내 앞에 상달되었음이니라 하시니라

> 욘 3:1, 2 여호와의 말씀이 두 번째로 요나에게 임하니라 이르시되 / 일어나 저 큰 성읍 니느웨로 가서 내가 네게 명한 바를 그들에게 선포하라 하신지라

그런데요. 1, 2장의 요나는 (『팀 켈러의 방탕한 선지자』에서 잘 지적하듯이) 누가복음 15장에 나오는 탕자 비유의 둘째 아들과 닮았습니다. 요나도 하나님의 명령을 거역하고 도망쳤고, 둘째

아들도 아버지를 버리고 멀리 떠나 버렸습니다. 그리고 탕자가 고난을 겪은 후 자신의 잘못을 뉘우치고 아버지에게 돌아오듯이 요나도 물고기 배 속에서 회개하지요.

또한, 3, 4장의 요나는 첫째 아들과 닮았습니다. 첫째 아들은 아버지에게 순종하지만 아버지가 둘째 아들에게 은혜를 베풀자 화를 내었지요. 요나도 하나님께서 니느웨 백성에게 은혜를 베푸시는 것을 싫어하고 화를 냅니다.

눅 15:28 그가 노하여 들어가고자 하지 아니하거늘

욘 4:1 요나가 매우 싫어하고 성내며

요나의 이야기는 탕자 비유처럼 우리가 과연 지금 어떤 모습인지를 묻고 있습니다. 이방 민족에 대한 심판 이전에 하나님 나라의 백성은 그 나라 백성답게 살고 있는지를 묻는 것입니다.

요나서 전반에 걸쳐 나오는, 요나와 이방인들의 대조가 인상적입니다. 1장에서는 요나가 이방인 선원들을 만나고, 3장에서는 니느웨 사람들을 만나는데요. 두 장면에서 모두 요나의 이기심과, 이방인들의 겸손함과 하나님을 두려워하는 모습이 대조됩니다.

1장을 보면 요나는 니느웨로 가라는 하나님의 명령을 거역하고 그 반대편에 있는 다시스로 가려고 시도합니다. 그러자 하나님께서는 요나가 탄 배가 폭풍을 만나게 하시는데요. 사공들은 결국 이 일이 요나 때문에 벌어졌음을 알게 됩니다. 그 때 사공들이 이렇게 반응합니다.

> 욘 1:13 그러나 그 사람들이 힘써 노를 저어 배를 육지로 돌리고자 하다가 바다가 그들을 향하여 점점 더 흉용하므로 능히 못한지라

이교도 선원들은 요나를 죽이지 않기 위하여 육지를 향해 최선을 다해 노를 젓습니다. 그런데도 문제가 해결되지 않자 하나님께 기도합니다.

> 욘 1:14 무리가 여호와께 부르짖어 이르되 여호와여 구하고 구하오니 이 사람의 생명 때문에 우리를 멸망시키지 마옵소서 무죄한 피를 우리에게 돌리지 마옵소서 주 여호와께서는 주의 뜻대로 행하심이니이다 하고

할 수 없이 요나를 바다에 던진 후에는 이렇게 반응합니다.

> 욘 1:16 그 사람들이 여호와를 크게 두려워하여 여호와께 제물을 드리고 서원을 하였더라

여기서 요나는 하나님 나라의 백성을 대표합니다. 스스로도 자신을 그렇게 밝혀요.

> 욘 1:9 그가 대답하되 나는 히브리 사람이요 바다와 육지를 지으신 하늘의 하나님 여호와를 경외하는 자로라 하고

그런데도 요나는 폭풍을 만났을 때 사공들처럼 부르짖지 않습니다. 니느웨 사람들의 생명을 살리는 일에 관심이 없었던 요나의 모습은, 요나를 살리기 위해 애를 쓴 사공들의 모습과 대조가 됩니다.

또 한 번의 대조가, 하나님 나라 백성인 요나와 악독한 이방인 니느웨 사람들과의 모습에서 나옵니다. 요나는 하나님께서 명령하실 때에 정면으로 불순종했어요. '여호와의 얼굴을 피하여' 니느웨와 정반대 방향인 다시스로 도망갑니다.

> 욘 1:2-3 너는 일어나 저 큰 성읍 니느웨로 가서 그것을 향하여 외치라 그 악독이 내 앞에 상달되었음이니라 하시니라 / 그러나 요나가 여호와의 얼굴을 피하려고 일어나 다시스로 도망하려 하여 욥바로 내려갔더니 마침 다시스로 가는 배를 만난지라 여호와의 얼굴을 피하여 그들과 함께 다시스로 가려고 배삯을 주고 배에 올랐더라

그런데 하나님께서 "그 악독이 내 앞에 상달되었음이니라"라

고 말씀하실 정도로 악했던 니느웨의 반응을 보세요. 요나가 단 하루만 심판을 선포하고 다녔는데 니느웨 사람들이 (심지어 동물들까지) 다 굵은 베옷을 입고 회개를 합니다.

> 욘 3:4-5,8 요나가 그 성읍에 들어가서 하루 동안 다니며 외쳐 이르되 사십 일이 지나면 니느웨가 무너지리라 하였더니 / 니느웨 사람들이 하나님을 믿고 금식을 선포하고 높고 낮은 자를 막론하고 굵은 베 옷을 입은지라 … 사람이든지 짐승이든지 다 굵은 베 옷을 입을 것이요

이렇게 요나서는 요나와 이방인들을 대조함으로써 온 열방에 복을 흘려보내야 할 하나님 나라의 백성이 얼마나 타락했는지를 보여 줍니다.

요나서에서 더 주의 깊게 살펴보아야 하는 또 다른 대조가 있는데요. 바로 하나님과 요나입니다.

요나는 하나님께서 니느웨 사람들에게 긍휼을 베푸시니까 화를 냅니다.

> 욘 3:10 하나님이 그들이 행한 것 곧 그 악한 길에서 돌이켜 떠난 것을 보시고 하나님이 뜻을 돌이키사 그들에게 내리리라고 말씀하신 재앙을 내리지 아니하시니라

욘 4:1 요나가 매우 싫어하고 성내며

요나가 도망친 것도 사실은 하나님께서 이렇게 니느웨 사람들을 용서해 주실 것이 싫었기 때문입니다.

욘 4:2 여호와께 기도하여 이르되 여호와여 내가 고국에 있을 때에 이러하겠다고 말씀하지 아니하였나이까 그러므로 내가 빨리 다시스로 도망하였사오니 주께서는 은혜로우시며 자비로우시며 노하기를 더디하시며 인애가 크시사 뜻을 돌이켜 재앙을 내리지 아니하시는 하나님이신 줄을 내가 알았음이니이다

이와 반대로, 하나님께서는 요나가 말한 대로 '은혜로우시며 자비로우시며 노하기를 더디하시며 인애(헤세드)가 크신' 분이십니다. 아무리 악독한 니느웨라도 그들을 아끼십니다. 그래서 하나님께서는 요나에게 박넝쿨을 통해서 교훈을 주세요. 요나가 자신에게 그늘을 만들어 주는 박넝쿨을 소중히 여기거든요. 그런 요나에게 하나님께서 묻습니다. 사람이 식물보다 더 소중하지 않느냐?

욘 4:10-11 여호와께서 이르시되 네가 수고도 아니하였고 재배도 아니하였고 하룻밤에 났다가 하룻밤에 말라 버린 이 박넝쿨을 아꼈거든 / 하물며 이 큰 성읍 니느웨에는 좌우를 분변하지 못하는 자가

십이만여 명이요 가축도 많이 있나니 내가 어찌 아끼지 아니하겠느냐 하시니라

그리고 크신 인애를 가지신 하나님께서는 불순종하는 요나도 끝까지 포기하지 않으세요. 요나는 세 번이나 차라리 죽겠다면서 하나님께 대듭니다.

욘 1:12 그가 대답하되 나를 들어 바다에 던지라 그리하면 바다가 너희를 위하여 잔잔하리라 너희가 이 큰 폭풍을 만난 것이 나 때문인 줄을 내가 아노라 하니라

욘 4:3 여호와여 원하건대 이제 내 생명을 거두어 가소서 사는 것보다 죽는 것이 내게 나음이니이다 하니

욘 4:8 해가 뜰 때에 하나님이 뜨거운 동풍을 예비하셨고 해는 요나의 머리에 쪼이매 요나가 혼미하여 스스로 죽기를 구하여 이르되 사는 것보다 죽는 것이 내게 나으니이다 하니라

요나가 계속 죽겠다고 덤비지만 하나님께서는 계속 살려 주시고, 기회를 주시고, 설득하시고 가르쳐 주십니다. 우리는 요나서를 읽으며, 요나와 달리 끝없이 참으시고, 다시 한 번 기회를 주시는 인내와 사랑의 하나님을 만납니다.

이렇게 요나서는 이러한 대조들을 통해 복의 통로가 되어야 할 하나님 나라 백성이 그 사명을 완전히 잃어버렸음을 지적합니다. 그리고 그런 백성이라도 끝까지 포기하지 않고 기회를 주시는 하나님의 사랑도 보여 줍니다.

이렇게 해서 소선지서 중에서 시대를 특정하지 않은 선지서와 북 이스라엘과 관련된 선지서들을 다 읽었습니다. 이제부터는 남 유다 선지자들의 기록입니다.

/ 미가 /

미가는 북 이스라엘이 멸망을 향해 달려가던 무렵 남 유다에서 활동하면서 북 이스라엘과 남 유다 모두를 향해 심판과 회복의 메시지를 전한 선지자입니다.

> 미 1:1 유다의 왕들 요담과 아하스와 히스기야 시대에 모레셋 사람 미가에게 임한 여호와의 말씀 곧 사마리아와 예루살렘에 관한 묵시라

미가서는 크게 1-2장, 3-5장, 6-7장, 이렇게 3개의 단락으로 구분할 수 있는데요. 각 단락이 다 '들을지어다' 혹은 '들으라'라는 명령으로 시작하고, 강력한 심판의 메시지를 전한 후 희망의 메시지를 선포합니다.

첫째 단락 | 미 1:2 백성들아 너희는 다 들을지어다 땅과 거기에 있는 모든 것들아 자세히 들을지어다 주 여호와께서 너희에게 대하여 증언하시되 곧 주께서 성전에서 그리하실 것이니라

둘째 단락 | 미 3:1 내가 또 이르노니 야곱의 우두머리들과 이스라엘 족속의 통치자들아 들으라 정의를 아는 것이 너희의 본분이 아니냐

셋째 단락 | 미 6:1 너희는 여호와의 말씀을 들을지어다 너는 일어나서 산을 향하여 변론하여 작은 산들이 네 목소리를 듣게 하라 하셨나니

심판의 메시지를 전하며 미가는 유다의 죄악들을 낱낱이 고발합니다. 힘이 있는 사람들은 권력을 남용하고 그 힘을 사용하여 약한 이들의 소유를 빼앗습니다. 왕, 제사장, 선지자 할 것 없이 모두 하나님이 아닌 돈을 섬깁니다. 그러면서도 '하나님은 우리 편이야'라고 생각합니다.

미 2:1-2 그들이 침상에서 죄를 꾀하며 악을 꾸미고 날이 밝으면 그 손에 힘이 있으므로 그것을 행하는 자는 화 있을진저 / 밭들을 탐하여 빼앗고 집들을 탐하여 차지하니 그들이 남자와 그의 집과 사람과 그의 산업을 강탈하도다

미 3:11 그들의 우두머리들은 뇌물을 위하여 재판하며 그들의 제사장은 삯을 위하여 교훈하며 그들의 선지자는 돈을 위하여 점을 치면서도 여호와를 의뢰하여 이르기를 여호와께서 우리 중에 계시지 아니하냐 재앙이 우리에게 임하지 아니하리라 하는도다

미 7:2-3 경건한 자가 세상에서 끊어졌고 정직한 자가 사람들 가운데 없도다 무리가 다 피를 흘리려고 매복하며 각기 그물로 형제를 잡으려 하고 / 두 손으로 악을 부지런히 행하는도다 그 지도자와 재판관은 뇌물을 구하며 권세자는 자기 마음의 욕심을 말하며 그들이 서로 결합하니

이러한 죄악에 대하여 미가 선지자가 무서운 하나님의 심판을 선언합니다.

미 6:14-15 네가 먹어도 배부르지 못하고 항상 속이 빌 것이며 네가 감추어도 보존되지 못하겠고 보존된 것은 내가 칼에 붙일 것이며 / 네가 씨를 뿌려도 추수하지 못할 것이며 감람 열매를 밟아도 기름을 네 몸에 바르지 못할 것이며 포도를 밟아도 술을 마시지 못하리라

그리고 이 심판을 피하기 위해서는 더 많은 제사와 더 열정적인 종교 활동이 필요한 것이 아니라고 못을 박습니다. 필요한 것은 하나님 나라의 가치인 정의와 공의, 그리고 헤세드를 실

천하는 것이라고 합니다.

미 6:6-8 내가 무엇을 가지고 여호와 앞에 나아가며 높으신 하나님께 경배할까 내가 번제물로 일 년 된 송아지를 가지고 그 앞에 나아갈까 / 여호와께서 천천의 숫양이나 만만의 강물 같은 기름을 기뻐하실까 내 허물을 위하여 내 맏아들을, 내 영혼의 죄로 말미암아 내 몸의 열매를 드릴까 / 사람아 주께서 선한 것이 무엇임을 네게 보이셨나니 여호와께서 네게 구하시는 것은 오직 정의를 행하며 인자(헤세드)를 사랑하며 겸손하게 네 하나님과 함께 행하는 것이 아니냐

유다 백성은 이 말씀에 어떻게 반응했을까요? 앞에서 말했듯이 미가 선지자는 북 이스라엘이 멸망할 즈음에 남 유다에서 사역을 했습니다. 놀랍게도 북 이스라엘이 멸망할 때 남 유다는 살아남았습니다. 고대 근동을 다 점령했던 앗수르가 북 이스라엘은 점령해 놓고 남 유다는 멸망시키지 않은 이유가 예레미야에 나옵니다.

렘 26:18-19 유다의 왕 히스기야 시대에 모레셋 사람 미가가 유다의 모든 백성에게 예언하여 이르되 만군의 여호와께서 이와 같이 말씀하셨느니라 시온은 밭같이 경작지가 될 것이며 예루살렘은 돌 무더기가 되며 이 성전의 산은 산당의 숲과 같이 되리라 하였으나 / 유다의 왕 히스기야와 모든 유다가 그를 죽였느냐 히스기야가 여호와를

두려워하여 여호와께 간구하매 여호와께서 그들에게 선언한 재앙 에 대하여 뜻을 돌이키지 아니하셨느냐 우리가 이같이 하면 우리의 생명을 스스로 심히 해롭게 하는 것이니라

우리는 어떤 나라가 흥하고 망하는 것은 그 나라의 군사력이나 경제력에 달려 있다고 생각하지만, 성경은 하나님의 역사하심이 그 요인이라고 증언합니다. 강대국 앗수르는 하나님께서 사용하신 도구에 불과하다는 것입니다. 예레미야에 따르면 남 유다도 그들의 죄악 때문에 멸망할 수밖에 없었는데, 히스기야가 미가의 설교에 반응하여 회개하였기 때문에 하나님께서 예루살렘에 내리려던 재앙(앗수르의 공격을 통한 예루살렘의 멸망)을 돌이키셨다는 것입니다.

남 유다의 회개를 이끌어 낸 미가 선지자의 메시지에는 심판의 메시지뿐 아니라, 놀라운 회복과 은혜의 메시지도 넘쳐납니다. 예를 들어, 4:1-2은 세상 모든 민족이 하나님을 경배하러 모이는 장면과 여호와의 말씀이 예루살렘으로부터 흘러나오게 될 회복의 때를 묘사하고 있습니다.

미 4:1-2 끝날에 이르러는 여호와의 전의 산이 산들의 꼭대기에 굳게 서며 작은 산들 위에 뛰어나고 민족들이 그리로 몰려갈 것이라 / 곧 많은 이방 사람들이 가며 이르기를 오라 우리가 여호와의 산에 올라가서 야곱의 하나님의 전에 이르자 그가 그의 도를 가지고 우리

에게 가르치실 것이니라 우리가 그의 길로 행하리라 하리니 이는 율법이 시온에서부터 나올 것이요 여호와의 말씀이 예루살렘에서부터 나올 것임이라

이 구절은 사도행전 2장에 나오는, 오순절 날 예루살렘에 모인 세계 각국의 사람들이 그곳에서 하나님의 말씀을 듣고 다시 각국으로 말씀을 가지고 나가는 장면을 예언합니다.

미가에서 가장 놀랍고 아름다운 예언은 메시아에 대한 내용입니다. 마태는 신약에서 이 말씀을 인용하면서 예수님의 탄생이 미가 예언의 성취라고 밝힙니다.

미가의 예언 | 미 5:2 베들레헴 에브라다야 너는 유다 족속 중에 작을지라도 이스라엘을 다스릴 자가 네게서 내게로 나올 것이라 그의 근본은 상고에, 영원에 있느니라

마태가 증거하는 예언의 성취 | 마 2:6 또 유대 땅 베들레헴아 너는 유대 고을 중에서 가장 작지 아니하도다 네게서 한 다스리는 자가 나와서 내 백성 이스라엘의 목자가 되리라 하였음이니이다

그런데 미가는 왜 '베들레헴'을 콕 찍어서, 거기서 예수님이 태어나신다고 예언했을까요? 이곳이 다윗의 고향이기 때문입니다. (이 내용이 나오는 룻기가 기억나세요?) 이 예언은 "하나님

께서 다윗에게 약속하신 대로 언젠가 이스라엘이 회복될 것이다. 바로 다윗의 후손인 메시아를 통하여 참된 회복이 일어날 것이다!"라고 외치고 있는 것입니다.

이렇게 미가에는 무서운 심판에 대한 내용과 더불어 회개할 때 주어지는 구원과 메시아를 통한 회복의 은혜에 대한 내용도 풍성하게 들어 있습니다.

/ 나훔 /

나훔은 앗수르의 수도인 니느웨를 하나님이 심판하신다는 메시지를 선포하는 책입니다. 앗수르는 고대 근동 지역에서 가장 잔인하고 무자비한 국가였다고 합니다. 나훔 선지자는 니느웨를 심판하시는 하나님을 '보복하시는 하나님'이라고 소개합니다. 즉 니느웨는 그들이 지은 죄의 대가로 심판을 받는다는 것입니다.

> 나 1:2 여호와는 질투하시며 보복하시는 하나님이시니라 여호와는 보복하시며 진노하시되 자기를 거스르는 자에게 여호와는 보복하시며 자기를 대적하는 자에게 진노를 품으시며

게다가 니느웨 사람들은 매우 교만했는데요. 그 도시가 다른 나라가 공격하기 어려운 위치에 있어서 좀처럼 함락되지 않는

성읍이었기 때문입니다.

나 3:8 네가 어찌 노아몬보다 낫겠느냐 그는 강들 사이에 있으므로 물이 둘렸으니 바다가 성루가 되었고 바다가 방어벽이 되었으며

'노아몬'은 나일강 근처에 있는 이집트의 도시였어요. 강들 사이에 있어서 물이 성읍을 둘러싸고 있었기 때문에 말 그대로 천혜의 요새였다고 해요. 그러나 그 도시도 결국 멸망했습니다. 나훔 선지자는 니느웨도 강력한 요새이지만, 하나님께서 심판하시면 결국 멸망하고 말 것이라고 예언하는 것입니다. 이 예언대로 니느웨는 주전 612년에 바벨론에게 멸망을 당합니다.

나훔 선지자보다 약 100여 년 전에 요나 선지자는 니느웨에 심판이 임하리라고 외쳤었습니다. 그 외침이 들어 있는 요나서가 용서의 하나님을 강조한다면, 나훔서는 심판의 하나님을 강조한다고 할 수 있습니다. 두 선지서 모두 질문으로 끝마치는데요. 요나는 용서하지 않을 수 있느냐는 질문이고, 나훔은 심판이 마땅하지 않느냐는 질문입니다.

욘 4:11 하물며 이 큰 성읍 니느웨에는 좌우를 분변하지 못하는 자가 십이만여 명이요 가축도 많이 있나니 내가 어찌 아끼지 아니하겠느냐 하시니라

나 3:19 네 상처는 고칠 수 없고 네 부상은 중하도다 네 소식을 듣는 자가 다 너를 보고 손뼉을 치나니 이는 그들이 항상 네게 행패를 당하였음이 아니더냐 하시니라

(흥미롭게도, 앗수르가 회개하여 회복되는 내용을 다루는 요나와 앗수르의 심판을 예언하는 나훔 사이에 위치한 미가에는 같은 나라에서도 서로 다른 결말을 맞으리라는 예언이 들어 있습니다. "그날에는 앗수르에서 애굽 성읍들에까지, 애굽에서 강까지, 이 바다에서 저 바다까지, 이 산에서 저 산까지의 사람들이 네게로 돌아올 것이나 그 땅은 그 주민의 행위의 열매로 말미암아 황폐하리로다"[미 7:12-13].)[17]

이러한 니느웨를 향한 심판의 메시지는 하나님 나라의 백성에게 어떤 의미가 있을까요?

첫째, 니느웨의 죄를 보면서 하나님의 백성은 이와 동일한 자신들의 죄를 발견해야 합니다. 니느웨는 요새를 의지하다가 교만해졌습니다. 오늘날 우리는 무엇을 의지하고 있나요?

또한, 니느웨의 악독함을 통해서도 우리를 돌아보아야 합니다. 그동안 니느웨는 주변 나라들을 향해 행패를 부려 왔기 때문에 니느웨가 부상당했다는 소식이 전해지자 주변 나라들이 손뼉을 치며 좋아합니다. 우리 역시 약하고 힘없는 이들에게 모질게 대하지는 않았는지 돌아보아야 합니다.

둘째로, 이러한 니느웨에 대한 심판 소식은 하나님의 백성에게 큰 위로를 주었을 것입니다. (사실, 나훔은 '위로'라는 뜻입니

다.) 이스라엘 백성은 오랜 동안 앗수르에게 위협받으며 살아왔어요. 나훔 선지자가 활동할 당시 북 이스라엘은 이미 앗수르에게 멸망당했고, 남 유다도 위기 상황이었지요. 그래서 하나님이 주신 이 심판의 메시지는 남 유다 백성에게 희망과 용기를 북돋아 주었을 거예요. 특히, 개혁을 추구하고 있던 요시야 왕에게는 하나님께서 이 개혁을 기뻐하신다는 메시지로 들렸을 것이 분명합니다.

> 나 1:7 여호와는 선하시며 환난 날에 산성이시라 그는 자기에게 피하는 자들을 아시느니라

셋째, 악인을 향한 하나님의 심판은 그분의 백성 된 우리에게는 구원이 됩니다. 오늘날 하나님의 전쟁은 더 이상 혈과 육에 대한 것이 아니라 영적 세력과 권세에 대한 싸움입니다. 그렇지만 니느웨 왕을 심판하셨던 하나님을 보며 우리는 악의 세력과 싸우시는 하나님, 그리고 그 싸움을 통해 그분의 백성인 우리를 보호하시고 구원하시는 용사이신 하나님을 볼 수 있습니다. 마지막 날에 세상을 심판하러 오신 예수님이 사탄과의 전쟁에서 승리하심으로써 이 세상의 모든 악을 물리치실 것입니다. 그날에 하나님의 백성은 더 이상 악과 고통, 눈물과 한숨이 없는 곳에서 참된 기쁨을 누릴 것입니다.

이렇게 앗수르의 멸망을 예언하는 나훔서를 읽었습니다. 그

러나 앗수르가 사라졌다고 해서 외부의 위협이 다 사라진 것은 아니었습니다. 그 자리를 대신한 바벨론이 있었습니다. 다음은 바벨론에 의해 멸망할 남 유다의 운명을 예언한 하박국과 스바냐 선지자의 이야기입니다.

/ 하박국 /

하박국은 앗수르의 멸망 직전, 바벨론이 신흥 강국으로 서서히 떠오르고 있던 무렵 남 유다에서 활동한 선지자입니다. 하박국서는 하박국의 질문과 하나님의 대답으로 구성되어 있어요.

먼저 하박국이 물어요. "하나님, 이 악한 세상을 보며 어떻게 좀 해 달라고 외치는데 왜 구원해 주지 않으세요? 이 세상에서는 악인이 형통하고 의인이 고통받고 있어요. 그런데 왜 이 세상을 그냥 두세요?"

합 1:2, 4 여호와여 내가 부르짖어도 주께서 듣지 아니하시니 어느 때까지리이까 내가 강포로 말미암아 외쳐도 주께서 구원하지 아니하시나이다 … 이러므로 율법이 해이하고 정의가 전혀 시행되지 못하오니 이는 악인이 의인을 에워쌌으므로 정의가 굽게 행하여짐이

니이다

하나님이 이렇게 대답하십니다. "걱정 말아라. 내가 갈대아 사람(바벨론)을 일으켰다. 바벨론을 사용하여 유다를 심판할 거란다."

합 1:6 보라 내가 사납고 성급한 백성 곧 땅의 넓은 곳으로 다니며 자기의 소유 아닌 거할 곳들을 점령하는 갈대아 사람을 일으켰나니

하박국은 화가 났습니다. 아무리 유다가 악을 행했더라도 하나님의 백성인데 어떻게 더 악하기로 소문난 바벨론을 사용해서 유다를 심판할 수가 있나요? 그래서 하박국이 물어요. "악인이 의인을 치는 게 옳습니까? 악한 갈대아인은 왜 형통한 거죠?"

합 1:13, 17 주께서는 눈이 정결하시므로 악을 차마 보지 못하시며 패역을 차마 보지 못하시거늘 어찌하여 거짓된 자들을 방관하시며 악인이 자기보다 의로운 사람을 삼키는데도 잠잠하시나이까 … 그가 그물을 떨고는 계속하여 여러 나라를 무자비하게 멸망시키는 것이 옳으니이까

하나님께서는 또다시 묻는 하박국의 항변에 어떻게 대답하셨

을까요? 그리고 이번에는 하나님의 대답이 하박국을 만족하게 했을까요? 놀랍게도, 하나님의 답변을 들은 하박국이 이렇게 반응합니다.

> 합 3:2 여호와여 내가 주께 대한 소문을 듣고 놀랐나이다 여호와여 주는 주의 일을 이 수년 내에 부흥하게 하옵소서 이 수년 내에 나타내시옵소서 진노 중에라도 긍휼을 잊지 마옵소서

"하나님이 하시려는 그 일을 해 주세요. 빨리 해 주세요"라고 말하고 있네요. 도대체 어떤 대답을 들었기에 이런 반응을 보이는 걸까요?

하나님의 대답은 크게 두 가지 내용으로 요약할 수 있습니다.

첫째, 유다를 심판하기 위해 사용하셨던 바벨론도 하나님께서 결국 심판하실 것입니다. 하나님께서는 2장에서 다섯 번이나 '화 있을진저'를 반복하며, 바벨론의 죄를 지적하고 심판을 예언하십니다.

> 욕심, 약탈, 폭력의 죄 | 합 2:6 그 무리가 다 속담으로 그를 평론하며 조롱하는 시로 그를 풍자하지 않겠느냐 곧 이르기를 화 있을진저 자기 소유 아닌 것을 모으는 자여 언제까지 이르겠느냐 볼모 잡은 것으로 무겁게 짐진 자여

헛된 안도감, 부당한 이익의 죄 | 합 2:9 재앙을 피하기 위하여 높은 데 깃들이려 하며 자기 집을 위하여 부당한 이익을 취하는 자에게 화 있을진저

인명 경시, 잔인, 폭력의 죄 | 합 2:12 피로 성읍을 건설하며 불의로 성을 건축하는 자에게 화 있을진저

수치를 주고 폭력을 휘두른 죄 | 합 2:15 이웃에게 술을 마시게 하되 자기의 분노를 더하여 그에게 취하게 하고 그 하체를 드러내려 하는 자에게 화 있을진저

우상 숭배의 죄 | 합 2:19 나무에게 깨라 하며 말하지 못하는 돌에게 일어나라 하는 자에게 화 있을진저 그것이 교훈을 베풀겠느냐 보라 이는 금과 은으로 입힌 것인즉 그 속에는 생기가 도무지 없느니라

언젠가는, 어떤 형태로든, 하나님은 심판하실 자를 반드시 심판하십니다. 그 하나님의 공의의 선언 앞에서 하박국은 바벨론이 아닌 하나님께서 역사를 주관하시는 진정한 왕이라는 것을 다시 신뢰하게 된 것입니다.

둘째, 유다 백성을 향한 심판이든 바벨론을 향한 심판이든, 하나님의 심판은 하나님의 백성을 대적하는 이들에 대한 심판입니다. 3장에 나오는, 하나님의 심판을 보면 출애굽 때의, 그

리고 가나안 입성 때의 심판과 비슷한 묘사들이 많아요.

예를 들어, 역병과 불덩이는 출애굽 당시의 재앙을, 큰 물의 파도를 밟으셨다는 표현은 홍해를 건넌 일을 상기시킵니다. 또 해와 달이 멈춘 것은 가나안 정복 전쟁을 떠올리게 합니다.

역병과 불덩이

합 3:5 역병이 그 앞에서 행하며 불덩이가 그의 발 밑에서 나오는도다

출 5:3 우리가 광야로 사흘길쯤 가서 우리 하나님 여호와께 제사를 드리려 하오니 가도록 허락하소서 여호와께서 전염병이나 칼로 우리를 치실까 두려워하나이다

출 9:24 우박이 내림과 불덩이가 우박에 섞여 내림이 심히 맹렬하니 나라가 생긴 그때로부터 애굽 온 땅에는 그와 같은 일이 없었더라

홍해 도하

합 3:15 주께서 말을 타시고 바다 곧 큰 물의 파도를 밟으셨나이다

출 14:21 모세가 바다 위로 손을 내밀매 여호와께서 큰 동풍이 밤새도록 바닷물을 물러가게 하시니 물이 갈라져 바다가 마른 땅이 된지라

가나안 정복

합 3:11 날아가는 주의 화살의 빛과 번쩍이는 주의 창의 광채로 말미암아 해와 달이 그 처소에 멈추었나이다

수 10:12-13 여호와께서 아모리 사람을 이스라엘 자손에게 넘겨 주시던 날에 여호수아가 여호와께 아뢰어 이스라엘의 목전에서 이르되 태양아 너는 기브온 위에 머무르라 달아 너도 아얄론 골짜기에서 그리할지어다 하매 / 태양이 머물고 달이 멈추기를 백성이 그 대적에게 원수를 갚기까지 하였느니라

이 심판들은 하나님의 백성에게 구원을 가져다주었습니다. 이와 마찬가지로, 하나님께서는 하박국에게 유다라는 나라를 넘어 '하나님의 백성'을 구원하겠다고 약속하신 것입니다. 하박국이 이러한 두 가지 약속을 들었기에 바벨론이 유다를 멸망시킬 것이라는 예언에도 하나님을 찬양할 수 있었던 것입니다.

하나님께서 선포하신 이 약속은 다음의 유명한 구절이 잘 요약합니다.

합 2:4 보라 그의 마음은 교만하며 그 속에서 정직하지 못하나 의인은 그의 믿음으로 말미암아 살리라

'믿음으로 말미암아 산다'라는 문장은 두 가지 뜻으로 해석할

수 있어요. 하나는 '구원받아서 산다'(be saved)입니다. 하나님을 만난 사람은 선물로 의를 받아 살게 되지요. 다른 하나는 '구원받은 자로 살게 된다'(shall live)입니다. 하나님을 만난 사람은 믿음으로 의로운 삶을 살게 되지요. 신약에서도 하박국 2:4을 인용할 때 두 가지 의미로 인용합니다.

be saved | 갈 3:11 또 하나님 앞에서 아무도 율법으로 말미암아 의롭게 되지 못할 것이 분명하니 이는 의인은 믿음으로 살리라 하였음이라

shall live | 히 10:38 나의 의인은 믿음으로 말미암아 살리라 또한 뒤로 물러가면 내 마음이 그를 기뻐하지 아니하리라 하셨느니라

아무것도 달라진 것이 없는 현실, 오히려 더 비참하고 암담한 파국을 눈앞에 두고 있는 현실 속에서, 그분의 백성을 위해 싸우시는 하나님을 만난 하박국은 소망을 품고 이렇게 찬양합니다.

합 3:17-18 비록 무화과나무가 무성하지 못하며 포도나무에 열매가 없으며 감람나무에 소출이 없으며 밭에 먹을 것이 없으며 우리에 양이 없으며 외양간에 소가 없을지라도 / 나는 여호와로 말미암아 즐거워하며 나의 구원의 하나님으로 말미암아 기뻐하리로다

/ 스바냐 /

이스라엘 역사에서 선지자들은 다양한 직업과 신분으로 등장하는데요. 스바냐 선지자는 히스기야 왕의 4대손이었던 왕족이라고 합니다.

> **습 1:1** 아몬의 아들 유다 왕 요시야의 시대에 스바냐에게 임한 여호와의 말씀이라 스바냐는 히스기야의 현손이요 아마랴의 증손이요 그다랴의 손자요 구시의 아들이었더라

스바냐서에서는 열방에 대한 심판과 예루살렘이 받을 심판이 세트를 이루어 세 번 반복됩니다. 첫 번째 세트는 1:2-6입니다. 온 땅의 심판을 먼저 전하고, 이어서 유다와 예루살렘의 심판 내용이 나옵니다. 1:2-3에서는 이 심판의 날에 멸절될 것들을 나열하는데요. 창세기에 나오는 창조 순서와 반대입니다.

이 모든 것을 하나님께서 진멸하신다고 선포합니다.

> 습 1:2-3 여호와께서 이르시되 내가 땅 위에서 모든 것을 진멸하리라 / 내가 사람과 짐승을 진멸하고 공중의 새와 바다의 고기와 거치게 하는 것과 악인들을 아울러 진멸할 것이라 내가 사람을 땅 위에서 멸절하리라 나 여호와의 말이니라

이 묘사가 참 의미심장합니다. 하나님께서는 노아 시대 때 땅 위의 모든 생물을 멸하시는 심판을 홍수를 통해서 하신 적이 있었어요. 그런데 그때보다 스바냐가 선포하는 이 심판이 더욱 무섭다고 합니다. 왜냐하면 홍수 심판 때는 적어도 바다의 고기는 살아남았었는데 이 여호와의 날에는 바다의 고기조차 피하지 못할 정도로 철저하게 심판이 임한다고 합니다.

이제 유다와 예루살렘에 대한 심판 내용입니다. 충격적이게도 하나님의 백성인 이스라엘이 이방 신들을 섬기며 여호와를 찾지도 구하지도 않고 있습니다.

> 습 1:4, 6 내가 유다와 예루살렘의 모든 주민들 위에 손을 펴서 남아 있는 바알을 그 곳에서 멸절하며 그마림이란 이름과 및 그 제사장들을 아울러 멸절하며 … 여호와를 배반하고 따르지 아니한 자들과 여호와를 찾지도 아니하며 구하지도 아니한 자들을 멸절하리라

두 번째 세트인 1:7-13에서는 심판이 예루살렘에 먼저 선포되고, 이어서 온 땅에 전해집니다. 이 세트는 '여호와의 날'이라는 키워드로 심판을 구성한다는 공통점이 있습니다.

스바냐 전체에 기록된 심판의 메시지를 관통하는 핵심 키워드도 '여호와의 날'입니다. (요엘에서 보았던 '여호와의 날'이 떠오르네요. 여호와께서 임하셔서, 유다를 주위 강대국들의 손에서 구원해 줄 것이라고 믿었던 날이지요.) 스바냐 선지자는 여호와의 날이 구원의 날이 아니라 심판의 날이 될 것이라고 선포합니다.

> 예루살렘 | 습 1:7-8 주 여호와 앞에서 잠잠할지어다 이는 여호와의 날이 가까웠으므로 여호와께서 희생을 준비하고 그가 청할 자들을 구별하셨음이니라 / 여호와의 희생의 날에 내가 방백들과 왕자들과 이방인의 옷을 입은 자들을 벌할 것이며

> 온 땅 | 습 1:14-15 여호와의 큰 날이 가깝도다 가깝고도 빠르도다 여호와의 날의 소리로다 용사가 거기서 심히 슬피 우는도다 / 그날은 분노의 날이요 환난과 고통의 날이요 황폐와 패망의 날이요 캄캄하고 어두운 날이요 구름과 흑암의 날이요

세 번째 세트는 2:4-3:8이고, 2:4-15에 이방 나라들 즉 블레셋, 모압, 암몬, 구스, 앗수르 등에 대한 심판의 말씀이 나옵니다. 그리고 3:1-8에서 유다에 대한 심판의 말씀을 전합니다.

이렇게 스바냐는 하나님의 나라를 향한 심판과 온 땅을 향한 심판이 번갈아 선언되는 선지서입니다. 그렇다고 심판만 선포하다가 끝나는 것은 아닙니다. 3:9-20에서는 하나님의 구원의 소식을 전합니다. 먼저 온 땅을 향한 심판의 메시지에 대응하는 구원의 메시지가 기록되어 있어요. 스바냐는 유다를 넘어 전 세계가 여호와의 이름을 부르는 그날을 소망합니다. '구스' 땅에 전해졌던 심판의 메시지(습 2:12)가 아래와 같이 희망의 메시지로 바뀝니다. '구스' 강 건너편에서도 여호와의 이름을 부르며 여호와를 섬기게 될 것입니다.

> 습 3:9-10 그때에 내가 여러 백성의 입술을 깨끗하게 하여 그들이 다 여호와의 이름을 부르며 한 가지로 나를 섬기게 하리니 / 내게 구하는 백성들 곧 내가 흩은 자의 딸이 구스 강 건너편에서부터 예물을 가지고 와서 내게 바칠지라

다음은 유다를 향한 구원의 메시지입니다.

> 습 3:14-15 시온의 딸아 노래할지어다 이스라엘아 기쁘게 부를지어다 예루살렘 딸아 전심으로 기뻐하며 즐거워할지어다 / 여호와가 네 형벌을 제거하였고 네 원수를 쫓아냈으며 이스라엘 왕 여호와가 네 가운데 계시니 네가 다시는 화를 당할까 두려워하지 아니할 것이라

하나님의 백성을 위해 하나님께서 주권적으로 그들의 형벌을 제거하고, 원수를 쫓아내며, 백성의 왕이 되어 그들 가운데 계시게 될 날을 예언하고 있습니다. 이는 이 땅에 하나님 나라의 왕으로 임하셔서 그 백성을 구원하시고 임재하실 그리스도를 가리키는 것이기도 합니다. 그리고 구약의 요한복음 3:16이라고 불리는 스바냐 3:17이 구원의 소망을 노래합니다.

> 습 3:17 너의 하나님 여호와가 너의 가운데에 계시니 그는 구원을 베푸실 전능자이시라 그가 너로 말미암아 기쁨을 이기지 못하시며 너를 잠잠히 사랑하시며 너로 말미암아 즐거이 부르며 기뻐하시리라 하리라

> 요 3:16 하나님이 세상을 이처럼 사랑하사 독생자를 주셨으니 이는 그를 믿는 자마다 멸망하지 않고 영생을 얻게 하려 하심이라

지금까지 이사야부터 스바냐까지 모두 열네 권의 선지서를 살펴보았어요. 이 선지서들은 모두 북 이스라엘과 남 유다의 죄악으로 인한 심판을 경고하고 회개를 촉구하는 내용이었지요. 안타깝게도 이 선지자들의 선포에 응답하지 않은 북 이스라엘과 남 유다는 결국 멸망하고 말았습니다.

이어지는 학개와 스가랴, 그리고 구약의 마지막 책인 말라기는 남 유다의 멸망 이후 포로지에서 귀환한 이들에게 주어

진 말씀들입니다.

/ 학개 /

바벨론의 침략으로 유다가 멸망하면서 예루살렘 성전도 무너지고, 많은 유다인이 바벨론으로 끌려갑니다. 세월이 지나 바벨론도 선지자들의 예언대로 결국 멸망합니다. 그리고 이제 새롭게 고대 근동의 대제국이 된 페르시아의 고레스 왕이 조서를 내려 유다 백성이 조국으로 돌아가 성전 건축을 할 수 있게 해 줍니다. (에스라에서 보았던 내용이에요.)

스 1:1–3 바사 왕 고레스 원년에 여호와께서 예레미야의 입을 통하여 하신 말씀을 이루게 하시려고 바사 왕 고레스의 마음을 감동시키시매 그가 온 나라에 공포도 하고 조서도 내려 이르되 / 바사 왕 고레스는 말하노니 하늘의 하나님 여호와께서 세상 모든 나라를 내게 주셨고 나에게 명령하사 유다 예루살렘에 성전을 건축하라 하셨나니 / 이스라엘의 하나님은 참 신이시라 너희 중에 그의 백성 된 자는

다 유다 예루살렘으로 올라가서 이스라엘의 하나님 여호와의 성전을 건축하라 그는 예루살렘에 계신 하나님이시라

이 조서에 응답하여 약 50,000명 정도의 포로들이 성전 건축을 위해 1차로 귀환을 합니다. 그런데 안타깝게도 여러 가지 어려움 때문에 건축이 잘 진행되지 않았어요.

무슨 일이 있었을까요? 귀환한 이들은 우선 새로운 땅, 낯선 환경에 적응해야 했어요. 1차 때 끌려갔던 이들이라면 약 70년 만에(B.C. 605-537), 남 유다 멸망 후 끌려갔던 이들이라면 약 50년 만에(B.C. 586-537) 귀환한 거였어요. 그들은 집을 새로 짓고 농사를 짓느라 바빴어요. 그리고 포로로 끌려가지 않고 그 땅에 남아서 새롭게 그 소유를 취한 사람들과의 갈등도 심각했어요. "가난한 백성은 남겨 두어 포도원을 관리하는 자와 농부가 되게 하였더라"(렘 52:16). 게다가 이웃 민족들, 그리고 그 지역을 담당하던 페르시아 관료들도 성전 건축을 반대했어요.

그렇다고 해서 성전 건축이 지체되어서는 안 되었기에, 하나님께서는 주전 520년에 학개와 스가랴 선지자들을 세우셨고 이들은 하나님의 백성이 우선순위를 바로 세우고 성전을 건설할 것을 촉구합니다.

스 5:1 선지자들 곧 선지자 학개와 잇도의 손자 스가랴가 이스라엘

의 하나님의 이름으로 유다와 예루살렘에 거주하는 유다 사람들에게 예언하였더니

나라가 망하기 전까지 이스라엘 백성은 선지자들의 말에 반응하지 않았지요. 선지자들을 핍박하기도 했고요. 그런데 포로지에서 돌아온 이들은 이제 선지자의 말에 적극적으로 순종합니다.

학 1:14 여호와께서 스알디엘의 아들 유다 총독 스룹바벨의 마음과 여호사닥의 아들 대제사장 여호수아의 마음과 남은 모든 백성의 마음을 감동시키시매 그들이 와서 만군의 여호와 그들의 하나님의 전 공사를 하였으니

성전 건축을 격려하고, 이와 관련하여 거룩한 삶을 촉구하며, 하나님의 약속을 다시 확인해 주기 위하여 학개 선지자는 네 번에 걸쳐 하나님의 말씀을 전합니다.

첫 번째 말씀은 '다리오 왕 제이 년 여섯째 달 곧 그 달 초하루'에 주어집니다. 성전 건축을 더 이상 지체하지 말고 얼른 시작해야 한다는 내용입니다. (학개와 스가랴에 나오는 '다리오 왕'은 다니엘에 등장하는 '다리오 왕'보다 후대의 왕입니다. 다니엘 때 왕은 '메대 사람 다리오'로 부릅니다.)

학 1:4-5, 8 이 성전이 황폐하였거늘 너희가 이때에 판벽한 집에 거주하는 것이 옳으냐 / 그러므로 이제 만군의 여호와가 이같이 말하노니 너희는 너희의 행위를 살필지니라 … 너희는 산에 올라가서 나무를 가져다가 성전을 건축하라 그리하면 내가 그것으로 말미암아 기뻐하고 또 영광을 얻으리라 여호와가 말하였느니라

두 번째 말씀은 첫 번째 말씀이 임한 지 약 50일 후에 주어집니다. 성전 공사를 시작한 후로는 약 한 달이 지난 시점입니다. 아마도 처음에는 열심을 내어 일했지만, 시간이 조금 흐르자 공사가 지지부진해진 것 같아요. 그리고 어떤 이들은 이전 솔로몬의 성전과 비교해서 지금의 성전이 너무 초라하게 지어지는 것 같아서 실망을 한 것 같아요.

학 2:3 너희 가운데에 남아 있는 자 중에서 이 성전의 이전 영광을 본 자가 누구냐 이제 이것이 너희에게 어떻게 보이느냐 이것이 너희 눈에 보잘것없지 아니하냐

하나님께서는 이들을 향해 두 가지 차원에서 격려를 해 주십니다. 먼저 낙담하지 말고 마음을 굳게 먹으라고 권면하십니다. 하나님께서 그들과 함께해 주시기 때문입니다.

학 2:4-5 그러나 여호와가 이르노라 스룹바벨아 스스로 굳세게 할

지어다 여호사닥의 아들 대제사장 여호수아야 스스로 굳세게 할지어다 여호와의 말이니라 이 땅 모든 백성아 스스로 굳세게 하여 일할지어다 내가 너희와 함께 하노라 만군의 여호와의 말이니라 / 너희가 애굽에서 나올 때에 내가 너희와 언약한 말과 나의 영이 계속하여 너희 가운데에 머물러 있나니 너희는 두려워하지 말지어다

그리고 이 성전이 완공된 후를 생각해 보라고 하십니다.

학 2:9 이 성전의 나중 영광이 이전 영광보다 크리라 만군의 여호와의 말이니라 내가 이곳에 평강을 주리라 만군의 여호와의 말이니라

'이 성전의 이전 영광'은 솔로몬이 지었던 성전이 가졌던 영광입니다. '이 성전의 나중 영광'은 일차적으로는 지금 짓고 있는 성전이 완공되었을 때 가질 영광을 가리킵니다. 이 성전은 B.C. 520년에 시작하여 B.C. 516년에 드디어 완공을 합니다. 그런데요. 얼핏 보기에 이 성전은 이전 성전보다 더 큰 영광을 가지지 못한 것 같아요. 더 크거나 더 화려하지 않았거든요. 또, 이전 성전의 완공 때는 하나님의 영광을 상징하는 구름이 가득했거든요. 그런데 지금 성전에는 없어요. 그러니 영광이 전혀 없다고도 볼 수 있어요.

왕상 8:10–11 제사장이 성소에서 나올 때에 구름이 여호와의 성전에

가득하매 / 제사장이 그 구름으로 말미암아 능히 서서 섬기지 못하였으니 이는 여호와의 영광이 여호와의 성전에 가득함이었더라

그럼에도 불구하고 학개 선지자가 나중 영광이 더 크리라고 예언한 이유는, 이 성전이 진정한 성전의 실체가 되시는 예수 그리스도를 예비하고 있기 때문이에요. 그래서 참된 성전이신 예수님이 성육신하셨을 때 비로소 온전한 영광이 나타납니다.

요 1:14 말씀이 육신이 되어 우리 가운데 거하시매 우리가 그의 영광을 보니 아버지의 독생자의 영광이요 은혜와 진리가 충만하더라

요 2:19-21 예수께서 대답하여 이르시되 너희가 이 성전을 헐라 내가 사흘 동안에 일으키리라 / 유대인들이 이르되 이 성전은 사십육 년 동안에 지었거늘 네가 삼 일 동안에 일으키겠느냐 하더라 / 그러나 예수는 성전된 자기 육체를 가리켜 말씀하신 것이라

그러니까 지금 백성이 짓고 있는 이 성전은 예수님이 오실 때까지만 그 역할을 하는, 중간적인 의미에서의 영광을 가진 것이었지요.

세 번째 말씀은 두 번째 말씀이 주어진 후 약 두 달 후에 옵니다. 이 메시지의 핵심은 거룩함입니다. 거룩한 고기와 부정한 시체를 대조합니다. 아무리 거룩한 고기를 쌌던 옷자락이

라도 그 옷자락은 거룩해지지 않지만, 부정한 시체를 만져서 부정해진 사람이 무엇을 만졌다면 그것은 쉽게 부정해진다는 것입니다. 성전이 건축되었더라도 이스라엘 백성이 거룩함을 잃고 부정한 상태라면 성전으로 인해 자동적으로 거룩해지는 것이 아니므로 거룩함을 추구해야 한다는 것입니다.

> **학 2:12-14** 사람이 옷자락에 거룩한 고기를 쌌는데 그 옷자락이 만일 떡에나 국에나 포도주에나 기름에나 다른 음식물에 닿았으면 그것이 성물이 되겠느냐 하라 학개가 물으매 제사장들이 대답하여 이르되 아니니라 하는지라 / 학개가 이르되 시체를 만져서 부정하여진 자가 만일 그것들 가운데 하나를 만지면 그것이 부정하겠느냐 하니 제사장들이 대답하여 이르되 부정하리라 하더라 / 이에 학개가 대답하여 이르되 여호와의 말씀에 내 앞에서 이 백성이 그러하고 이 나라가 그러하고 그들의 손의 모든 일도 그러하고 그들이 거기에서 드리는 것도 부정하니라

마지막 말씀은 세 번째 메시지와 같은 날에 주어졌어요. 2:23에 나오는 인장은 도장을 찍을 수 있는 반지를 가리키며, 하나님께서 이스라엘과 맺은 언약을 상징합니다. 그러므로 스룹바벨을 인장으로 삼는다는 것은 하나님과 이스라엘과의 언약 관계를 회복하겠다고 약속하시는 것입니다. 스룹바벨의 후손으로 오실 메시아를 통해 언약을 완성하시겠다는 의미도 포

함합니다.

학 2:23 만군의 여호와가 말하노라 스알디엘의 아들 내 종 스룹바벨아 여호와가 말하노라 그날에 내가 너를 세우고 너를 인장으로 삼으리니 이는 내가 너를 택하였음이니라 만군의 여호와의 말이니라

성전 건축과 관련된 말씀을 오늘날의 상황에 적용할 때 교회당 건물 건축을 생각하면 안 됩니다. 물론 교회당 건물은 필요하지만, 그것은 우리가 필요하니까 마련하는 것이지, 그것이 성전이기 때문에 건축하는 것은 아닙니다. 구약에서 하나님께서 임재하시는 장소가 성전이었던 것과 달리, 오늘날 하나님이 임재하시는 장소는 건물이 아니라 그리스도 안에 있는 우리 자신, 그리고 그런 사람들이 모인 공동체입니다. 그러므로 우리 자신이 거룩해지기를 애쓰고, 공동체를 잘 섬기는 것이 오늘날의 성전 건축이라고 할 수 있습니다.

고전 3:16–17 너희는 너희가 하나님의 성전인 것과 하나님의 성령이 너희 안에 계시는 것을 알지 못하느냐 / 누구든지 하나님의 성전을 더럽히면 하나님이 그 사람을 멸하시리라 하나님의 성전은 거룩하니 너희도 그러하니라

엡 2:21–22 그의 안에서 건물마다 서로 연결하여 주 안에서 성전이

> 되어 가고 / 너희도 성령 안에서 하나님이 거하실 처소가 되기 위하여 그리스도 예수 안에서 함께 지어져 가느니라

요약하면, 학개서는 성전 건축을 독려하면서 백성의 거룩함을 강조하고, 하나님의 언약 안에서 참된 성전으로 오실 메시아를 기다리는 책입니다.

스가랴

스가랴 선지자는 학개 선지자와 비슷한 시기에 동일한 목적으로 하나님의 말씀을 대언했습니다. 다리오가 페르시아 제국의 왕이 된 둘째 해에 학개가 사역을 시작했고, 스가랴는 그로부터 약 두 달 후에 사역을 시작합니다.

학개서에서 살펴보았던 것처럼 여러 가지 이유로 성전 재건이 약 15년 동안 멈추어 있었는데요. 이 두 선지자들의 사역 덕분에 재개되어 약 4년 후에 완성됩니다(B.C. 520-516).

학개와 스가랴는 성전 건축 장려라는 동일한 목적 안에서 사역했지만 메시지의 초점은 조금 달라요. 학개가 성전 재건과 관련된 현실적인 문제들을 직접적으로 다루었다면, 스가랴는 성전 재건의 의미와 중요성을 강조하는 다양한 환상들로 가득 차 있습니다. 에스라서를 보면 스룹바벨을 중심으로 성전을 건축한 후에 에스라가 개혁 운동을 일으킵니다. 비슷한 맥락에서 학개가 성전 건축 자체를 좀 더 강조했다면, 스가랴는 백성에게 회개를 촉구하는 것에 집중해요. 이스라엘 백성은 그들의 죄 때문에 포로로 끌려가고 성전도 파괴되는 아픔을 겪었어요. 그러니까 진정한 회복은 죄의 문제를 먼저 해결하는 것부터 시작해야 했습니다.

> 슥 1:3-4 그러므로 너는 그들에게 말하기를 만군의 여호와께서 이처럼 이르시되 너희는 내게로 돌아오라 만군의 여호와의 말이니라 그리하면 내가 너희에게로 돌아가리라 만군의 여호와의 말이니라 / 너희 조상들을 본받지 말라 옛적 선지자들이 그들에게 외쳐 이르되 만군의 여호와께서 이같이 말씀하시기를 너희가 악한 길, 악한 행위를 떠나서 돌아오라 하셨다 하나 그들이 듣지 아니하고 내게 귀를 기울이지 아니하였느니라 여호와의 말이니라

스가랴서는 크게 두 부분으로 나눌 수 있습니다. 1-8장은 성전 완공 전에 선포된 말씀들로, 여덟 개의 환상을 중심으로 회개를 촉구하고 개혁을 추구하는 메시지입니다. 9-14장은 성전 건축 후의 상황을 배경으로 이방 나라들에 대한 심판과 이스라엘에 대한 구원의 말씀이 이어집니다. 여기에는 참된 성전으로 오실 메시아를 예언하는 메시지가 가득합니다.

먼저, 여덟 개의 환상을 간단하게 살펴볼게요.[18] 첫 번째 환상에서는 네 마리의 말과 그 위에 탄 이들이 세상을 돌아본 후

평안하고 조용하다고 여호와의 천사에게 보고합니다. 두 번째 환상에서는 네 대장장이가 네 뿔을 흩뜨립니다. 이 뿔들은 유다를 흩뜨린 뿔들인데 이 뿔들이 심판을 받는 것입니다. 앞서 유다가 멸망하기 전에 하박국과 스바냐 선지자에게 하나님께서 유다뿐 아니라 열방을 심판하겠다고 말씀하신 것과 일맥상통합니다. 비록 지금은 평안해 보여도 하나님의 심판은 반드시 실행된다는 사실을 보여 주는 것입니다.

슥 1:21 내가 말하되 그들이 무엇하러 왔나이까 하니 대답하여 이르시되 그 뿔들이 유다를 흩뜨려서 사람들이 능히 머리를 들지 못하게 하니 이 대장장이들이 와서 그것들을 두렵게 하고 이전의 뿔들을 들어 유다 땅을 흩뜨린 여러 나라의 뿔들을 떨어뜨리려 하느니라 하시더라

세 번째 환상은 측량줄을 잡은 사람이 예루살렘을 재려고 가는 내용입니다. 성곽 없는 성읍이 된다는 표현은 하나님께서 직접 성곽이 되어 예루살렘 성을 보호하신다는 뜻입니다.

슥 2:4-5 이르되 너는 달려가서 그 소년에게 말하여 이르기를 예루살렘은 그 가운데 사람과 가축이 많으므로 성곽 없는 성읍이 될 것이라 하라 / 여호와의 말씀에 내가 불로 둘러싼 성곽이 되며 그 가운데에서 영광이 되리라

네 번째 환상은 대제사장 여호수아와 사탄의 대적 장면입니다. 하나님의 천사가 재판장, 사탄이 원고, 그리고 이스라엘 민족을 대표하는 여호수아가 피고입니다. 여호수아는 더러운 옷을 입고 있어요. 이스라엘 민족의 부패를 나타낸다고 할 수 있지요.

> 슥 3:1, 3 대제사장 여호수아는 여호와의 천사 앞에 섰고 사탄은 그의 오른쪽에 서서 그를 대적하는 것을 여호와께서 내게 보이시니라 … 여호수아가 더러운 옷을 입고 천사 앞에 서 있는지라

그러니 이 재판은 누가 보아도 사탄이 이길 것 같아요. 하지만 놀라운 반전이 일어납니다. 여호와께서 피고인 여호수아가 아니라 원고인 사탄을 책망하십니다.

> 슥 3:2 여호와께서 사탄에게 이르시되 사탄아 여호와께서 너를 책망하노라 예루살렘을 택한 여호와께서 너를 책망하노라 이는 불에서 꺼낸 그슬린 나무가 아니냐 하실 때에

이 판결이 가능한 이유는 여호와 하나님께서 일방적으로 은혜를 베푸셔서 대제사장의 더러운 옷을 벗기시고, 죄악을 제거해 버리시고, 아름다운 옷을 입혀 주셨기 때문이에요. (그래서 이 장면을 '스가랴 복음'이라고도 불러요. 스가랴 선지자는 이렇게 우리

에게 일방적인 은혜를 베풀어 죄를 씻어 주실 메시아의 사역을 그리고 있습니다.)

> 슥 3:4 여호와께서 자기 앞에 선 자들에게 명령하사 그 더러운 옷을 벗기라 하시고 또 여호수아에게 이르시되 내가 네 죄악을 제거하여 버렸으니 네게 아름다운 옷을 입히리라 하시기로

다섯 번째 환상에는 두 감람나무가 나와요. 감람나무에서 기름이 공급되어 순금 등잔대 위의 등잔이 불을 밝히는 모습입니다. 이는 한편으로는 하나님께서 성령의 능력으로 성전 건축을 완성한다고 말씀하시면서 다른 한편으로는 기름 부음을 받은 자 대제사장 여호수아와 총독 스룹바벨을 통하여 이 일을 완성하겠다고 약속하시는 것입니다.

> 슥 4:6 그가 내게 대답하여 이르되 여호와께서 스룹바벨에게 하신 말씀이 이러하니라 만군의 여호와께서 말씀하시되 이는 힘으로 되지 아니하며 능력으로 되지 아니하고 오직 나의 영으로 되느니라

> 슥 4:12, 14 다시 그에게 물어 이르되 금 기름을 흘리는 두 금관 옆에 있는 이 감람나무 두 가지는 무슨 뜻이니이까 하니 … 이르되 이는 기름 부음 받은 자 둘이니 온 세상의 주 앞에 서 있는 자니라 하더라

여섯 번째 환상에서는 날아가는 두루마리가 율법을 어기는 이들에게 심판을 내려요(슥 5:1-4). 이것은 이 회복 공동체 안에 아직 심판을 받아야 할 죄가 남아 있음을 지적하는 것입니다. 일곱 번째 환상에서는 에바(곡식의 양을 재는 바구니 같은 도구이자 단위를 말해요. 1에바는 약 22리터입니다) 속의 여인이 시날 땅으로 옮겨집니다. 예루살렘에서 악을 제거하고 회복시켜 주실 것을 예언하는 것입니다. 그리고 마지막으로 스가랴는 하나님의 심판과 승리를 선언하는 네 병거의 환상을 봅니다.

이렇게 환상들을 통하여 성전 건축을 독려하고 회개를 촉구하며 예루살렘이 회복되는 새로운 소망을 안겨 준 전반부를 지나, 스가랴서의 후반부는 더 먼 미래의 하나님 나라를 내다봅니다.

여기서는 두 가지를 주의 깊게 보셔야 합니다. 첫째, 이스라엘에게 주어지는 구원은 단지 이스라엘만을 위한 구원이 아니라는 것입니다. 겸손하신 메사야적 왕이 오셔서 이스라엘을 구원하시리라는 내용을 볼까요?

> **슥 9:9** 시온의 딸아 크게 기뻐할지어다 예루살렘의 딸아 즐거이 부를지어다 보라 네 왕이 네게 임하시나니 그는 공의로우시며 구원을 베푸시며 겸손하여서 나귀를 타시나니 나귀의 작은 것 곧 나귀 새끼니라

신약의 마태복음에서는 이 말씀이 성취되어 예수님이 나귀 새끼를 타고 예루살렘에 입성하셨다고 증언합니다. "시온 딸에게 이르기를 네 왕이 네게 임하나니 그는 겸손하여 나귀, 곧 멍에 메는 짐승의 새끼를 탔도다 하라 하였느니라"(마 21:5). 이분은 우리의 왕이고 공의로운 왕입니다. 그러나 다른 정복자들처럼 말을 타는 왕이 아니라, 나귀 새끼를 타는 겸손한 왕입니다. 스가랴는 이 왕을 단순히 예루살렘만을 위한 왕이 아니라 이방 사람에게도 화평을 전하는 온 열방의 왕으로 소개합니다.

> 슥 9:10 내가 에브라임의 병거와 예루살렘의 말을 끊겠고 전쟁하는 활도 끊으리니 그가 이방 사람에게 화평을 전할 것이요 그의 통치는 바다에서 바다까지 이르고 유브라데 강에서 땅 끝까지 이르리라

스가랴의 마지막 부분에서도 이방 나라들도 여호와께 경배하는 그날이 온다고 묘사합니다. 유대인과 이방인이라는 구분이 사라질 뿐 아니라 물건에 있어서도 거룩함의 구분이 사라지고 모든 물건이 거룩하게 될 것입니다.

> 슥 14:16 예루살렘을 치러 왔던 이방 나라들 중에 남은 자가 해마다 올라와서 그 왕 만군의 여호와께 경배하며 초막절을 지킬 것이라

슥 14:20-21 그날에는 말 방울에까지 여호와께 성결이라 기록될 것이라 여호와의 전에 있는 모든 솥이 제단 앞 주발과 다름이 없을 것이니 / 예루살렘과 유다의 모든 솥이 만군의 여호와의 성물이 될 것인즉 제사 드리는 자가 와서 이 솥을 가져다가 그것으로 고기를 삶으리라

둘째, 메시아에 대한 예언이 풍성합니다. 예를 들어, 스가랴는 창에 찔리는 메시아를 예언합니다.

슥 12:10 내가 다윗의 집과 예루살렘 주민에게 은총과 간구하는 심령을 부어 주리니 그들이 그 찌른 바 그를 바라보고 그를 위하여 애통하기를 독자를 위하여 애통하듯 하며 그를 위하여 통곡하기를 장자를 위하여 통곡하듯 하리로다

요한복음의 저자는 이 예언과 관련하여, 자신이 직접 본 것을 증언하는데요. 한 군인이 십자가에 달리신 예수님을 창으로 찔러서 피와 물이 나왔다고 해요. 요한은 이 장면이 스가랴의 예언("그들이 그 찌른 바 그를 바라보고")이 성취된 것이라고 증언합니다.

요 19:34-35 그중 한 군인이 창으로 옆구리를 찌르니 곧 피와 물이 나오더라 / 이를 본 자가 증언하였으니 그 증언이 참이라

요 19:37 또 다른 성경에 그들이 그 찌른 자를 보리라 하였느니라

스가랴는 목자 되신 메시아도 예언합니다.

슥 13:7 만군의 여호와가 말하노라 칼아 깨어서 내 목자, 내 짝 된 자를 치라 목자를 치면 양이 흩어지려니와 작은 자들 위에는 내가 내 손을 드리우리라

예수님은 자신을 선한 목자라고 설명하셨습니다(요 10:11-16). 그런데 십자가에 달리시기 직전에 제자들이 예수님을 버리고 도망갈 것을 예언하면서 이 스가랴 말씀을 인용하세요.

마 26:31 그때에 예수께서 제자들에게 이르시되 오늘 밤에 너희가 다 나를 버리리라 기록된 바 내가 목자를 치리니 양의 떼가 흩어지리라 하였느니라

참 이상합니다. 왜 여호와 하나님께서 이 목자를 직접 치시는 걸까요? 이 목자가 메시아를 가리킨다면 왜 하나님께 맞아야 할까요? 왜냐하면 이 목자가 희생 제사의 역할을 성취하기 때문입니다. 그 결과로 양 떼는 흩어지지만, 이 단 한 번의 온전한 제사가 올려진 뒤에는, 양 떼가 정결해질 거예요. 이것이 바로 참된 성전이신 메시아의 가장 중요한 역할입니다.

이제 우리는 그 메시아 예수님을 통하여 하나님을 마음껏 만날 수 있습니다. 우리의 죄악을 제거해 주러 오신 그 메시아 예수님 덕분에 더 이상 결코 정죄함이 없다는 복음을 듣게 되었습니다.

/ 말라기 /

구약의 마지막 책 말라기는 하나님과 이스라엘 백성이 여섯 번에 걸쳐 논쟁하는 내용이에요. 이 논쟁을 통해 구약 선지서의 주제들을 정리하며, 마침내 오실 메시아를 예언하고, 또한 메시아의 길을 준비하기 위해 엘리야의 심령과 능력으로 올 세례 요한에 대해 언급합니다.

각 논쟁을 대화 형식으로 적어 볼게요.

1) 첫 번째 논쟁(말 1:2-5)_ 하나님의 사랑

하나님: 내가 너희를 사랑하였노라

이스라엘: 주께서 어떻게 우리를 사랑하셨나이까

하나님: 에서는 야곱의 형이 아니냐 그러나 내가 야곱을 사랑하였고 에서는 미워하였으며 그의 산들을 황폐하게 하였고 그의 산업

을 광야의 이리들에게 넘겼느니라

말라기는 아마도 성전 재건 이후를 배경으로 쓰인 것 같습니다. 성전이 재건되었지만 이스라엘 백성의 삶은 나아진 것이 없었던 것 같아요. 그래서 그들은 하나님께서 자신들을 사랑하신다는 말씀을 믿지 못하겠다고 말하는 것입니다.

하나님의 대답은 무엇인가요? 에돔은 여전히 폐허가 되어 있지만, 예루살렘은 회복되었다는 사실을 생각해 보라고 하세요. (야곱의 자손 이스라엘과 에서의 자손 에돔은 똑같이 바벨론에게 멸망당했습니다.) 그것은 이스라엘이 에돔보다 더 훌륭해서가 아니라 하나님께서 이스라엘 백성을 특별히 사랑하셨기 때문이지요. 이 대화는 특별한 은혜를 경험하고 있으면서도 그 은혜를 깨닫지 못하고 부족한 것만 보려고 하는 이스라엘의 모습을 지적하고 있습니다.

2) 두 번째 논쟁(말 1:6-2:9)_ 부실한 제물로 하나님의 이름을 멸시함

하나님: 내 이름을 멸시하는 제사장들아, 아들은 그 아버지를, 종은 그 주인을 공경하나니 내가 아버지일진대 나를 공경함이 어디 있느냐 내가 주인일진대 나를 두려워함이 어디 있느냐

제사장들: 우리가 어떻게 주의 이름을 멸시하였나이까

하나님: 너희가 더러운 떡을 나의 제단에 드리고도 말하기를 우리가 어떻게 주를 더럽게 하였나이까 하는도다 이 일이 얼마나 번거로운고 하며 코웃음치고 훔친 물건과 저는 것, 병든 것을 가져왔느니라 너희가 이같이 봉헌물을 가져오니 내가 그것을 너희 손에서 받겠느냐 보라 내가 너희의 자손을 꾸짖을 것이요 또 곧 너희 절기의 희생의 똥을 너희 얼굴에 바를 것이라

이스라엘 백성은 마음으로는 하나님을 예배하지 않은 채 형식적으로만 예배를 드렸어요. "이 일이 얼마나 번거로운고" 투덜거리면서요. 그러면서도 자신들이 주님의 이름을 멸시하고 있음을 전혀 인정하지 않았지요. 하나님은 이런 형식적인 예배가 너무 싫으셔서 이렇게 표현하세요. "똥 곧 너희 절기의 희생의 똥을 너희 얼굴에 바를 것이라!"

3) 세 번째 논쟁(말 2:10-16)_ 결혼 언약을 지키는 것을 실패함

하나님: 다시는 너희의 봉헌물을 돌아보지도 아니하시며 그것을 너희 손에서 기꺼이 받지도 아니하시거늘

이스라엘: 어찌됨이니이까

하나님: 유다는 여호와께서 사랑하시는 그 성결을 욕되게 하여 이방 신의 딸과 결혼하였으니 너와 네가 어려서 맞이한 아내 사이에

> 여호와께서 증인이 되시기 때문이라 그는 네 짝이요 너와 서약한 아내로되 네가 그에게 거짓을 행하였도다 나는 이혼하는 것과 옷으로 학대를 가리는 자를 미워하노라

하나님께서 이스라엘이 드리는 봉헌물을 받지 않겠다고 하시는데요. 왜냐하면 이스라엘 백성이 하나님이 제정해 주신 결혼 언약을 지키는 일에 실패했기 때문입니다. 이스라엘 백성은 이방 신의 딸과 결혼하거나 아니면 쉽게 이혼을 함으로써 하나님께서 주신 말씀을 저버렸습니다. 삶의 예배에 실패한 채로 드리는 공적 모임으로의 예배를 받지 않으시겠다는 것은 모든 선지서에서 내내 강조해 온 내용이지요.

4) 네 번째 논쟁(말 2:17-3:5)_ 정의의 하나님이 어디 계시냐는 말로 하나님을 괴롭힘

> 하나님: 너희가 말로 여호와를 괴롭게 하고도 이르기를 우리가 어떻게 여호와를 괴롭혀 드렸나이까 하는도다
>
> 이스라엘: 모든 악을 행하는 자는 여호와의 눈에 좋게 보이며 그에게 기쁨이 된다 … 정의의 하나님이 어디 계시냐
>
> 하나님: 보라 내가 내 사자를 보내리니 그가 내 앞에서 길을 준비할 것이요 또 너희가 구하는 바 주가 갑자기 그의 성전에 임하시리니 곧 너희가 사모하는 바 언약의 사자가 임하실 것이라 내가 심판하

러 너희에게 임할 것이라 점치는 자에게와 간음하는 자에게와 거짓 맹세하는 자에게와 품꾼의 삯에 대하여 억울하게 하며 과부와 고아를 압제하며 나그네를 억울하게 하며 나를 경외하지 아니하는 자들에게 속히 증언하리라 만군의 여호와가 말하였느니라

이스라엘 백성이 "정의의 하나님이 어디 계시냐?"라고 물으며, 하나님께서 악한 자를 예쁘게 보신다고 비아냥거리고 있어요. 자신들이 지은 죄에는 눈을 감아 버리고 다른 이들만 탓하면서, 정의의 하나님이 안 계신다고 불평한 거예요. 하나님께서 이렇게 대답하세요. "내가 심판하러 너희에게 임할 것이라." 하나님은 그 땅에 정의를 세우실 메시아를 보내심으로 말씀을 성취하십니다.

5) 다섯 번째 논쟁(말 3:6-12)_ 온전한 십일조

하나님: 너희 조상들의 날로부터 너희가 나의 규례를 떠나 지키지 아니하였도다 그런즉 내게로 돌아오라 그리하면 나도 너희에게로 돌아가리라

이스라엘: 우리가 어떻게 하여야 돌아가리이까

하나님: 사람이 어찌 하나님의 것을 도둑질하겠느냐 그러나 너희는 나의 것을 도둑질하고도 말하기를 우리가 어떻게 주의 것을 도둑질하였나이까 하는도다 이는 곧 십일조와 봉헌물이라 너희의 온

> 전한 십일조를 창고에 들여 나의 집에 양식이 있게 하고 그것으로 나를 시험하여 내가 하늘 문을 열고 너희에게 복을 쌓을 곳이 없도록 붓지 아니하나 보라

어떻게 해야 하나님께 돌아갈 수 있는지를 묻자 하나님께서는 십일조와 봉헌물을 온전히 바치라고 말씀하십니다. 당시 이스라엘 백성의 가장 큰 문제는 입으로는 하나님을 섬긴다고 말하면서 실제 삶으로는 그렇지 않았다는 것인데요. 그것을 단적으로 보여 주는 것이 바로 그들의 헌금 생활이었습니다. (그래서 종교 개혁자 마르틴 루터는 진정한 회심은 '머리의 회심, 가슴의 회심, 지갑의 회심'이라는 말을 남겼습니다. 십일조에 관한 말라기 말씀으로 십일조를 강요하는 것도 문제이지만, 헌금의 중요성을 무시하는 태도도 문제입니다. 균형 잡힌 태도가 필요합니다.)

6) 여섯 번째 논쟁(말 3:13-4:3)_ 하나님을 섬기는 것이 헛되다는 완악한 말로 대적함

> 하나님: 너희가 완악한 말로 나를 대적하고도 이르기를 우리가 무슨 말로 주를 대적하였나이까 하는도다
>
> 이스라엘: 하나님을 섬기는 것이 헛되니 만군의 여호와 앞에서 그 명령을 지키며 슬프게 행하는 것이 무엇이 유익하리요
>
> 하나님: 나는 내가 정한 날에 그들을 나의 특별한 소유로 삼을 것이

요 또 사람이 자기를 섬기는 아들을 아낌같이 내가 그들을 아끼리니 그때에 너희가 돌아와서 의인과 악인을 분별하고 하나님을 섬기는 자와 섬기지 아니하는 자를 분별하리라 보라 용광로 불 같은 날이 이르리니 교만한 자와 악을 행하는 자는 다 지푸라기 같을 것이라 그 이르는 날에 그들을 살라 그 뿌리와 가지를 남기지 아니할 것이로되 내 이름을 경외하는 너희에게는 공의로운 해가 떠올라서 치료하는 광선을 비추리니 너희가 나가서 외양간에서 나온 송아지같이 뛰리라

하나님을 섬겨도 유익이 없다고 백성이 말하고 있습니다. (하나님을 신실하게 섬기는 이들이 고난을 당할 때, 여러분도 이렇게 생각하지는 않나요?) 하나님께서는 신실한 하나님의 백성을 아끼고 사랑한다고 말씀하십니다. 그리고 정한 때에 반드시 악인과 의인을 분별한다고 하십니다. 악인에게는 심판이, 하나님의 이름을 경외하는 이에게는 축복이 임할 것입니다.

이렇게 여섯 번의 논쟁이 마무리되고, 마지막으로 권면과 약속이 하나씩 나옵니다. 마지막 권면은 하나님의 말씀을 기억하고 지키라는 내용입니다.

말 4:4 너희는 내가 호렙에서 온 이스라엘을 위하여 내 종 모세에게 명령한 법 곧 율례와 법도를 기억하라

여섯 번째 논쟁에서 말씀하셨듯이, 하나님께서는 반드시 악인은 심판하시고 의인에게는 보상을 해 주실 것입니다. 그러므로 우리는 하나님의 말씀을 기억하고 순종해야 합니다.

마지막 약속은 엘리야의 사역을 이어 갈 선지자를 보내 주시겠다는 내용입니다.

> 말 4:5–6 보라 여호와의 크고 두려운 날이 이르기 전에 내가 선지자 엘리야를 너희에게 보내리니 / 그가 아버지의 마음을 자녀에게로 돌이키게 하고 자녀들의 마음을 그들의 아버지에게로 돌이키게 하리라 돌이키지 아니하면 두렵건대 내가 와서 저주로 그 땅을 칠까 하노라 하시니라

엘리야를 보낸다는 것은 곧이어 메시아도 보내신다는 뜻입니다. 왜냐하면 엘리야는 메시아가 오실 길을 준비하는 역할을 하기 때문입니다.

> 말 3:1 보라 내가 내 사자를 보내리니 그가 내 앞에서 길을 준비할 것이요 또 너희가 구하는 바 주가 갑자기 그의 성전에 임하시리니 곧 너희가 사모하는 바 언약의 사자가 임하실 것이라

(예수님은 이 말라기에 예언된 엘리야가 바로 세례 요한이라고 밝히십니다. "만일 너희가 즐겨 받을진대 오리라 한 엘리야가 곧 이 사람이니

라"[마 11:14].)

말라기는 신약의 시작을 예언하며 끝이 납니다. 이렇게 구약의 이야기도 끝이 나고요. 지금까지 구약에 나오는 하나님의 나라에 대해 살펴보았습니다. 정의와 공의, 그리고 헤세드가 실현되는 나라를 만들기를 원하시는 하나님의 계획과 계속되는 이스라엘의 실패의 이야기였습니다. 때로는 이스라엘을 징계하시고, 때로는 이방 민족을 심판하시며, 온 열방에 회복을 주신다는 약속도 들었습니다. 그 회복의 약속이 바로 이 모든 일을 성취하실 메시아에 대한 예언이었습니다.

이제 하나님께서 보내 주겠다고 약속하신 엘리야가 등장하는 신약에서는 이 약속이 어떻게 이루어지는 것일까요? 다음 이야기가 신약으로 이어집니다.

미주

11 김경열, 『레위기의 신학과 해석』, 71-168.

12 김경열, 『레위기의 신학과 해석』, 29-60.

13 7년째 땅을 쉬게 하는 안식년을 7번 보낸 다음해인 50년째 해로, 땅을 쉬게 할 뿐만 아니라 모든 빚진 것을 탕감해 주고 땅의 소유권을 원래 주인에게 되돌려 주는 해.

14 트렘퍼 롱맨, 『레이몬드 딜러드, 최신 구약개론』, 132.

15 D.A.카슨 외, 『IVP성경주석』, 394.

16 D.A.카슨 외, 『IVP성경주석』, 574.

17 김성수, 『구약의 키』(logos version), 155-56. 임용섭, 『하이라이트 성경 2』, 110-30.

18 김성수, 『구약의 키』(logos version), 164.

19 트렘퍼 롱맨, 『손에 잡히는 구약 개론』, 152.

10 김순영, 『일상의 신학, 전도서』, 53.

11 김영봉, 『바늘귀를 통과한 낙타』, 53.

12 김성수, 『구약의 키』(logos version), 245-53.

13 임용섭, 『하이라이트 성경 2』, 244.

14 임용섭, 『하이라이트 성경 2』, 209. 김창대, 『한 권으로 꿰뚫는 소예언서』, 129.

15 김창대, 『한 권으로 꿰뚫는 소예언서』, 200.

16 팔머 로벗슨, 『선지자와 그리스도』, 264-66.

17 김창대, 『한 권으로 꿰뚫는 소예언서』, 228-29.

18 임용섭, 『하이라이트 성경 2』, 292-96.

참고 문헌

전체 참고

김성수. 『구약의 키』. 서울: 생명의 양식, 2018.

김창대. 『한 권으로 꿰뚫는 소예언서』. 서울: IVP, 2013.

로벗슨, 팔머. 『선지자와 그리스도』. 한정건 옮김. 서울: 개혁주의 신학사, 2007.

롱맨, 트렘퍼 3세. 『손에 잡히는 구약 개론』. 김동혁 옮김. 서울: IVP, 2015.

롱맨, 트렘퍼 3세, 딜러드, 레이몬드. 『최신 구약개론』. 박철현 옮김. 고양: 크리스챤 다이제스트, 2009.

유석영. 『한눈에 보는 성경관통 1』. 용인: 목양, 2019.

임용섭. 『하이라이트 성경 1, 2』. 서울: 넥서스CROSS, 2013.

주해홍. 『90일 통큰 통독』. 서울: 도서출판 에스라, 2017.

차준희. 『열두 예언자의 영성』. 서울: 새물결플러스, 2014.

카슨, D.A 외. 『IVP성경주석』. 김순영 외 옮김. 서울: IVP, 2010.

크로스웨이 ESV 스터디 바이블 편찬팀. 『ESV 스터디 바이블』. 신지철 외 옮김. 서울: 부흥과개혁사, 2014.

각 권 참고

김경열. 『레위기의 신학과 해석』. 서울: 새물결플러스, 2016.

프로반, 이안. 『열왕기』. 전성민, 최종원 옮김. 서울: 성서유니온선교회, 2017.

김순영. 『일상의 신학, 전도서』. 서울: 새물결플러스, 2019.

김근주. 『특강 이사야』. 서울: IVP, 2017.

오스월트, 존. 『이사야』. 장세훈, 김홍련 옮김. 서울: 성서유니온선교회, 2004.

두굿, 이안. 『에스겔』. 윤명훈, 임미영 옮김. 서울: 성서유니온선교회, 2003.

이학재. 『에스겔 어떻게 읽을 것인가』. 서울: 성서유니온선교회, 2002.

켈러, 팀. 『팀 켈러의 방탕한 선지자』. 홍종락 옮김. 서울: 두란노, 2019.

김영봉. 『바늘귀를 통과한 부자』. 서울: IVP, 2003.